초저금리 시대에도
꼬박꼬박 월세 나오는
# 수익형 부동산

초저금리 시대에도
꼬박꼬박 월세 나오는

# 수익형 부동산

**초판 1쇄 인쇄** | 2019년 12월 20일
**초판 1쇄 발행** | 2019년 12월 27일

**지은이** | 나창근
**펴낸이** | 박영욱
**펴낸곳** | (주)북오션

**편  집** | 이상모
**마케팅** | 최석진
**디자인** | 서정희·민영선

**주  소** | 서울시 마포구 월드컵로 14길 62
**이메일** | bookocean@naver.com
**네이버포스트** | post.naver.com/bookocean
**전  화** | 편집문의: 02-325-9172    영업문의: 02-322-6709
**팩  스** | 02-3143-3964

**출판신고번호** | 제313-2007-000197호

**ISBN** 978-89-6799-506-5 (03320)

이 도서의 국립중앙도서관 출판예정도서목록(CIP)은 서지정보유통지원시스템
홈페이지(http://seoji.nl.go.kr)와 국가자료공동목록시스템
(http://www.nl.go.kr/kolisnet)에서 이용하실 수 있습니다.
(CIP제어번호: CIP2019048429)

# 초저금리 시대에도
# 꼬박꼬박 월세 나오는
# 수익형 부동산

나창근 지음

북오션

분주하게 일하고 있던 어느 날 오후, 사무실로 어느 낯선 목소리의 고객이 전화를 걸어왔다.

"여보세요? 거기 부동산 회사인가요?"

"네, 무슨 일이신가요?"

"부동산 투자 상담 한번 받고 싶습니다. 언제 시간이 좋을까요?"

"잠시만요. 일정 좀 확인하고 알려드릴게요."

"네."

"다음주 화요일 오후 3시경이면 좋을 듯합니다."

"네, 그럼 그때 뵙는 것으로 알겠습니다."

최근 부동산 상담을 통해서 수익형 부동산을 매수한 김학동(가명, 45세) 씨의 최초 상담 전화내용이다. 현재 은행에 근무하고 있는 김 씨는 40대 중반이다. 은행을 언제까지 다닐지도 모르는 상황에서 미래를 생각하니 깜깜하기 그지없었다. 그렇다고 은행에 여유자금을 넣어두자니 워낙 저금리라서 재테크는 안 될 것 같았다. 그래서 찾아나선 것이 수익형 부동산이다. 그런데 한 번도 그것에 대한 연구나 답사를 해본 적이 없어 답답하던 차에 인터넷으로 검색해서 찾은 사람이 바로 필자이다. 최초 상담은 본인의 여유자금과 재무 현황에 대한 진단 그리고 2차 상담은 현장 물건 직접답사, 3차는 김 씨의 최적 적합물건 분석 및 답사를 하고 계약으로 이어졌다. 최종 선택지는 서울 송파구 문정동의 25억 상가빌딩이다. 문정지구의 개발 호재와 더불어 그 물건의 높은 개별가치가 선택하게 된 결정적인 요인이다.

수익형 부동산이 과연 무엇일까? 쉽게 말해 돈이 나오는 부동산이다. 개념이 쉬운 것 같으면서도 어려운 것이 수익형 부동산이다.

요즘 수익형 부동산의 인기가 날로 높아지고 있다. 가장 큰 원인은 저금리 기조의 유지에 있다. 또한 부동산 투자 패턴이 변한 것도 한 요인이다. 종전에는 시세차익을 노리는 자본이득 비중이 컸다면, 근래에는 정기적인 현금흐름을 중시하는 성향으로 변화하고 있다. 물론 수익형 부동산이라도 시세차익을 도외시할 수는 없다. 오히려 그것이 받쳐줬기에 오늘의 인기를 유지할 수 있었던 면도 있다.

수익형 부동산은 정부의 부동산정책 중 거의 유일하게 규제가 없는 분야이다. 2016년에 단행된 원리금분할상환 대출규제와 집단대출을 겨냥한 주택도시보증공사의 중도금보증 강화도 결국 아파트가 그 대상이다. 또한 토지는 양도소득세 추가과세가 적용되고 있다. 이에 비해 수익형 부동산은 여타 부동산에 비해 반사이익을 누리고 있다. 이 책을 통해서 수익형 부동산에 투자할 때 꼭 필요한 내용만이라도 체크하고 투자해보자.

수익형 부동산 하면 가장 먼저 떠올리는 것이 상가다. 분양상가나 상가건물이 대표적이다. 최근 들어 각광받았던 오피스텔과 분양형 호텔도 한 축이다. 여기에 지식산업센터(아파트형공장)나 일반공장, 물류시설도 이 범주에 넣을 수 있다. 여기에 요즘엔 소형 아파트가 주목받고 있다. 투자자가 큰 경험 없이도 쉽게 접근할 수 있는 데다, 위험이 적은 것이 장점이다. 임대수익률은 2~4%(세전) 정도에 불과하지만, 경기침체에 민감하지 않아 월세를 밀릴 염려도 별로 없다. 개발 호재 등에 따른 시세차익도 기대할 수 있다.

하지만 수익형 부동산에 투자할 때 고려해야 할 것이 한둘이 아니다. 우선 고려해야 할 것은 역시 입지다. 이는 부동산 투자의 기본인데, 개별입지뿐만 아니라 배후 상권 등에 대한 점검도 필요하다. 상권은 항상 변하기 마련이다. 그래서 큰 틀에서는 상권 전체가 이동해 양지가 음지로 바뀔 수도 있다. 물론 상권 자체 내에서의 입지선정도 필수요건이다.

상가건물 등은 워낙 인기가 많아 자연적으로 가격이 상승했다. 결국 종전 투자자의 시세차익이 과도하게 실현된 상태다. 일부 지역을 제외하고는 2008년 경제위기 이진 대비 두 배가량 싱승했다. 오피스텔과 분양상가도 이런 흐름에 맞춰 고분양가가 현실화된 상태이다. 기본적으로 비싸게 사서는 투자차익대뿐 아니라 임대수익도 높게 얻을 수 없다. 자칫하다 투자금을 기준으로 높은 임대료를 산정하면 임차인을 들이기 어려워 공실이 발생하거나 월세를 내려야 하는 일이 발생할 수 있다. 비워놓으면 관리비까지도 소유자가 내야 한다.

투자 수익률 목표치를 낮추는 자세도 필요하다. 저금리가 대세로 자리 잡은 만큼 수익률은 5% 이하가 일반적이다. 이미 수익형 부동산도 가격이 너무 오르고 경기침체가 장기화하며 높은 수익을 기대하기는 어려워졌다. 모든 수익은 세금을 공제한 후의 수입이므로 계산도 철저히 해야 한다. 단순 수익률에서 세금 등을 빼면 순수익은 30%가량 줄어든다.

임차인이 누구인가도 중요하다. 어떤 업종을 영위해 안정적으로 임대료를 내고 상가 등의 가치를 높여줄 것인가는 임차인에게 달려있다. 오피스텔이나 소형 아파트 등은 다소 상황이 다르지만, 상가 등은 꼭 고려해야 한다.

또한 수익형 부동산시장은 이미 포화상태에 이른 시점이므로 유의해야 한다. 저금리와 갈 곳 없는 유동성 자금의 진입이 지속되고, 실질수익률은 계속 하락하고 있다. 투자자는 입지와 임차인, 수익률, 세금, 발전성 등을 지혜롭게 살펴야 한다.

이러한 흐름 속에 필자는 차익형 부동산에서 수익형 부동산으로의 전환을 요구하고 싶다. 하지만 일반인은 쉽게 수익형 부동산을 이해하지 못하고 갈피를 못 잡는 경우가 허다하다. 이에 실수요자들의 눈높이에 맞춰 이 책을 쓰기로 결정했다.

지금까지 부동산 전문가로 활동한 필자의 입장에서 수익형 부동산에 대한 정보를 독자 여러분들에게 줄 수 있다는 점에서 무한한 행복을 느낀다. 아울러 부족하지만 수익형 부동산 투자에 관한 조그마한 정보라도 소중하게 받아주었으면 하는 바람이다.

수익형 부동산은 일반 부동산과는 달리 조금만 잘못 투자했다간 임대수익은커녕 오히려 건물주가 관리비를 부담하는 최악의 경우도 발생할 수도 있다는 점을 잊어서는 안 될 것이다. 그리하여 자유 중에서 최고의 자유라고 일컬어지는 경제적 자유를 독자 여러분들도 누릴 수 있다면 더할 나위 없을 것이다.

재테크를 못하는 사람은 오직 근로소득만이 본인 소득의 전부인 사람들이다. 임대소득도 본인의 소득 범주에 포함시키려면 그것을 매수할 만한 자금도 중요하지만 수익형 부동산을 이해하고 나아가 남다른 투자기법을 습득해야만 한다.

이 책이 나오기까지 바쁜 와중에도 끝까지 물심양면으로 수고해주신 북오션 박영욱 대표님께 진심으로 감사를 드린다. 아울러 수익형 부동산 전문 컨설팅업체인 ㈜리치디엔씨 김지현, 이권표 대표님께도 고맙다는 인사를 올리고 싶다. 그리고 원고 교정을 헌신적으로 도와주신 박말숙 사장님께도 진심으로 감사 말씀드린다.

이 책을 통해 독자 여러분이 수익형 부동산의 의미와 투자기법을 차근차근 공부할 수 있는 계기를 마련하기를 바란다. 나아가 제대로 된 수익형 부동산으로 진정한 경제적 자유를 얻는 날이 빨리 왔으면 하는 바람 간절하다.

나창근

contents

PART

01

# 마이너스의 시대,
# 수익형 부동산이 대세다

PART

02

# 백전백승
# 수익형 부동산 투자 전략

**PART**

**03** 수익형 부동산의 꽃,
상가 투자 노하우

# PART 04 투자의 지형도를 넓혀라

# PART 05 맞춤형 투자비법 10가지

PART

## 06 수익형 부동산으로 세금 줄이기

수익형 부동산이 과연 무엇일까?
쉽게 말해 돈이 나오는 부동산이다.
개념이 쉬운 것 같으면서도 어려운 것이
사실 수익형 부동산이다.

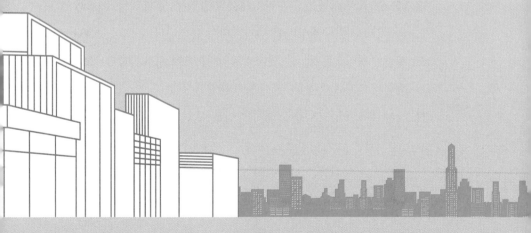

# PART 01

# 마이너스의 시대, 수익형 부동산이 대세다

# 01

# 불황기,
# 수익형 부동산이 뜬다

　김기선(47세) 씨는 갈아타기에 성공하여 상당한 투자수익을 얻었
다. 그는 2008년 9월 글로벌 금융 위기 직후 서울 잠실 지역 아파트
105m²(약 32평형)를 약 8억 원에 처분하고 논현역 역세권에 대지 약
60평, 건물 약 110평인 다가구주택을 10억여 원에 샀다. 그해 말 두
집값을 비교해보니 잠실아파트는 6억 원대로 고꾸라졌는데 논현동
다가구주택은 12억 원으로 올랐다. 2016년 7월 현재 잠실 아파트는
약 10억 원대, 논현동 다가구주택은 38억 원을 호가한다. 두 물건 사
이에 수익의 차이가 엄청나게 벌어진 것이다.

　이것도 운일까? 8년 동안 시장에서는 무슨 일이 벌어진 것일까?

　경제시장은 불황과 호황을 반복한다. 부동산시장도 예외가 아니
다. 호경기가 있으면 언젠가는 반드시 극심한 침체기도 온다. 지금

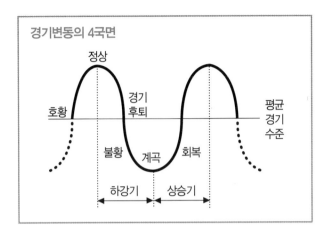

한국경제는 세계경기 둔화와 맞물려서 수출 부진과 내수 침체를 겪고 있다. 그러자 일본식 장기불황이 온다고 염려하는 소리를 자주 듣게 된다. 이런 부동산 침체기에 투자를 해도 괜찮은 걸까? 높은 수익률을 기대해도 좋을까? 영 미덥지가 않다. 그러나 이럴 때일수록 달리 생각해보는 것은 어떨까? 경기가 나쁠수록 도리어 임대 수요와 수익률이 좋아져서 자산가치가 상승하는 부동산이 있을 수 있다는 말이다.

경제학적 원리는 일반적으로 경기상승→소득증가→유효수요증가→구매력 증가→주택가격 상승이란 순환구조를 가진다. 부동산 경기변동 원리에 따르면 부동산도 침체와 확장이 반복되는 경기 순환을 따른다.

부동산 경기는 호황-정점-후퇴-불황-저점-회복 순서로 주기가 변동한다. 정점에서 저점까지는 수축(하강) 국면으로, 과거에 거래된 사례 가격은 새로운 거래 가격의 상한선이 된다. 반대로 저점에서 정점까지는 확장(상승) 국면으로, 과거 사례 가격은 거래가격의 하한 선이 된다.

경기가 호전되면 경기의 뒤를 따라가는 부동산 특성상 부동산 가격은 당연히 상승하게 마련이다. 경기 상승에 편승하는 부동산 종류가 많은데 이를 부동산학에서는 '호황에 강한 부동산'이라고 칭한다. 고급 주상복합, 대형 아파트, 호화 저택, 고급 펜션, 휴양형 고급 주택, 대형 빌딩 등과 같은 것이다.

하지만 원칙이 있으면 예외도 있는 법. 오히려 불황기에 뜨는 부동산도 있다. 이른바 '불황에 강한 부동산'이다. 부동산은 일반 재화와 달리 '안정시장'이라는 고유한 국면이 혼재한다. 안정시장이란 경제의 호·불황에 크게 영향을 받지 않고 부동산 가격이 꾸준하게 가볍게 상승하거나 안정되어 있는 시장을 말한다. 불황기에도 가격이 하락하지 않는 대신 호황기에도 가격 상승의 폭이 크지 않다는 특징을 보인다. 이때 과거 사례 가격은 신뢰할 수 있는 새로운 가격 기준이 되며 보통은 실수요자에 의해 주도된다. 입지가 좋고 비교적 규모가 작은 주택이나 상가가 이에 속한다.

안정시장은 불황에 강한 대표적 부동산이다. 경기가 침체된 가운데서도 임대 수요와 임대수익이 좋은 수익형 부동산도 불황에 강한 부동산으로 꼽힌다. 예컨대 다가구·연립·다세대주택과 소형 오피스텔, 고시원, 아파트형 공장, 근린상가, 중소형 빌딩, 수도권 용도전환토지 등이다. 불황에 강한 부동산에 관심을 갖는 이유는 경기 변동에 맞춘 포트폴리오 조정(자산배분) 전략과 연관성이 높기 때문이다. 이를테면 경기 상승이 예상될 때는 호황에 강한 부동산 위주로, 경기 침체가 예상될 때는 불황에 강한 부동산 위주로 자산을 교체하거나 재배분해야 한다. 불황에 강한 부동산이 무엇인지 알고 있어야만 균형 있는 포트폴리오를 구성할 수 있지 않겠는가. 아파트를 팔고 다가구주택을 사서 운이 터졌던 김기선 씨, 8년이 지난 뒤 8억 원짜리 아파트는 12억 원이 되었으나 10억 원짜리 다가구는 38억이 되었다. 무엇 때문에 두 물건 사이에 그토록 심하게 가격차가 생겼을까? 의의로 간단하다. 글로벌 금융 위기와 부동산 침체 탓에 불황에 강한 부동산으로 임대 수요가 집중됐기 때문이다.

직주근접, 직장에 가기 편한 곳에서 주거하고자 하는 이들이 도심권 연립, 다세대주택, 다가구주택으로 몰리면서 임대 수요가 늘어났고 임대 수요가 늘어나면서 자산 구조 또한 재편되어서 수익가치가 부각되었다. 불황이 와도 흔들리지 않고 임대수익을 창출하는 이들 수익형 주택이 점점 더 효자상품으로 인식된 것이다. 물론 도시형 생활주택용지 등 도심 땅값 상승도 일조했다.

경기 침체가 예상될 때 보유 부동산을 무조건 매각하거나 매수 자체를 포기하는 전략은 하책(下策)이다. 안정시장 혹은 불황에 강한 부동산으로 갈아타거나 선별 매수하는 전략이 상책(上策)이다. 혼돈스러운 현재의 시장 상황을 감안할 때 실전투자에 응용해볼 수 있는 창조적 자산전략은 무엇일까? 비도시 지역 부동산은 도시권 부동산으로, 주변부 부동산은 도심권으로, 대형 주택은 중소형으로, 자본이득형 부동산은 소득수익형으로 과감히 자산을 교체하라. 이것이 답이다.

부동산 경기는 호황–정점–후퇴–불황–저점–회복의 단계를 순환하게 된다. 이러한 변곡점을 이용한 투자가 잘하는 투자인 것이다. 안정시장이란 경제의 호·불황에 크게 영향을 받지 않고 부동산 가격이 꾸준하게 가벼운 상승을 하거나 안정되어 있는 시장을 말한다. 불황기에도 가격이 하락하지 않는 대신 호황기에도 가격 상승의 폭이 크지 않다는 특징을 보인다.

# 02
# 성공적인 수익형 부동산을 꿈꾼다면 투자의 기본을 지켜라

40대 초반의 남자분이 미래에 대한 불안을 잔뜩 안고 사무실로 찾아왔다. 대기업에 근무하는 그는 임대용 부동산에 관심이 많았다. 그는 한참 변죽을 울리다 자신의 의도를 털어놓았다.

"사실 지금 가진 돈이 별로 없지만 얼마든지 대출을 받을 수 있습니다. 임대수익만 괜찮다면 5억 원 정도 현금을 동원할 수 있습니다. 단 아파트나 테마상가 같은 것에 투자해서 고정적인 임대수익이 난다면요."

그러나 현재 수중에 있는 돈은 1억 원이고 나머지 투자금은 직장의 퇴직금을 중간 정산하고, 대출을 받고 적금을 해지한 후 마지막으로 부모님께 융통하여 최대 5억 원의 자금을 마련할 수 있다고 했다. 그는 그동안 바쁜 직장생활 때문에 부동산 투자에 관심이 없었다고 했다. 그런데 부동산 투자로 성공한 동료들의 이야기를 듣고서 이제부터라도 부동산 투자에 관심을 갖게 되었다고 한다.

요즘 고객과 투자 상담을 하다 보면 의외로 한풀이 투자자들을 많이 만나게 된다. 부동산에 대해 줄곧 비관적인 투자관을 갖고 있다가 인기 지역 부동산이 오르는 것을 보고 이제라도 한 방(!) 날리고 싶다는 것이다. 이들을 일명 막차손님이라고 부른다. 이 고객과 같은 투자 행태가 투자에서 가장 위험하다.

저금리 기조로 실질금리가 제로인 지금, 부동산 투자 패러다임조차 바뀌고 오갈 데가 없는 부동자금의 마지막 투자처가 수익형 부동산이 되었다. 종전까지의 투자자들이 시세차익을 많이 노렸다면, 지금의 투자자들은 임대와 운영을 통해 실속을 챙기려고 한다.

그러다 보니 소액 투자자나 초보 투자자들이 성공한 투자자로부터 소문을 듣고 대출을 내서라도 부동산을 장만하려고 한다. 그러나 무리하게 대출을 받아 임대사업을 하는 것은 위험천만한 일이다. 그렇게 되면 수익성이 높아지지 않는다. 만약 부동산 경기가 하락기에 접어든다면 환금성이 좋지 않아져 치명타를 입을 수도 있다. 자기자금이 얼마나 되는지를 생각지 않고 무리해서 비싼 아파트나 상가를 구입해서 세를 줄 경우, 정작 대출금을 갚느라고 허덕이다가 최후에는 경매나 공매 처분이 되는 경우가 부지기수다. 주택은 최소한 값싸게 전월세라도 놓으면 위기를 넘기지만 상가, 오피스텔, 펜션 등은 임대에 따른 어려움이 많아 투자한 뒤에 애를 먹을 수 있다.

임대수익을 목적으로 부동산 투자를 하려면 대출은 총 투자금액의 30%를 넘어가지 않아야 한다. 상가나 오피스텔은 경기에 민감해 수익률 변동이 심하기 때문에 중소형 아파트나 틈새상품을 공략하는 것도 한 가지 방법이다. 또 시간이 걸리더라도 저가 매입을 원칙으로 해야 한다. 정상시가에 매입한 부동산은 불경기에 불리할뿐더러 임대수익이 뻔하기 때문에 장래에 적정한 임대수익을 얻기가 어렵다.

부동산 환경은 시시각각 변하고 있다. 최근 부동산 환경에 맞는 수익형 부동산에 대해 알아보자.

### ① 임대용 주택

주택은 임대에 따른 수익성이 그리 높지 않은 게 흠이다. 소형 아파트는 입지에 따라 조금 차이가 있지만 통상 연 수익이 5~6% 수준이다. 안정성이 좋은 종목이기 때문에 초보 투자자들이 선호한다. 다세대 · 연립주택은 환금성이 떨어지지만 매입가가 낮고 임대가 높게 형성돼 소액투자자들이 노릴 만하다. 그러나 나중에 되팔기가 쉽지 않고 내용연수에 따라 감가상각이 크다는 단점이 있다. 경매나 공매를 통해 저가로 사들여 임대하면 투자금 대비 수익이 높은 종목이다.

다가구주택은 공급이 많아 임대수요가 한정적이라는 단점이 있지만 지역에 따라서는 연 8~10%대의 높은 수익을 올리는 전형적인 고수익 임대상품이다. 다만 전형적인 일반 주택 밀집지나 중소형 아파트 공급이 많은 중산층 지역은 임대가가 현저하게 낮다.

유망한 임대 주택으로는 역세권과 대학가, 관공서 일대의 중소형 아파트와 경매 공매를 통해 매입한 원·투룸 주택이나 연립주택을 들 수 있다.

## ② 상가

대표적인 수익성 부동산으로 알려져 있지만 사실 '허풍선이'일 경우가 많다. 특히 도심 요지에서 분양하는 테마상가나 플라자상가는 실패 가능성이 매우 높다. 신규 분양하는 상가는 임차인 맞추기가 매우 어렵기 때문이다. 한꺼번에 수백 평 이상의 상가를 다수로 구획해서 일반인에게 분양하다 보니 공급과잉으로 임차인 수요부족 현상이 생긴다. 아무리 요지에 위치한 목 좋은 상가라도 마찬가지다.

상가를 임대용으로 매입하려면 가격이 비싸더라도 아파트 상가나 택지지구 내 주공상가 등 수익이 검증된 상가로 한정하는 것이 좋다. 지역의 대표상가이거나 관공서, 학교, 주거 밀집지 등 집객시설이 많은 곳이라야 수요가 충분하다. 서울의 상업지역 내 1층 상가의 분양가가 3.3m²당 5,000만 원 이상인 점을 감안한다면 투자금 대비 수익성은 기대에 미치지 못한다. 비싼 값에 분양받은 후 매월 관리비만 날리는 상가가 수두룩하다. 상가는 투자할 때 신중에 신중을 기울여야 하는 종목이다.

## ③ 오피스 및 오피스텔

전통적으로 돈 좀 있노라 하는 자산가들이 선호하는 대표적인 임대용 부동산이다. 고소득층이 임대수익은 많지 않아도 '건물'을 소유한다는 우월감을 충족하고자 매입을 원하기도 한다. 그러나 임대수익은 형편없다. 통상 연 수익률은 5~6%대이다. 그래도 시중에서 저금리시대 대안 상품으로 인기를 끈다. 요즘 매물보다 매수 희망자가 더 많아 부르는 게 값이 돼버렸다. 초보자라면 임대 수요층이 두터운 66m² 이하의 도심 사무용 오피스텔의 분양을 공략해봄 직하다. 오피스텔은 공급과잉 때문에 골머리를 앓고 있지만 여전히 도심 소형 매물은 인기가 높다. 그러나 도심 대형 주상복합 내에 있는 소형 오피스텔과 단지규모가 큰 오피스텔, 개발 호재가 많은 인기 지역 오피스텔은 임대가 비율이 60%를 넘고 수익률도 7~9%대를 보인다. 오피스텔은 시세차익보다는 철저히 임대수익용라는 것을 인식하고 투자에 나서야 실패를 줄일 수 있다.

### ④ 기타 상품

임대 놓기에 적당한 기타 수익성 부동산으로는 지식산업단지, 펜션, 주유소, 여관, 카센터 등의 특수 부동산과 사설 기숙사, 코쿤하우스, 시니어하우스, 고시원, 게스트하우스 등의 틈새 부동산을 꼽을 수 있다. 실제 부동산으로 높은 임대수익을 얻는 투자자들은 천편일률적인 주택, 상가보다는 기타 틈새상품에서 짭짤한 수익을 얻기도 한다.

그러나 초보 투자자는 우선 부동산상품의 특성과 함께 임대시장의 트렌드를 익힌 후 투자해야 한다. 틈새시장도 전문적인 공부가 필요한 투자대상이라는 말이다. 투자경험이 있거나 운용 중인 사업자에게 충분한 노하우를 전수받아 임대상품의 장단점을 익히고 난 뒤 초기 투자 조건을 정해서 투자해야 한다. 테마형 부동산은 전문가용이라는 점을 미리 알고 경쟁력을 예측한 후 투자에 나서야 한다.

수익형 부동산에 투자할 때는 많은 매물을 볼수록 우량 매물을 만날 가능성이 높아진다. 임대상품이기 때문에 입지와 환경이 투자의 성패를 좌우한다. 많은 매물 속에서 조건 좋은 미분양과 할인 매물 또는 반사 이익을 얻는 매물을 만날 수 있다.

수익성 부동산 분양시장에서 간혹 미끼상품을 내세우는 경우가 있다. 분양 붐을 일으키고 수요자들의 시선을 끌려고 토지나 정기적 쌀 제공 등 '덤 마케팅'을 내세워 투자자의 판단을 흐리게 한다. 하지만 수익성 부동산 투자의 최종 목표는 뭐니 뭐니 해도 안정적인 임대수익이다. 사기성 투자 권유에 혹하거나 섣부른 판단을 하지 않도록 경계해야 한다. 기본을 지키지 못하고 투자했다가 두고두고 후회할 일이 생길 수 있는 것이 바로 임대용 수익형 부동산이란 점을 명심해야 한다.

**Check-Point**

수익형 부동산도 자기 자신과 맞는 상품이 있다. 자기 자금이 얼마나 되는지를 생각지 않고 무리해서 비싼 아파트나 상가를 구입해서 세를 줬다가 정작 대출금을 갚느라고 허덕이다 최후에는 경매나 공매 처분이 되는 경우가 부지기수다.

# 03

# 비관과 낙관 사이
# 수익형 부동산에 답이 있다

어느날 갑자기 사무실 문이 열렸다. 지나가던 고객인 박종순(65세) 씨는 그동안 부동산에 투자한 것마다 재수(?)가 없어 그런지 재미를 본 적이 없었다고 푸념을 하며 투자상담을 요청했다. 박 씨는 그동안 본인이 무엇인가 확신을 가지고 투자하는 것이 아니라 남의 말에 쉽게 넘어가는 종류의 투자를 해왔다. 한마디로 전문가에게 상담받고는 옆집 아주머니에게 최종적인 의사결정을 물어보는 식이다. 당연히 그 옆집 아주머니는 본인이 잘 모르는 투자물건에 반대한다. 한마디로 아무런 목적이나 목표의식을 설정하지 않고 그냥 주먹구구식으로 투자를 진행해온 결과물인 것이다.

기획부동산에서 개발계획이 많다며 권해준 어느 지방의 임야는 개발계획은커녕 도로도 없는 맹지를, 그것도 단독소유가 아닌 지분등기 형태로 보유하고 있었다. 매도도, 개발도 쉽지 않은 그야말로 애물단지 부동산이 아닐 수 없다. 그래서 박 씨는 필자와 함께 그러한 부동산 투자 기법에서 탈피해 대세 흐름인 수익형 부동산 투자의 방법과 물건 보는 법을 현재 공부 중에 있다. 조만간 아마도 좋은 결과물이 나올 것 같다.

최근 부동산 컨설팅 상담의 대상은 대부분 주거용 부동산에서 수익형 부동산으로 갈아타려는 고객들이다. 수익형 부동산의 공급 과잉이 우려되고 있지만, 여건이 좋은 상가나 오피스텔 등의 임대수익이 은행 이자율보다 높기 때문에 여전히 수익형 부동산에 대한 투자 열기가 식지 않고 있다. 부동산 투자패턴이 안정적인 임대수익을 얻을 수 있는 실속 부동산으로 변하고 있는 가운데 부자들에게도 수익형 부동산의 인기가 높아졌다. 부자들도 이제 대형 주택보다는 소형 아파트, 상가, 오피스텔을 선호한다. 거액투자자들의 자산 구성이 원룸주택, 오피스텔, 상가, 빌딩 등으로 구성된 것을 볼 수 있는데 그들도 투자의 안정적인 면을 중요하게 여긴다는 것이다. 일반 투자자들도 시세차익에 의한 이득보다는 안정적이며 정기적인 임대수익을 기대할 수 있는 수익형 부동산을 선호한다.

그러나 현재의 상황은 그다지 좋지 않다. 중소형 상가와 오피스텔 등 손바꿈이 잦은 수익형 부동산의 매매가는 오르고 거래는 증가하는 대신 대형 임대형 부동산의 수익률과 거래는 주춤한 상태다. 특히 수도권과 광역시 일대의 대형 상가와 업무 빌딩은 공실이 늘어 수익률이 감소하고 있다. 공급은 과잉되고 경기는 좋지 않아 수요가 감소하고 있기 때문이다. 설상가상 부동산의 임대료는 상승하고 있어 공실률은 더 높아지고 있다.

향후에도 임대부동산의 공급이 점점 늘어날 전망이어서 임대수익률은 점차 떨어질 것으로 전망된다. 미분양 물량이 쌓여 있고, 시행사가 보유하고 있는 물량도 많으니 이들이 땡처리 물건으로 나올 가능성이 있다. 또 유동성 위기에 몰린 회사, 건설사가 자산할인 매각을 할 가능성도 높다. 그들은 보유하고 있는 상가나 오피스텔, 도시형 생활주택 중 미분양 물량을 조기에 매각하여 유동성을 확보하고자 할 것이다. 이런 요소들은 매매가와 분양가를 크게 낮출 것이다.

오피스텔은 한동안 수익형 부동산의 대표주자로 투자자들의 인기를 독차지했다. 그러나 올해부터는 오피스텔의 수익성이 점점 낮아지고 있다. 한 분석자료에 의하면 2016년 오피스텔 임대수익률은 전국 6%였고 지역별로는 서울이 5.4%, 경기가 5.9%로 2002년 집계시작 이후 최저수준을 기록했다. 매매가 역시 해마다 하향세다. 임대수익률과 매매가격이 동반 하락하는 상황이니 오피스텔의 수요 쏠림 현상은 줄어들 것이다.

사정이 이러한데도 입주물량이 급증하고 있어 오피스텔의 전반적인 수익 전망은 그다지 밝지 않다. 2015년 4분기 오피스텔 분양 물량은 전국 5,534실로 지난 2분기 1만1,327실에 비해 51%가량 줄었다. 그러나 기존의 미분양 물량이 오래 동안 남아 있어서 분양에 어려움을 겪고 있다. 2017년 분양 물량이 쏟아지면 투자자 찾기가 더욱 쉽지 않을 것이다.

낙관적인 측면도 없지 않다. 상가는 고정적인 선호 계층이 있고 상권이 성숙하면 안정적이고 높은 수익률을 거둔다. 신규 투자자들의 상가 수요가 늘어나 상가가 투자의 대세로 떠오를 가능성이 높다. 신규 투자자들은 공급물량이 급증하면서 분양률은 낮아지고 공실률이 높아지는 광역시나 지방 중소도시를 기피할 것이다. 대신 수도권이나 개발지 인근의 공공분양 또는 유명 건설사의 분양을 노릴 것이다. 수도권이나 개발지 인근은 풍부한 개발 호재가 있고 폭넓은 수요층이 있어서 임대수익률을 어느 정도 기대할 수 있기 때문이다.

1~2인 가구의 주거 안정을 꾀하고 도심에 소형주택을 공급하고자 2009년부터 인·허가된 도시형 생활주택은 소액투자용 임대 주택 사업자에게 적합하다. 도심에 입지하고 교통이 편리하고 분양가가 저렴한 도시형 생활주택은 오피스텔의 대안 상품이 될 수 있다. 도시형 생활주택의 월 평균 임대료는 보증금 2,700만 원에 월 임차료가 40만 원 정도다. 무보증 월세의 경우 세입자 절반이 월 67만2,000원 정도의 임차료를 지출한다. 월세 수준이 매우 높은 상품이라는 것을 알 수 있다.

지금까지 수익형 상품의 대표격이었던 상가, 오피스텔, 도시형 생활주택의 자리는 불황기 틈새상품으로 교체될 가능성이 높다. 사무실 빌딩의 한 층을 다양한 규모로 나누어 분양하는 섹션 미니오피스, 지식산업센터, 주차장상가, 상가주택, 게스트하우스 등이 새로이 인기를 끄는 틈새상품이 될 것이다.

앞으로는 수익형 부동산이 완만한 하락세를 맞을 것으로 예상된다. 그렇다고 해도 소형상가와 오피스텔, 원룸주택 등 수익형 부동산의 기상도는 '대체로 맑음'이다. 부동산 경기가 침체에 빠져 있지만 임대수익을 노리는 투자 수요가 늘어 수익형 부동산의 인기는 지속될 것이다. 저금리 시대에 은행 예금금리의 2, 3배가 넘는 고정 수익을 기대할 수 있고, 불황의 긴 터널을 지나고 인플레이션이 올 때는 시세차익까지 누릴 수 있기 때문이다. 그런 측면에서 경기 침체가 예상될 때 고정적이고 안정적 수입을 확보하는 수익형 부동산으로 갈아타는 것도 지혜로운 투자 전략이라 할 수 있다.

특히 유행에 휩쓸리지 말고 임차 수요가 보장되는 상품이나 역세권 등 입지가 우수한 지역을 차분하게 선별한 뒤 투자에 나서야 한다. 마지막으로, 검증되지 않은 새로운 임대용 틈새상품에 투자할 때는 단기간의 유행종목이 아닌지 살펴본 뒤에 투자를 결정하라는 조언을 하고 싶다.

**Check-Point**

상가는 고정적인 선호 계층이 있고 상권이 성숙하면 안정적이고 높은 수익률을 거둔다. 신규 투자자들의 상가 수요가 늘어나 상가가 투자의 대세로 떠오를 가능성이 높다.

# 04

# 수익형 부동산의 성패는
# 상권분석에 달려 있다

사무실에서 대각선으로 길을 건너면 채소가게가 있다. 작년 겨울에 '농부이야기'라는 간판을 떡하니 달고 고사를 지낼 때만 해도 이가게 자리 참 괜찮다고 생각했다. 그 채소가게는 오거리 코너에 자리 잡았고 주변에 피아노학원, 검도학원, 정육점, 조그만 잡화점, 식당, 떡집 같은 가게들이 있었다. 채소·과일 파는 가게는 그 가게가 유일해서 우리 사무실에서도 가끔 그 가게에서 과일을 샀다. 귤도사과도 싸고, 맛도 좋았다.

그런데 요즘 그 가게에 대한 동네 평판이 좋지 않다.

"저녁 짓다가 무가 필요한데 찾아봐도 없더라, 그래서 '농부이야기'에 가서 무를 샀어. 집에 와서 무를 썰어보니까 글쎄 무에 바람이 들었더라고. 무채도 못 해 먹고 그냥 버렸잖아. 얼마나 짜증나던지."

"그 집, 요즘 물건 안 좋아졌더라. 나도 저번에 깻잎 3,000원어치

샀는데 집에 가서 풀어보니 안에 있는 것이 다 상했지 뭐야. 이웃끼리 물어달라고 하기도 그렇고……."

"그러니까 내가 요즘 신세기마트에만 가는 거 아냐. 내일도 김치거리 세일한다네."

언제부터인지 '농부이야기'에 사람들이 뜸해졌다. 사실 '농부이야기'가 문을 열고 난 뒤 석 달 뒤에 대로변에 '신세기마트'가 생겼다. 이마트나 롯데마트처럼 크지는 않지만 공산품과 농수산물을 모두 파는 중간급의 마트다. 전에 그 자리에 있던 마트를 인수한 신세기마트는 새롭게 단장하고 물건도 많이 쌓아놓고 공격적인 마케팅을 했다. 동네 아줌마들이 모이면 신세기마트의 전단지를 보면서 "과일은 월요일에 사러 가야겠다", "요새 배추 세 개 묶어서 한 망에 8,000원이면 괜찮지, 추석에 쓸 거 세일할 때 사놔야겠다" 이러신다.

신세기마트가 문을 열고 난 후 '농부이야기'의 물건이 안 좋아졌다. 손님을 신세기마트에 뺏기니 물건이 빨리빨리 돌지 않고, 그러니 채소·과일이 좋을 리 없는 것이다. 어제는 상해가는 고추를 햇빛에 말리면서 한 움큼씩 떨이로 팔고 있었다. 설마 가게에서 썩 가깝지도 않는 곳에 있는 신세기마트 때문에 '농부이야기'가 이렇게 될 줄 몇 달 전에는 상상하지 못했다. 이걸 운이라고 해야 하나?

수익형 부동산을 매입할 때 가장 중요하게 짚어야 할 요소가 '입지' 문제다. 수익형 부동산에서 입지는 그 자체가 투자의 성패를 좌우하는 최우선저 요소다. 순수한 주거 목적의 몇몇 수익형 부동산을 제외한 수익형 부동산은 한마디로 물건과 상권을 동시에 매수한다고

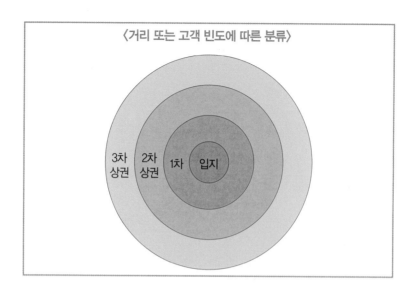

생각하면 된다. 상권이란 고객이 흡입되는 지리적 범위다. 상가 및 점포를 이용하거나 이용할 가능성이 있는 소비자가 위치하고 있는 범위를 말한다.

상권은 대략적으로 다음 세 가지의 범주로 분류된다.

1차 상권: 도보로 10분 이하의 거리, 입지에서 반경 약 500미터 이내의 지점을 말한다. 사업장 이용고객의 60~70%를 포함하는 범위이며 소비자의 방문 빈도는 월 1회 이상인 지역이다.

2차 상권: 도보로 20분 이내의 거리, 입지에서 반경 약 1,000미터 이내의 지점을 말한다. 사업장 이용 고객의 20~30%를 포함하는 범위이며 소비자의 방문 빈도는 분기 1회 정도인 지역이다.

　3차 상권: 1, 2차 상권 이외의 고객을 포함하는 범위를 말한다. 도
　　　　　보로는 20분 초과, 입지와의 거리는 1,000미터 초과, 사
　　　　　업장 이용고객은 10%, 방문 빈도는 매 분기 1회 또는 연
　　　　　1회인 지역이다.

　상권은 보통 거리와 고객 방문 빈도에 따라 분류한다. 1, 2, 3차 상
권이 교집합으로 동시에 활발하게 형성된 곳이 최적의 입지가 될 것
이다.

　장래에 상권이 어떻게 변할 것인지 정확히 예측해야만 상가투자
에 성공할 수 있다. 상가의 투자자는 상권의 변동에 따라 돈을 벌기
도 하고 잃기도 한다. 상가가 속해 있는 상권이 예상보다 크게 확장
되기도 하고 불확실해 보였던 경쟁 상권이 생성하고 발달하면서 해
당 상권이 몰락하기도 한다. 투자에 앞서 해당 상권의 발전 가능성
을 예측하고 경쟁 상권이 출현할 가능성을 짚어보는 것은 투자분석
과정 중에 필수 절차다.

　모든 투자자가 투자에 앞서 직접 발로 뛰며 해당 상권과 경쟁 상
권을 치밀하게 분석한다. 그러나 문제는 잘못된 방향설정이다. 경쟁
이 예상되는 상권 자체를 잘못 설정하는 것이다. 해당 상권은 A상권
과 경쟁 관계를 이루고 있는데 엉뚱한 B상권을 경쟁 상대로 설정하
고 분석하는 것이다. 초보 투자자들이 빠지기 쉬운 함정이다. 초보
투자자는 상권을 주로 거리적 관점에서만 바라본다. 해당 상권의 바

로 옆에 붙어 있는 가장 가까운 상권을 경쟁 상권으로 예측하는 것
이다. 그러나 해당 상권과 경쟁할 이유가 없어 보이던 먼 지역의 상
권으로 소비 인구가 유출되고 그 상권 때문에 해당 상권이 위축될
때도 있다. 어떤 상권이 해당 상권과 거리가 가깝다고 해서 반드시
경쟁 관계가 형성되는 것도 아니고 거리가 멀다고 해서 해당 상권에
영향을 주지 않는 것도 아니다. 해당 상권의 범위나 경쟁 상권을 상
정할 때 더 중요하게 고려해야 할 것은 단순한 거리적 측면보다는
각 상권의 특성과 상권 이용객들의 특성이다.

수익형 부동산에 투자하려는 초보 투자자들은 상권의 특성을 파
악한 뒤, 다음 7가지를 염두에 두고 투자에 나서기를 바란다.

### ① 독점 업종이 보장되는 아파트 단지 내 상가에 투자하라

아파트 1,000세대 이상, 가구당 상가 면적이 0.5평 이하인 곳을 선
정하여 분양받아라. 예를 들어 슈퍼, 중국음식점, 세탁소 등의 업종
이 임대된 상가는 독점 업종이라는 측면에서 좋다. 그러나 지하나
3층은 투자를 피하는 것이 좋다.

### ② 상권이 이미 형성된 곳보다 현재 진행 중인 곳이나 발전 가능성 이 높은 곳에 더 주목하라

상권이 이미 형성된 지역은 매매가에 그 가치가 반영되어 있고 현
재의 가격이 꼭짓점에 와 있다. 그러므로 미래에 발전할 가능성이
높은 지역을 주목할 필요가 있다. 개발 호재가 풍부한 지역, 대로변

신규 빌딩, 기존 상가 중에서 급매물이 좋다.

### ③ 점포 분할과 리모델링을 적절히 활용하라

점포 면적과 업종이 조화를 이루어야 한다. 점포 면적이 업종에 비해 너무 크거나 적으면 효율성이 떨어지고 결과적으로 수익률에도 나쁜 영향을 미친다. 지하철 입구, 대학가, 역 주변의 큰 점포를 잘게 나누어 재임대할 수 있다면 임대수익을 더 높일 수 있다. 심하게 노후된 건물도 리모델링해서 가치가 상승하면 임대료 상승까지 이어질 수 있다.

### ④ 대규모 신도시나 택지개발지구 내 상가에 투자하라

대부분 단지 규모가 커서 인구가 많이 유입되기 때문에 아무래도 고객을 확보하기 쉽다. 소규모 단지보다는 기존의 대단지, 신규 택지개발지구를 선택하는 것이 좋다.

### ⑤ 아파트나 오피스텔과 분리된 복합타운상가에 주목하라

아파트, 오피스텔과 분리된 복합타운 상가는 독립된 공간이 확보되어서 고객이 이용하기 편리하고 쾌적하다. 그 환경 자체가 상권발달에 도움이 된다.

### ⑥ 법원 경매나 공매 물건에 투자하라

경매·공매의 가장 큰 장점은 물건을 시세 이하로 매수할 수 있다는 점이다. 권리 분석과 입지 분석을 잘하면 의외로 감정가 이하로 알짜 매물을 확보할 수 있다.

### ⑦ 임대수익률을 꼭 따져보아라

상가에 투자할 때는 수익환원법으로 건물의 가치를 평가하는 것이 일반적인데 보통 임대수익률이 연 6% 정도면 우량 물건에 속한다. 물건을 분석하고 관리 방향까지 설정했다면 먹이를 발견한 송골매가 하늘에서 잽싸게 내려와 순식간에 채가듯, 과감하고 신속하게 진행하는 것이 좋다.

**Check-Point**

수익형 부동산 선정의 가장 기본적인 것은 입지다. 아무리 강조해도 지나침이 없다. 초보 투자자는 상권을 주로 거리적 관점에서만 바라본다. 어떤 상권이 해당 상권과 거리가 가깝다고 해서 반드시 경쟁 관계가 형성되는 것도 아니고 거리가 멀다고 해서 해당 상권에 영향을 주지 않는 것도 아니다.

# 05

# 항아리 상권을
# 주목하라

김포에 거주하는 정선경(56세) 씨는 최근 본인이 그동안 투자용으로 매수한 서울 금호동 아파트 80m²(약 24평형)을 처분했다. 투자한 아파트가 생각보다 많이 올라 매도하기에 최적기라고 생각했기 때문이다. 이 여윳돈으로 무엇을 할 것인가 고민하다가 돈이 나오는 부동산 물건을 사기로 마음먹었다. 그래서 요즘 꿈에 부푼 나날을 보내고 있다. 이제 상가 하나를 장만하여 남들이 누리는 경제적 자유라는 것을 누리는 날을 기대하고 있기 때문이다. 그래서 서울 영등포 일대 상가 밀집지역과 김포 신도시 상가 입지를 알아보고 다닌다.

여러 번 답사를 통하여, 상가라는 것은 단순히 건물만 사는 것이 아니고 상권까지 염두에 두고 매입하는 것이라 그리 간단한 문제가 아니라는 것을 알게 되었다. 지금은 상권이 활성화된 지역이라 할지라도 인근지역의 개발계획에 따라 얼마든지 상권이 변동될 가능성이 높기 때문이다. 이처럼 고민하는 이유는 상가 하나 잘못 사면 주거용 부동산을 매입하여 실패한 경우보다 훨씬 더 큰 손해를 볼 수 있기 때문이다.

상권의 분류에서 살펴본 바와 같이 1, 2, 3차 상권이 모두 활성화가 되어 있는 곳을 A급 상권으로 친다. 그렇다면 어떤 상권이 과연 특급 상권으로 평가받는가 알아보자.

상권 중에서 가장 선호하는 상권으로 항아리 상권이라는 것이 있다. 물이 넘치는 항아리처럼 수요가 항상 공급을 초과한다고 해서 항아리 상권이다. 항아리 상권은 상권이 특정 지역에 한정되어 있어 더 이상 팽창하지는 않지만 소비자들이 다른 지역으로 빠져나가지 않는 상권을 말한다. 풍부한 배후 수요가 있고, 그 수요자들이 외부 이탈을 거의 하지 않고, 상가 자체가 독자적·독립적으로 존재하는 것이 항아리 상권의 특징이다. 때문에 안정적인 수익 창출이 가능하다. 역세권 상권만큼 인기가 높은 상권이다.

항아리 상권이 형성되려면 기존 구도심과는 거리가 떨어져 있고 주위에 약 5,000여 가구 이상의 아파트 단지가 형성되어야 한다. 주로 서울의 은평뉴타운이나 인천의 송도국제도시 등 대단지 아파트가 조성되는 신도시나 택지지구 등이 이에 해당한다. 이러한 지역의 경우 상권가치가 높아 상가가격도 높게 거래된다.

당연히 수익률도 높다. 실제로 한국감정원 통계에 따르면 2015년 3분기 기준, 대표적인 항아리 상권인 목동 상권의 집합매장용 상가 투자수익률은 1.8%로 서울 평균 수익률인 1.66%보다 높았다. 인천

도 마찬가지다. 인천 계
양구의 계산택지지구
인근 상권의 집합매장
용 수익률은 2.03%로
인천시 주요 상권 중 가
장 높다.

더불어 주변 배후수
요에 대한 원심력이 강력해서 유동인구나 유행 등에 큰 영향을 받지
않는다. 당연히 공실률은 비교적 낮다. 실제로 한국감정원의 목동 3
분기 공실률은 중대형 매장용 상가가 2.3%로 서울 평균(7.5%)보다
낮으며, 계양구 또한 8.8%로 인천 평균(9.7%)보다 낮다.

항아리 상권은 주로 외부 수요보다 주위의 배후세대나 주요시설
들의 수요에 의존하는 경향이 높다. 따라서 아파트 입주율이나 지역
선호도 등을 잘 따져봐야 한다. 같은 상권에 있는 상가라도 입지에
따라 향후 가치가 달라지는 만큼 해당지역이 집객효과가 있는 지역
인지도 동시에 살펴야 한다.

**Check-Point**

이왕 상가에 투자할 거라면 집객효과가 큰 항아리 상권을 주목해야 한다.
항아리 상권은 상권이 특정 지역에 한정되어 있어 더 이상 팽창하지는 않
지만 소비자들이 다른 지역으로 빠져나가지 않는 상권을 말한다.

# 06

# 유동인구와 동선의 함수관계를
# 확인하라

서울 영등포구 신길동에 거주하는 김지숙(42세) 씨는 부동산 중개
업소가 권한 대로변의 상가를 하나 장만하고는 골칫거리를 썩고 있
다. 유동인구가 많다고 하여 매수하긴 했는데 수익률은 엉망이고,
임차인 들어오는 것도 쉽지 않다. 그냥 지나가는, 즉 무엇인가 소비
를 하지 않는 입지라서 그렇다는 것을 나중에 알고 후회하고 있다.
말 그대로 유동인구는 많지만 그것이 소비까지 이어질 수 있는지는
알 수 없었기에 입지분석이 잘못되었다는 나중에 깨달았다.

수익형 부동산에 투자하거나 상가를 임차해서 창업하고자 할 때
먼저 인구 유입을 계산해야 한다. 인구 유입은 해당 지역의 고정인
구에 유동인구를 더한 수치다.

인구 유입이 많아져야 → 도시가 발달하고 → 상권이 형성되며 →
부동산 수요가 많아지고 → 공급량이 부족해져서 → 지가가 상승하

는 것이다.

조사 분석을 통하여 수요가 많아질 지역을 찾아낸 뒤 부동산의 매수·매입 시점을 잡고 투자해야 한다. 부동산의 매수·매입 시점 또한 인구 유입 분석으로 파악할 수 있다.

자영업을 할 때 가장 중요한 요건 중 하나가 유동인구 문제다. 유동인구는 상가나 주거의 밀집도에 영향을 받아 움직이는 사람들을 말한다. 유동인구의 수치는 영업의 존폐를 결정할 문제이며 사업주의 생존권과 직결되는 문제다. 자영업의 실패율을 낮추고 성공률을 높이려면 입점할 점포를 구하기 전에 반드시 유동인구에 대한 연구를 선행해야 한다. 책상머리에서 나온 통계자료도 빠뜨리면 안 되는 중요한 참고 자료이다. 그런데 더 중요한 것은 현장을 직접 확인하는 것이다. 유동인구의 특성상 기본적으로 해당 지역의 인구 구성에 영향을 받는다. 그런데 같은 지역의 유동인구라도 아침 다르고 저녁 다르다. 시간대별로 달라지고 요일별로 달라진다는 점을 유념해야 한다. 오전에 현장 확인을 하고, 유동인구가 상당히 많은 것을 보고 해당지역의 점포에 입점했는데 막상 개업 후에 보니 저녁시간에 손님이 없을 수도 있다. 따라서 하루도 시간대로 쪼개서 살펴보고 요일마다 달라지는 유동인구의 특성도 파악해야 한다. 시간대별로 보자면 아침이나 오전의 유동인구보다 저녁, 퇴근시간 이후의 유동인구가 질적인 측면에서 더 좋은 유동인구이다. 아침과 점심보다 저녁에 소비하는 금액이 더 많기 때문이다.

구슬이 많아도 꿰어야 보배다. 설사 유동인구가 넘쳐난다 해도 내 가게에 들어오지 않으면 아무 의미가 없다. 유동인구의 움직임, 동선이 어떤가 하는 것이 유동인구를 의미 있게 만든다. 단순히 고객의 동선 그 자체를 유동인구라고 볼 수 없다. 유동인구가 많다고 해도 그냥 흘러가는 지역이라면 아무짝에도 쓸모없는 유동인구다. 고객의 동선을 파악하는 것은 고객의 의도를 파악한다는 것이다.

절대적인 유동인구의 숫자, 즉 인구가 지나가는 방향에 따라 우리 가게가 노출되는 정도도 중요하지만 과연 사람들이 어떤 의도로 매장 앞을 지나가는지가 더 중요하다. 출근길인지 퇴근길인지 누굴 만나러 가는 길인지 그 목적에 따라 동선의 의미가 달라진다. 심지어 걸음의 속도도 살펴볼 가치가 있다. 사람의 발걸음 속도에는 그 사람의 심리 상태, 목적과 의도가 반영된다. 데이트를 하는 연인들은 바쁘게 걷지 않는다. 비즈니스와 출근으로 걷는 사람은 천천히 여유롭게 걸을 수 없다. 걸음속도는 생각보다 중요한 영향을 주는데, 일반적으로 천천히 걷는 유동인구가 많을수록 매출에 도움이 된다. 빨리 걷는 사람은 주변을 지나치지만 천천히 걷는 사람은 주변을 살핀다.

동선을 파악하는 주된 목적은 매장의 노출도와 더불어 접근성이 어떤지를 알아보기 위함이다. 횡단보도 앞이나 버스정류장 앞의 매장이 입지적으로 좋다고 하는 이유는 접근성과 노출도가 높기 때문이다. 당연히 매출로 이어질 가능성이 높아진다.


수익형 부동산에서 제일 중요한 포인트는 유동인구이고, 유동인구를 의미 있게 만드는 것은 동선이다. 유동인구와 동선은 수익형 부동산의 입지에서 절대적으로 중요한 요소다. 반드시 인구유입 요소와 유동인구 동선 파악에 시간을 할애하여 연구해야 한다.

인구 유입이 많아져야→도시가 발달하고→상권이 형성되며→부동산 수요가 많아지고→공급량이 부족해져서→지가가 상승하는 것이다. 절대적인 유동인구의 숫자, 즉 인구가 지나가는 방향에 따라 우리 가게가 노출되는 정도도 중요하지만 과연 사람들이 어떤 의도로 매장 앞을 지나가는지가 더 중요하다.

# 07

# 저평가된 물건,
# 어떻게 찾을까?

서울시 광진구 능동에 거주하는 67세의 강명기 씨는 수익형 부동산을 매수하려고 두 달 동안 서울의 요지를 모두 답사하였다. 그런데 본인의 투자기준과는 상당 부분 차이가 있다고 생각되어 쉽게 결정 못하고 있다. 가격도 가격이지만 실투자금액 10억 원 이내, 월 임대수익 400만 원 이상, 준주거지역, 역세권 도보 5분 이내, 신축, 엘리베이터 유무 등 각종 조건들이 따라붙어 그 조건을 만족시켜줄 만한 물건을 찾기가 그리 쉽지는 않다. 무엇보다도 가격이 제일 중요한 요소가 틀림없는데 신축은 토지매입대금에다 건축비 그리고 적정 이윤까지 감안한 가격으로 시장에 매물로 나오기 때문에 급매로 나온 물건을 찾기가 그리 쉽지만은 않다.

저평가된 물건을 고르는 전략을 구사하려면 아무래도 시간이 오래 걸릴 것이다. 왜냐하면 워낙이 조건이 까다롭기 그지없기 때문이다. 이러한 조건에 저평가된 물건의 조합까지 갖추기는 너무도 어렵다.

하지만 수익형 부동산의 제일 투자기준은 저평가 물건을 잡는 것임을 명심해야 한다.

한국의 베이비붐 세대들의 가장 큰 고민은 은퇴 후의 노후대책이다. 안정적인 임대수익으로 편안한 노후를 보낼 수 있다면 얼마나 좋을까? 마음은 굴뚝같으나 현실이 따라주지 않는다. 모든 것을 자녀의 성공을 위해 올인 했으나 정작 본인들의 미래는 암담하기 그지없다. 그 와중에도 허리끈을 졸라매고 어렵사리 여유자금을 만들어 온 몇몇 베이비붐 세대들. 고민 고민 끝에 수익형 부동산을 매입하기로 하였다. 저금리를 활용한 부동산 투자가 그나마 고수익을 얻을 수 있고 안정성이 높다고 판단했기 때문이다. 그리고 답사와 연구에 시간을 투자한다. 하지만 막상 실제 물건을 사려고 하면 공실의 위험이 높을까 염려되고, 가격은 적정한지 의문이 들고, 주저주저하다가 물건을 놓치기 일쑤다.

초저금리 상황에서 수익형 부동산을 매입할 때 고려해야 할 점들을 짚어보자. 수익형 부동산은 여러 금융 자산보다 수익률이 높다. 하지만 공실, 이자, 세금, 감가상각 등의 요인을 감안하면 기대했던 수익이 훨씬 낮아질 수 있다. 장기적으로 공실이 발생하면 마이너스 수익률로 내리닫는 위험한 상황까지 간다.

가장 좋은 수익형 부동산 투자 방법은 저평가된 부동산을 낮은 가격에 매입하는 것이다. 그래서 매입 전보다 많은 임대수익을 올리고

높은 가격에 매각하는 것이다. 특히 투자 대상 매물의 수익률이 금리가 낮아지기 전의 수익률인지 확인해야 한다. 현재의 저금리라는 변수가 수익률이 높아 보이게 할 수 있으니 조심해야 한다. 저금리 이전의 수익률을 기준으로 했다면 매입 후에 저금리 기조가 지속되면서 수익률이 자동으로 올라가는 효과가 있다.

저평가된 부동산은 단순히 감정가나 시장가격보다 저렴하다고만 해서 좋은 것은 아니다. 실제 인근 시세보다 임대료를 낮게 받고 있어야 하고, 유사한 공실 건물의 임대 가격 시세보다 낮아야 한다. 일반적으로 매물의 가격이 낮을수록 소유주는 직접 시장조사를 하지 않고 인근 중개업체의 의견에만 의존한다. 중개업체는 실제 거래 사례를 통한 개략적인 시세를 기준으로 가격을 판단하는 경우가 많고 매물의 특징이 반영된 개별 임대가나 매매가를 독자적으로 산정하지 않는다. 매물을 선택하려면 많은 매물을 비교해야 하고 인근의 임대료 시세, 공실 등의 시장조사를 선행해야 한다. 차라리 투자자가 임차인 입장에서 직접 시장 조사를 한다면 매물의 독특한 개별적 특성을 활용해서 임대료와 시세차익을 높일 수 있는 부동산을 선택할 수 있다. 저평가된 부동산을 매입한 뒤 리모델링을 하는 등의 개선을 거치는 것이 임대수익률을 극대화하는 방법이다. 미래에 재매각할 때 높은 매매차익 실현도 가능하다.

**Check-Point**

수익형 부동산을 고를 때 제일 우선시되는 항목은 급매물을 잡는 것이다. 저평가된 부동산은 단순히 감정가나 시장가격보다 저렴하다고만 해서 좋은 것은 아니다. 실제 인근 시세보다 임대료를 낮게 받고 있어야 하고, 유사한 공실 건물의 임대 가격 시세와 비교해서도 낮아야 한다.

# 08

# 젊은 층이 모이면
# 임대료가 올라간다

충남 서산에서 올라온 시골 청년 김대진(32세) 씨는 적은 밑천으로 사업을 시작하려는데 아무래도 장사가 잘될 만한 유동인구 많은 지역을 찾고 있었다. 그런데 임대료가 비싸서 혼자서는 도저히 감당할수 없어 친구와 동업으로 조그마한 술집을 오픈하기로 하고 서울의 대표적 상권을 알아보기 시작했다. 역시 젊은이들이 많아야 장사가 잘된다는 속설이 거짓은 아니라는 것을 금세 알 것 같았다. 그래서 각 상권이 갖고 있는 특성을 알아보기로 했다.

서울의 대표적인 상권으로 홍대입구, 건대입구, 이태원을 들 수 있다. 위의 3대 상권은 최근 상가 임대료가 하늘로 박차고 올라가면서 서울의 황금상권으로 급부상했다.

서교동 카페거리와 합정동, 상수동, 연남동에 걸친 상가 밀집 지역으로 연결되는 홍대 상권에 손님이 꾸준히 몰리고 있다. 중국인 관광객을 겨냥한 쇼핑센터가 만들어진 뒤에, 역시나 중국 관광객의 발길이 급증하고 있다. 개성 있는 편집숍과 플래그십스토어 등이 명동상권으로 대표되는 기존의 상권과 다른 분위기를 만들고 있다는 점, 숙박비가 저렴한 게스트하우스가 많다는 점 등이 홍대 인근의 상권을 성장하게 했다.

건대입구 상권은 몇몇 요식업체들이 유명세를 타면서 먹자골목에 포진한 점포들의 임대료가 뛰고 있다. 언제부터 건대 상권이 이렇게 급부상하게 되었을까? 1991년까지만 해도 이곳 상권의 중심은 바로 윗동네인 화양동 카페골목이었다. 그런데 1995년, 화양동이 청소년 보호구역으로 지정되고 윤락업소 단속이 시작되면서 카페골목이 쇠퇴한다. 이 상권을 이용하던 소비인구가 건대입구 쪽으로 이동하고 거기다가 1999년 청담대교, 2000년 지하철 7호선이 개통된 영향으로 유동인구가 15만 명을 돌파하였다. 이제 건대입구 상권은 명실공히 서울 동부의 핵심 상권이 되었다.

뚝섬유원지역~건대입구역~어린이대공원역~군자역 일대로 이어지는 지하철 라인은 강남의 실속파들이 선호하는 지역이다. 강남보다 환경도 쾌적할 뿐만 아니라 출퇴근 교통이 편리해서 상가와 함께 주거지로도 각광을 받고 있다. 이러저런 이유로 건대입구 상권에 급속하게 인구유입이 늘자 서울시가 건대입구지구와 능동로지구의 개발계획을 추진하고 있다. 이는 건대 상권이 발전하는 데 강력한 추진력을 더하고 있다. 건대 상권의 핵심 집객시설은 건국대병원, 스타시티, 롯데백화점, 롯데시네마, 어린이대공원, 건국대, 세종대 등이다. 이런 시설들은 이미 유동인구를 끌어당기고 있는데 넘쳐나는 유동인구 덕분에 또 한 단계 상권 발전을 높일 수 있는 개발계획이 실현되는 것이다.

이태원 상권은 외국인과 외국어로 된 간판이 한국인과 한국어 간판보다 더 많은 지역으로 서울의 다른 상권과 분위기도, 성격도 몹시 다르다. 이태원 상권은 미 8군 사령부가 용산으로 이주해오고 이들을 대상으로 하는 유흥가가 생기기 시작하면서 상권의 기틀이 잡혔다. 이태원 상권은 관광특구로 지정되어 상인들의 부가가치세 부담이 적었으므로 같은 물건을 이태원에서 사면 다른 지역보다 5~10% 정도 싸게 살 수 있었다. 그 덕에 내국인 젊은이들도 많이 찾는 곳이 되었다. 이곳 상권은 시장 구역, 유흥 구역, 식당 구역 등 크게 세 개 지역으로 나눌 수 있다. 이들 각 구역은 이태원 길 주변으로 들어서 있지만 업종 구성, 매장 규모, 소비층이 제각기 다르다. 경리단길 중심으로는 좁은 골목을 따라 이색적인 점포들이 들어서 있고 다양한 문화 콘텐츠를 경험할 수 있다. 이태원 상권의 또 하나의 매력이다.

이 밖에 주목받는 서울의 상권은 강남역, 신사역, 압구정 가로수길, 신림동, 방이동 상권이다.

이상에서 살펴본 상권의 공통점은 무엇인지, 혹 떠오르는 것이 있는가? 가장 큰 공통점은 젊은 수요층이 대거 몰리는 지역이라는 것이다. 다양한 콘텐츠를 바탕으로 볼거리, 먹을거리, 놀거리가 풍부하고, 더불어 외국인에게 한국적인 맛과 멋을 소개할 수 있는 지역들이다. 이 지역에서 임대료가 상승할 수밖에 없는 것은 유동인구를 배후에 두고 어디보다 장사가 잘되기 때문이다.

## Check-Point

잘되는 상권의 공통적인 요소는 바로 역동성이 넘치는 젊은이들이 모인다는 것이다. 먹을거리, 놀거리가 풍부한 이런 곳이 수익형 부동산의 최고 입지인 셈이다.

# 09
# 수익형 부동산의 가치,
# 반드시 수익환원법으로 따져보라

경기도 평촌에 거주하는 김현숙(50세) 씨는 최근 여유자금 1억 원으로 조그마한 오피스텔을 하나 장만하여 월세를 받고 싶다고 한다. 대상물건은 광진구 화양동 39m²(약 12평)형 오피스텔이다. 매매가는 1억3,000만 원, 보증금은 1,000만 원, 임대료는 월 60만 원이다. 연수익률로 계산하면 연 6%이다. 금융기관에 맡겨놓았을 때보다는 높은 수익률이라서 만족하고 있다.

그런데 정작 매수 당시 1억3,000만 원은 적정하게 주고 산 것인지는 잘 모르겠다고 한다. 수익률로만 생각하면 적정한 것 같기도 하다. 수익형 부동산의 가치평가는 수익환원법이라고 하는 평가방법이 보통 실무에서는 많이 사용되고 있다.

부동산을 거래할 때는 살 사람도, 팔 사람도 가격 때문에 고민하고 서로 예민하게 줄다리기를 한다. 매도인도, 매수인도 불안하기는 매한가지. 터무니없이 높은 가격에 사는 것 아닐까? 괜히 너무 낮은 가격에 처분하는 것은 아닐까? 부동산의 적정한 가격이 얼마인지 도대체 알 수가 없으니 양 측이 다 손해를 볼까 두려워한다. 매도자와 매수자 사이에서 누군가 설득력 있게 논리적으로 적정한 가격을 제시한다면 상황은 훨씬 쉽게 풀리지 않겠는가? 이럴 때 적용할 수 있는 것이 수익환원법인데, 수익형 부동산의 가치를 비교적 객관적으로 분석할 수 있는 유익한 도구다.

수익환원법은 수익형 부동산 투자를 할 때 가장 유용한 가치평가 방법으로 여겨지는 모델이니만큼 그 계산방식이나 적용방법을 알아두면 도움이 된다. 우리나라의 부동산시장은 매매차익 중심에서 수익 중심으로 변화되고 있는데, 이러한 상황에서 수익형 부동산을 적절하게 평가하는 수익환원법의 활용이 더 중요해지고 있다.

박진현(37세) 씨는 직장생활을 하면서 꾸준히 절약해 모아온 종잣돈으로 수익형 부동산이라고 하는 A오피스텔을 살까 말까 며칠째 망설이고 있다. 과연 안정적인 임대수익은 실현될까? 수익률은 괜찮을까?

A오피스텔을 수익환원법으로 평가해보자. A오피스텔은 현재 보증금 1,000만 원에 월세 70만 원을 받고 임대 중이다. 이 오피스텔의 적정한 가격은 얼마일까? 투자자가 최저로 생각하는 수익률은 4%이며, 1년에 재산세와 부동산 중개수수료와 기타 비용을 합하면 연간 100만 원의 비용이 발생한다(계산의 편의를 위해 토지와 건물은 나누지 않았다).

기본적으로 수익환원법으로 산출되는 부동산의 가격은 아래의 공식을 따른다.

> 가격 = 순수익/환원이율 = (총수익-총비용)/환원이율

여기서 기준은 당연히 1년간이다. 1년간의 총 임대수입 중에서 관리·유지에 들어가는 비용, 세금, 기타 공과금 등을 제외하면 순수익이 된다. 참고로, 서울지역의 임대용 빌딩(사무용)의 순수익 비율은 약 65% 정도 된다.

> • 순수익: (70만 원 x 12) − 100만 원 = 740만 원
> • 환원이율: 4%
> • 적정가격: 740만 원 / 4% = 1억8,500만 원

여기에 보증금 1,000만 원을 순수익으로 계산해 넣을 수도 있고 적정가격에서 빼서 계산해도 된다. 계산을 편하게 하기 위해 1,000만 원을 적정가격에서 빼면 이 오피스텔의 최종 적정 가격은 1억7,500만 원이 된다. 이 가격을 기준으로 매도와 매수를 결정하라는 것이다.

최근에는 정보가 많이 공개되는 편이라 부동산의 적정 매매가를 산정하는 데 많은 도움을 얻을 수 있다. 하지만 이는 어디까지나 아파트와 같은 주거용에 관련된 것이고, 임대를 목적으로 하는 수익형 부동산의 경우에는 여전히 정보의 폐쇄성이 강하다. 이는 부동산이

가진 고유한 특징이기도 하다. 수익형 부동산의 가치를 평가할 때 제일 좋은 방법은 직접 조사해서 산출하는 것이다. 이때 가장 정밀한 부동산 가치 평가방식 중 하나가 바로 수익환원법이다.

수익환원법은 해당 부동산을 이용할 때 미래에 얻게 될 수익을 가지고 적정한 부동산 가격을 구하는 방식이다. 즉 해당 부동산이 미래에 산출할 것으로 기대되는 순수익을 현재가치로 적절하게 환원하여 매매가와 비교해봄으로써 매매 의사 결정을 하게 만드는 것이다. 수익환원법상 산출된 가치가 매매가보다 높거나 같을 경우에 매수를 고려할 수 있다.

수익환원법을 계산할 때 환원이율을 알아야 하는데, 환원이율은 순수익을 원본가격으로 나눈 비율(순수익/원본가격)로 이는 순수익이 원본가격에서 차지하는 비율을 의미한다. 환원이율을 구하는 방법은 여러 가지가 있는데 다음 거래 사례를 통해 환원이율을 구해보자. 만약 1년에 순수익이 1,000만 원이고 거래 가격이 1억 원이라면 환원이율은 10%가 된다. 환원이율을 구하는 것은 수익환원법의 핵심적인 부분이다. 구체적으로 아래의 네 가지 방식 중 자신과 상황에 적절한 것을 골라 선택해 구하면 된다.

① 조성법: 위험률을 분석해 환원이율 산출
  • 환원이율: 무위험률 + 위험할증률
  • 무위험률: 국공채 수익률 또는 시중은행의 1년 만기 정기예금 이자율
  • 위험할증률: 대상 부동산 투자의 위험을 감안한 추가이율(물가

상승률 포함)

② 시장추출법: 투자자의 요구수익률을 기준으로 환원이율을 구하는 방법

③ 거래사례법: 현재 유사 부동산의 거래사례를 기준으로 구하는 방법(순수익/거래가격)

④ 복합법: 토지와 건물을 따로 계산해 합치는 방법. 환원이율: (토지가격비율 × 토지환원이율) + (건물가격비율 × 건물환원이율)

수익환원법에서 유의해야 할 점은 토지와 다르게 건물은 감가상각률을 감안해야 한다는 것이다. 토지 가치는 변하지 않지만 건물은 감가상각이 일어나 결국에는 없어지는 자산이기 때문이다.

---

– 토지가격 평가: 순수익/환원이율
– 건물가격 평가: 순수익/(환원이율+잔존 내용연수로 나눈 상각률)

---

순이익이 1,000만 원인 건물이 있고 환원이율은 10%이다. 해당 건물을 앞으로 20년간 더 사용할 수 있을 때 건물 가격은 얼마나 될까?

1,000만원 / (10% + 1/20) = 1,000만원 / (10% + 5%) = 약 6,666 만원

---

수익환원법을 활용한 투자의사 결정을 알아보자.

부동산의 가치는 크게 시장가치와 투자가치로 나누어 생각해볼

수 있다. 수익환원법은 부동산의 투자가치를 현금 흐름에 맞춰 평가한 것이다. 반면 시장가치는 시장에서 형성된 가격 가치를 의미한다. 시장가치와 투자가치는 당연히 괴리가 생길 수밖에 없다. 그러나 투자가치에 비해 높은 시장가치가 형성되어 있다면 그것은 버블이라고 볼 수 있다. 그때는 투자를 미루는 것이 바람직하다.

시장가치는 투자가치 가격에 수렴한다. 물론 시장가치가 높은 원인은 한번 더 생각해봐야 한다. 만약 대상 부동산 주변에 개발 호재가 있더라도 수익환원법에서는 이러한 자산 가치를 반영하지는 못하기 때문에 자칫 투자 오류를 범할 수 있는 것이다.

수익환원법은 어디까지나 수익형 부동산 투자에만 적용이 가능하며, 이 방법은 현금 흐름을 중심으로 분석한 것이다. 이제 매매차익을 크게 기대해볼 수 없는 시대라고는 하지만 모든 부동산에 똑같이 적용되는 것은 아니다. 이러한 오류의 가능성도 생각해서 수익환원법을 사용해야 할 것이며, 이를 투자의사 결정에 반영해야 할 것이다.

**Check-Point**

수익형 부동산의 가치를 평가할 때 제일 좋은 방법은 직접 조사해서 산출하는 것이다. 이때 가장 정밀한 부동산 가치평가 방식 중 하나가 바로 수익환원법이다.

건물을 매수했다고 다 부자가 되는 것이 아니다.

일반인이 모르는 함정이 너무나 많다.

철저하게 입지와 상권 그리고 권리관계 분석을 해야

실패하지 않는다.

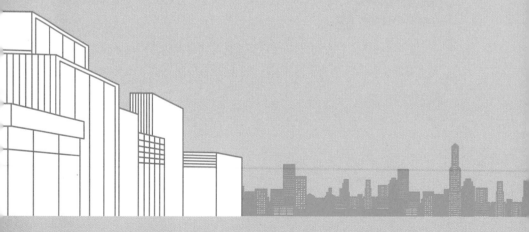

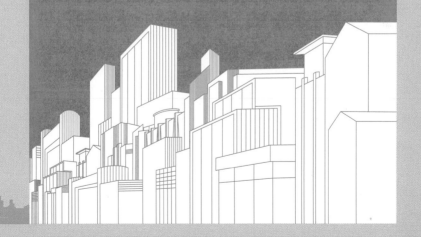

PART 02

# 백전백승
# 수익형 부동산 투자 전략

# 01
# 수익형 부동산에 투자할 때
# 빠지기 쉬운 5가지 함정

정성원(38세) 씨는 어느 부동산에서 조그마한 상가주택을 매입하고 계약서를 작성했는데 검토를 해달라고 부탁했다. 계약서를 살펴보니 그리 큰 하자는 없는데 수익형 부동산의 가장 중요한 임대차 계약기간이 얼마 남지 않은 점이 상당히 꺼림직하게 느껴졌다. 그 후 몇 개월이 지난 뒤 임대차 계약기간은 종료되고 임차인이 임차보증금 반환을 요구해왔다. 그런데 임차보증금이 주변 시세보다 훨씬 높은 금액으로 설정되어 있다는 것을 뒤늦게 알게 되었다.

짐작컨대 아마도 그 상가를 매도하기 위하여 허위 임차인을 세우고 허위 임대차보증금을 설정한 것이 아닌가 하는 의구심이 강하게 들었다.

또 하나의 사례를 들어보자.

수원에 사는 한진수 씨는 60대 중반이 되자 이제는 정말 노후 대책을 세워야겠다고 결단했다. 모아둔 재산과 대출을 합하면 빌딩 하나는 살 수 있겠다는 계산이 섰다. 안정적인 임대수익을 얻으려면 관리하기 편한 세입자가 입주해 있는 빌딩을 찾아야 할 것 같았다. 그것까지는 올바른 판단이었다. 그러던 중 수원시청 인근의 대로변에서 유명한 외국계 학원이 입주해 있는 신축빌딩을 발견했다. 그 학원은 월세 4,000만 원에 5년 동안 임차하는 조건으로 그 빌딩을 사용하고 있었다. 빌딩의 매매가는 60억 원, 계산을 해보니 연간 수익률 8%라는 안정적인 임대수익을 거둘 수 있었다. 이 정도면 훌륭한 투자다 싶어서 덥석 계약을 했다. 이제 노후 걱정은 끝났겠거니, 한숨 놓았다. 마음 편하게 친구들과 산에도 가고 손자와 놀아주었다. 그러던 중 소유권이 이전된 지 3주가 되던 날이었다. 새로 매입한 건물 세입자가 내용증명서 한 통을 보내왔다.

'상기 본인은 경기도 수원시 ○○○소재지에 위치한 세입자로 건물 소유권이 변경되었음을 전제로 귀하와의 재계약 의사가 없음을 알려드립니다. 따라서 20일 이내로 본인의 임차 보증금을 반환해주시기 바랍니다.'

수익형 부동산은 주거용 부동산과는 차원이 다르기 때문에 그에 대한 함정도 많다. 그런데 수익형 부동산의 함정에 대하여 알려달라는 고객은 거의 없는 것 같다. 이에 그 함정들은 무엇인지 알아보자.

## ① 계약서 작성의 함정 유의점

김홍준(52세) 씨는 전층 월세 2,600만 원에 5년 계약으로 임차인이 입주한 역삼동 인근의 이변도로에 있는 신축 빌딩을 발견했다. 연간 수익률 7%의 안정적인 임대수익이 기대된다는 부동산업자의 권고와 빌딩이 급매 중 급매이니 빨리 결정해야 한다는 말에 덜컥 계약을 해버렸다.

받는 월세 중 일부는 자식들에게 주고 일부는 노후로 사용하려고 마음이 들뜨던 어느 날 세입자의 내용증명 한 통이 날아왔다.

"소유권이 변경되었으므로 본 세입자는 재계약 의사가 없으니 2주일 내로 보증금을 반환해달라"였다.

민법상 "임대한 건물의 주인이 바뀐 경우 물권 소유자의 변동은 채권(임대차 계약)에 우선하므로 매매는 임대차를 깬다"라는 것을 인지하지 못한 실수였다. 매매 전에는 재계약 여부의 타진 등을 숙지해서 폭넓게 알아봐야 한다.

## ② 가장 중요한 상권이동 분석

빌딩 투자, 빌딩 급매의 가장 큰 핵심과 유의점은 공실률일 것이다.

대로변보다는 카페 골목이 임대료 유지 및 상승에 좋을 것이라 생각한 박건영(48세) 씨는 신촌 골목안 빌딩을 구입한다. 1년에 한 번, 2년에 한 번 임대료를 조금씩 올려 빌딩의 가치를 높이고자 계획했지만, 가치가 높아지기는커녕 상권이 조금씩 죽기 시작하더니 연대 앞 상권이 조금씩 이동하여 임대료가 많게는 50%까지 줄어들어 낭패를 보았다.

인천 주안역도 같은 현상을 겪었다. 이는 상권의 변동에 항상 민감할 필요가 있다는 얘기이다.

### ③ 불법건축물의 유의점

서울 반포동에 거주하는 정은희(42세) 씨는 역삼동에 있는 지하 1~지상 4층짜리, 약 6년 된 건물을 매입했다. 지하 1층은 스튜디오, 1층은 소형 커피전문점이고 2~4층은 풀옵션 원룸인데 층별로 5세대씩 총 15세대가 입주해 있었다. 빌딩을 소개해준 중개사무소에서 임차인관리까지 도맡아 해주겠노라고 했다. 임대수익도 상당히 좋을 것 같아서 기분 좋게 매매 계약을 체결했다.

소유권 등기이전이 끝난 뒤, 강남구청 건축과에서 연락이 왔다. 역삼동 건물이 위반건축물이니 벌금을 내라는 것이다. 벌금을 내지 않으려면 건물 내 모든 원룸 시설물을 철거해야 한다고 고지서가 날아온 것이다. 뜬눈으로 지새우고 다음날 구청 건축과의 담당자를 찾아갔다.

"선생님께서 매입하신 역삼동 소재 건물은 전 층을 사무실 용도로 사용하도록 허가받았습니다. 하지만 2층에서 4층까지는 원룸으로 사용하고 있네요. 이 부분은 불법 개조입니다. 죄송합니다만 건축법 제80조(이행강제금)에 따라 해당 건물이 주목적으로 사용하는 불법 원룸에 대해 1년에 2회 이행강제금(벌금)을 내셔야만 합니다."

정은희 씨가 매입한 건물은 건축물대장상의 용도는 사무실인데, 주택가 깊숙한 곳에 위치해서 사무실 수요가 별로 없었다. 전 주인은 할 수 없이 사무실을 원룸으로 불법 개조하여 사용하고 있었던 것이다. 건물 투자를 할 때 단순히 높은 수익률과 접근성만 고려하지 말고, 실제 사용 용도와 건축물 대장상의 용도를 확인해야 하는 이유가 여기에 있다.

당장 강제이행금을 1년에 두 번 내야 하거니와 그 이상 신경 써야 하는 일이 많은 만큼 나중에 매매 시에도 어려움이 있을 것으로 예상된다.

### ④ 지구단위계획구역

사무실에 찾아와 투자할 서울시 광진구 화양동 상업지역 물건의 지번을 밝히고 권리분석을 해달라고 하는 김정식(66세) 씨는 투자대상물건이 지구단위계획구역에 들어간 사실조차 모르는 순진한 투자자였다.

지구단위계획구역에 속하면 건축행위가 좀 까다롭게 진행된다. 다시 말해 김 씨는 인접지번과 공동개발을 할 경우만 건축허가가 난다는 사실을 모르고 있었다. 물론 전부 공동 개발한다는 것은 아니지만 김 씨가 주목하고 있는 물건은 인접 지번과 공동개발을 해야만 신축허가가 나오는 물건이었던 것이다. 만약 급매라고 해서 덜컥 계약이라도 했다면 본인이 원하는 신축도 못 하고 투자금액이 장기간 묶일 수밖에 없었을 것이다. 왜냐하면 공동개발은 말이 쉽지 현실적으로는 절대 쉽지 않기 때문이다. 인접지번의 물건을 매수하려는 것도 가격을 생각보다 높게 부르니 쉽지 않고, 공동 개발해서 지분으로 건물을 소유하고 관리하는 것도 만만치 않기 때문이다.

빌딩 투자자들은 저렴한 건물을 매입할 때 신축을 목적으로 한다.

또는 일정기간 보유 후 신축하려고 하는 수요자에게 판매할 목적으로 한다. 이때 내가 매입하려는 건물이 지구단위계획구역에 포함됐나면 신축을 할 수 없다.

공동개발만 가능하니 요즘의 일반 재건축과 비슷하다고 보면 된다. 배우 원빈 씨가 투자한 것으로 유명한 성수동 아틀리에 길 같은 경우는 신축이 불가해서 리모델링을 통해 유망 투자처로 관심을 받는다. 이는 신축을 할 수 있는가 없는가를 필히 알고 투자해야 한다는 말이다.

### ⑤ 건물 용도의 함정 (위락시설의 세금폭탄)

부천의 지하층에 노래연습장이 있는 빌딩을 매입한 김진숙(38세) 씨가 있었다. 노래연습장이라고 간판을 달고 있는데 사실은 도우미를 고용한 단란주점으로 영업하고 있었다. 게다가 해당 층은 건축물대장상 유흥음식점으로 허가를 받아 사용하고 있는 위락시설(유흥음식점) 업종이었다. 김진숙 씨는 난데없이 취득세 폭탄을 맞게 되었다. 이유는 이랬다.

유흥주점, 단란주점 또는 유사한 형태로 영업하고 있는 단란주점, 노래연습장은 사치성 재산에 포함된다. 이때 건물 영업장의 바닥 면적 합계가 100m²(약 30평)를 초과하는 경우, 기존 납부해야 할 취득세의 4.5배에 달하는 세금을 추가로 납부해야 한다. 이는 유흥으로 정식허가 된 위락시설이 아니더라도 유사형태 영업장인지 필히 알아보고 계약해야 한다는 말이다. 세입자의 형태를 정확히 파악해야 하며 거짓된 세입자인지, 언급한 바와 같이 계약지속 가능한지 등의 타진

도 해야 한다. 한마디로 세입자가 커다란 키란 얘기도 된다.

이 외 주의할 점이 많지만 대부분 일생에 여러 번 기회가 오지 않을 수익형 부동산의 빌딩 매매이니 조금만 주의를 귀울여 좋은 결과물을 낳도록 하자!

# 02

# 월세 투자를 잘하는
# 5가지 비법

몇 년째 부동산 투자를 망설이고 있는 서울 마포의 유원식(52세) 씨는 그동안 여유자금이 생기면 위험은 좀 높기는 하지만 이자수익율이 높은 사금융으로 운용했다. 물론 담보를 제공받아서 안전하게 하긴 했는데, 더러는 원금을 한 푼도 찾지 못한 경우도 있었다. 그래도 수익 면에서는 남부럽지 않았다. 그런데 사실 이자가 들어오는 날마다 하나하나 관리하는 것이 보통 신경이 쓰이지 않는 것이 아니었다. 한마디로 성격 좋은 사람은 절대 못하는 일이 아닐 수 없었다. 그래서 이제는 좀 편안하게 안정적인 수입이 들어왔으면 하는 바람을 간절하게 갖게 되었다. 그는 그게 바로 수익형 부동산을 매수해서 잘만 관리하면 된다는 이야기를 듣고 관심을 가졌다.

어떻게 하면 원하는 꿈을 실현할 수 있을까? 그는 고민 끝에 우선 수익형 부동산이 무엇인지 공부부터 하고 부지런하게 물건도 보고 부동산전문가와도 친분을 맺기로 결심했다.

한국은행이 기준금리를 1.25%로 사상 최저 수준까지 인하하자 마땅한 투자처를 찾지 못한 자금은 방향을 잃어버리고 갈팡질팡했다. 은행은 1%대 초반의 낮은 정기예금 이자를 제시하고, 주식이나 펀드는 원금소실 위험 탓에 투자를 결정하기 어려운 상황이다. 반면 은행이자 상품보다 임대수익률이 더 높은 수익형 부동산 상품은 공실 우려에도 여전히 수요자 관심이 높다. 저금리 시대에 수익형 부동산에 투자할 때의 주의점을 알아보자.

### ① 월세 나오는 부동산 상품부터 고르기

수익형 부동산 상품을 고를 때는 각 상품의 장단점을 파악하고, 투자자의 임대관리 능력을 고려해야 한다. 대표적인 수익형 부동산 상품인 오피스텔, 소형 아파트, 원룸은 1~2억 원 내 자금으로도 투

자가 가능해 일반투자자들이 쉽게 다가갈 수 있다. 주의할 점은 오피스텔은 사용 용도에 따라 주거용과 상업용으로 구분된다는 것이다. 세입자가 전입신고를 할 경우 주거용으로 간수돼 임대인의 주택 수에 포함된다. 취득세는 주거용 기준이 아닌 상업용인 4.6%를 적용받는다. 중소형 빌딩, 점포 겸용 주택, 임대형 공장, 상가 등의 부동산은 시세차익과 임대수익을 동시에 얻을 수 있지만 투자규모가 커서 투자 수요는 고액자산가 대상으로 한정적이다. 상업용 부동산은 입지분석과 자금관리가 까다롭기 때문에 전문 컨설팅법인을 통해 매매 계약을 하는 것이 안전하다.

## ② 임대의무기간 갖출 수 있다면 임대사업자 가입이 유리해

임대사업을 하기 전에 임대사업자로 등록하는 것이 유리한지 여부를 따져야 한다. 임대사업 유형은 주택임대와 일반임대 사업자로 나뉘는데 임대의무기간을 채우기 어렵다면 가입 여부를 신중하게 판단해야 한다. 감면받은 세금을 추징당하기 때문이다. 오피스텔이나 상가 및 빌딩 등 상업용 건물은 일반 임대사업자로 분류된다. 일반 임대사업자 임대의무기간인 10년을 유지조건으로 취득시 부가가치세 10%를 환급받는다. 중간에 일반 임대사업 폐업신고를 할 경우 환급받은 부가가치세를 반납해야 한다. 주택임대사업자 임대의무기간은 단기임대주택은 4년, 준공공임대주택은 8년으로 구분된다. 준공공임대주택은 단기임대주택보다 취득세, 재산세, 양도소득세, 종합부동산세 절세 혜택에서 유리하다.

### ③ 부채의 지렛대효과의 위험관리는 필수

임대수익률을 높이는 일반적인 방식은 부채의 지렛대 효과를 이용하는 것이다. 지렛대 효과는 전체 투자금 중에서 부채를 제외한 순수 자기자본금 대비 이익금에 대한 수익률이 커지는 것을 말한다. 대출을 이용해 부동산 보유수를 늘려 월세소득과 임대수익률을 높이는 전략이다. 하지만 지렛대 효과가 꼭 좋은 것만은 아니다. 잘못된 부동산을 선택해 매입가격보다 하락하거나 금리가 오르면서 이자비용이 커질 경우 그만큼 투자손실로 이어지기 때문이다. 현재는 저금리라서 부채의 지렛대효과를 누릴 수 있겠지만 앞으로가 문제다. 2016년부터 주택담보대출 심사 강화로 원금 상환시기가 3년에서 1년으로 단축됐고, 금리는 더 이상 떨어지기도 쉽지 않다. 미국이 기준금리를 올릴 경우 향후 국내 금리도 시차를 두고 오를 가능성도 열려 있다. 오피스텔, 상가 등 공급물량 증가에도 대비해야 한다.

### ④ 분양광고에서 나오는 수익률 함정

오피스텔이나 상가 분양 광고를 보면 높은 임대수익률을 제시하며 투자자를 현혹한다. 지역 사정을 잘 알지 못하는 투자자가 장미빛 숫자에 넘어가 덜컥 계약서를 쓰는 경우를 심심찮게 볼 수 있다. 분양상담을 받더라도 그들의 말을 전적으로 믿지 않는 것이 좋다. 분양업자들이 제시하는 임대수익률 계산법에는 함정이 있다. 먼저 임대료를 주변시세보다 현저하게 높게 책정한다. 새 건물이기 때문에, 입지가 좋아서 등의 이유를 들어 투자자들이 받고 싶어하는 임대료를 책정한다. 투자금액은 대출 가능한 최대 한도를 적용해 그만큼을 제외한 자기자본 금액으로 임대수익률을 책정한다. 또한 실질 임대수익률 계산에서 결정적인 역할을 하는 취득세, 중개수수료, 공실에 따른 관리비, 대출이자 등의 비용은 투자금에서 제외한다. 단순하게 순수자기투자금액과 임대료를 기준으로 수익률을 계산해 수요자를 현혹하는 경우가 많다.

## ⑤ 신상품으로 포장된 수익형 부동산, 이면을 살펴야 한다

아파텔, 분양형 호텔, 섹션오피스 등의 용어들은 수익형 부동산 상품의 종류들이다. 부동산 틈새시장을 겨냥해 새로운 신조어를 조합한 상품들이 나온다. 트렌드성 수익형 상품은 부동산시장 환경이 바뀌면 매각 시기에 매수자를 찾기 어렵다는 것이 단점이 있다. 아파텔은 아파트와 오피스텔을 조합한 단어로 각각의 장점을 결합한 오피스텔이다. 하지만 아파트보다 전용률이 낮고, 세금부담도 커 2% 부족한 상품이다. 분양형 호텔은 호텔을 지분등기나 개별등기로 분양하고, 호텔운영 수익을 배분해주는 상품이다. 요사이 제주도는 관광객 수요가 급증하는 만큼 호텔, 펜션, 게스트하우스 등 다양한 숙박시설이 함께 늘어나 투숙객 유치 경쟁도 치열해졌다. 따라서 규모를 갖추고 전문적인 호텔 운영업체가 맡지 않을 경우 안정적인 운영수익을 얻기도 어렵고, 매각도 상당히 까다로울 수 있으니 주의가 필요하다. 섹션오피스는 업무용 빌딩을 소규모로 분할하여 판매하는 상품이다. 업무시설이 밀집된 강남 테헤란로, 지식산업센터에서 주로 공급한다. 소규모 창업자를 위한 사무실을 분양 받아 임대를 놓는 방식이다. 일반 주택보다는 사무실 임대료를 더 받을 수 있겠으나 경쟁상품인 오피스텔이 밀집된 지역에서는 오히려 불리할 수 있다. 오피스는 공간 내 화장실 및 주방시설을 설계할 수 없어 공용시설을 이용해야 하나 오피스텔은 사무실 공간 내 설계를 할 수 있다. 때문에 소규모 창업자들은 공간활용도가 높은 오피스텔을 이용하는 것이 더 편리할 수 있다. 따라서 새로운 투자 상품에 현혹되기보다는 유사 부동산의 임대료와 임차인 선호도를 시장조사 해야 한다. 수익형 부동산 투자에 성공하려면 지속적으로 임대수익을 낼 수 있는 수익형 부동산 상품을 고르는 안목을 기르고, 현장답사를 통해 과장광고에 현혹되지 않는 현명한 투자자가 되어야 할 것이다.

**Check-Point**

수익형 부동산으로 안정적인 임대수익을 올리는 일은 누구나 쉽게 할 수 있는 것이 아니다. 하지만 최선을 다한다면 못 오를 산은 아니다. 투자안목을 높이고 과장광고에 현혹되지 않는 등 적극적인 투자 목표를 세워서 당장 오늘부터라도 시작해보자. 반드시 경제적 자유가 기다리고 있을 것이다.

# 03
# 건물가격 평가에 감가상각을 고려하라

평소 수익형 부동산에 관심이 많던 진용석(50세) 씨는 서울 석촌동의 원룸빌딩을 25억에 매수하기로 결정하고, 과연 물건가격이 적정한지 집에서 스스로 분석하기 시작했다. 대지 50평인데 건물가격은 과연 얼마나 책정된 것인지 알 수가 없었다. 참고로 신축 건물로 완공된 지 3년 지난, 향후 지하철 9호선 방이 역세권 물건이다. 이러한 물건은 대지가격에 건물가격이 충분히 반영된 물건으로 평가되어야만 한다. 보통 실무에서는 10년이 넘은 건물은 건물가격을 제외한 대지가격으로 물건 가격을 평가하는 경우가 많다.

새 차를 1,000만 원 주고 샀는데 만일 1년 뒤에 판다면 1,000만 원을 받지 못한다. 1년 뒤에 그 자동차의 가치는 떨어지는데, 일정한 기간마다 감소된 가치를 비용으로 계산한다. 자산평가를 정확하게 하려고 고정자산의 소모·손상에 의한 가치의 감소를 각 연도에 할

당해서 계산하여 그것을 손실이나 비용으로 이체하는 것을 감가상각이라 한다. 감가상각의 목적은 바로 고정 자산에 투하된 자본을 유지하기 위해 유효기간 내에 그것을 회수하는 데 있다.

건물도 마찬가지다. 건물의 감가상각의 주요 원인은 물리적 요인, 기능적 요인, 외부적 요인 등이다. 물리적 감가상각은 건축물이 노후되는 것을 말한다. 기능적 감가상각은 건축물의 구조와 쓰임새 등 내부적 균형이 최적화되지 않아서 효용이 떨어지는 것을 말한다. 외부적 요인은 부동산의 수요 부족, 해당 지역 부동산의 사용상 변화, 경제 상황과 같은 사회적 요인으로 건물의 효용이나 매매 가능성이 낮아지는 것을 의미한다.

건물은 시간이 지남에 따라 감가상각이 되기에, 감가상각이 되지 않는 토지야말로 경제적인 관점에서 진정한 부동산이라고도 한다.

이런 토지는 제각각 위치도 다르고, 모양도 다르고, 가치도 다르다. 주먹구구식의 매매사례비교법과 같은 유추가격만으로는 정확한 토지 가치를 판단할 수 없기에 경제적 가격인 원가방식과 수익방식으로 객관성을 더해 토지의 가치를 평가하는 방법을 알아보자.

간단하게 이야기하면 수익방식은 해당 지역의 경제상황을 정확히 반영하고 있는 임대가격을 매매가격으로 환산하는 방식이며, 이 가격에 원가방식에 의한 순수 건물가격을 뺀 것이 토지 가격이 되는 것이다.

법률적으로 토지와 건물은 각각의 부동산으로 나뉜다. 집합건물이 아닌 이상 토지등기부, 건물등기부가 따로 있어 소유자가 다른 경우도 생길 수 있다. 하지만 일반적으로 토지와 건물의 소유자는

**〈원가방식에 의한 건물가격 분석〉**

| 감가상각 | 표준건축비 |
|---|---|
| 1. 단독주택: 연간 4% 균등상각(25년)<br>2. 공동, 다가구, 다중주택: 연간 3.3% 균등상각(30년)<br>3. 30층 이상 초고층 아파트: 연간 2% 균등상각(50년)<br>4. RC상가, 건물, 모텔: 연간 2.5% 균등상각(40년)<br>5. SRC건물: 연간 2% 균등상각(50년)<br>6. 조립식 공장, 창고: 연간 10% 균등상각(10년) | 1. 단독주택: $m^2$당 121만 원(평당 399만 원)<br>2. 아파트: $m^2$당 173만 원(평당 574만 원) 2016년 3월 국토교통부 고시 기본형 건축비<br>3. 연립, 다세대, 다가구, 다중, 모텔: $m^2$당 136만 원(평당 450만 원)<br>4. 호화주택, 초고층 주상복합: $m^2$당 212만 원(평당 700만 원)<br>5. 5층 이하 RC상가건물: $m^2$당 110만 원(평당 363만 원)<br>6. 6층 이상 RC빌딩: $m^2$당 130만 원(평당 429만 원)<br>7. SRC, 39층 이하 SRC: $m^2$당 167만 원(평당 551만 원)<br>8. SRC 40층 이상 초고층빌딩: $m^2$당 197만 원(평당 650만 원)<br>9. 조립식 주택: $m^2$당 56만 원(평당 185만 원)<br>10. 조립식 공장, 창고: $m^2$당 25만 원(평당 82만 원) |

같고 거래할 때는 관행적으로 한 개의 부동산으로 간주하고 거래하게 된다. 위의 평가 기준은 계약 이후 면적의 차이 등으로 분쟁이 있을 때 토지, 건물의 $m^2$당 매매가격 산정기준으로도 활용할 수 있다.

위의 표에서 나타나듯이 건물의 종류에 따라 표준건축비도 모두 다르고 구조하중이 재료에 따라 다르기에 감가상각 또한 다르다. SRC(철골철근콘크리트)는 건축비가 비싸지만 그만큼 내구성이 좋아 감가상각이 낮은 반면 조립식 공장이나 창고는 건축비가 적게 드는 대신 오래 사용할 수 없다.

이처럼 해당 건물의 면적에 건축비를 곱하고 감가상각액을 빼면 순수한 건물가격을 산출할 수 있다. 물론 감가상각 기간이 지난 건물이라고 해서 잔존 가치가 0은 아니지만 내용연수에 다가갈수록 가치는 거의 없어진다고 봐야 한다.

이때 집합건물의 면적은 분양면적(전용+공용)을 적용한다. 분양가 상한제 기본형 건축비는 매년 3월과 9월 국토교통부에서 고시하는데 택지비와 가산비용을 제외한 건축 공사에 소요되는 모든 비용을 뜻한다.

임대아파트는 표준건축비라는 용어를 사용한다. 아파트를 제외한 다른 건물 구조의 표준건축비는 도급가격, 즉 시장표준가격으로 모든 공사비가 직접 시공했는지와 자재와 인건비 등에 따라 ±30%까지 차이가 날 수 있음을 참고해야 한다.

**Check-Point**

수익형 부동산을 취득할 때 가격의 적정성을 평가받고자 할 경우 건물 부분을 어찌 평가해야 할까가 고민일 것이다. 건물은 신축한 후에는 무조건 감가상각이 이루어진다는 것을 감안해야 한다. 즉 건물가치평가에 꼭 고려해야 할 사항이라는 것이다. 예를 들어 10년 된 물건에 건물가격은 과연 얼마나 될지 꼭 확인하자.

# 04
# 수익형 부동산 투자
# 3가지 원칙

부동산 상담을 하다 보면 그야말로 수익형 부동산의 선택기준이 다양하다. 과시형과 실속형 그리고 향후 증여까지 생각하는 미래형까지 그 형태가 많다. 최근 상담한 고객 중 김명식(56세) 씨는 수익률, 입지보다 그야말로 남들에게 본인의 자산상태를 보여주려는 전형적인 과시형이다. 강남대로변의 물건만 찾아달라고 막무가네다. 매수할 자금은 턱없이 부족하면서 말이다. 주거용 부동산이 아닌 수익형 부동산은 선택하기 전에 신중에 신중을 더하여야 한다.

수익형 부동산을 매수하겠다는 고객을 많이 만나다 보면 그들이 선호하는 지역의 윤곽이 저절로 그려진다. 대표적으로 역세권, 대학가, 유흥가, 산업단지, 사무실 밀집 지역 등이 포함된다.

그렇다면 수익형 부동산의 선택기준은 무엇일까?

## ① 10년을 가지고 가도 될 곳으로 선택하자

수익형 부동산은 금방 팔기 위한 부동산이 아니라 오랫동안 보유하기 위한 부동산이다. 그렇다면 얼마나 보유하는 것이 맞을까? 각자의 상황에 따라 다르겠지만 향후 10년을 보유하더라도 문제가 없을 지역을 선택해야 한다. 우리나라의 어느 지역이든 크고 작은 수익형 부동산 호재가 있을 수 있다. 그 호재의 영향이 단기적으로 가다가 멈출 것인지, 장기적으로 지속될 것인지를 판단해보아야 한다. 단기적인 호재가 있는 지역은 시세차익을 얻으려는 투자에는 알맞지만 수익형 부동산으로는 적당하지 않다. 수익형 부동산으로 투자하려면 그 호재가 장기적으로 영향을 주는 지역을 선택해야 한다. 물론 발전 가능성도 중요하지만 수익형 부동산은 현재의 상황에 방점을 찍어야 하는 것이다.

## ② 미래 가치보다 현재 가치가 더 중요하다

수익형 부동산은 미래 가치보다 현재 가치로 따져서 생각해야한다. 지금 현재 어느 정도의 월세를 받고 있는지가 관건이지, 조만간 높은 월세를 받게 될 거라는 예상은 의미 없다. 필자가 현장답사에서 "우리 동네는 이런저런 호재가 있을 것이니 2~3년만 가면 월세도 오르고 전세도 뛸겁니다"라는 말을 자주 듣는데 거의 의미 없는 말이다. 현재의 수익률과는 다르게 비현실적인 호가를 부르는 건물주들을 자주 본다. 그러나 단순히 주변이 좋아진다고 월세가 비례적으로 높아지지는 않는다. 수익형 부동산의 월세가 높아지려면 주변 지역이 좋아지는 이유, 좋아져서 어떤 영향이 있는 것인지, 소득이 높은 사람들이 유입되는지, 유동인구라고 해도 지나가는 인구인지, 인근에서 소비활동을 하는 인구인지, 상주인구가 늘어나는지 등의 요건을 살펴봐야 한다.

하지만 그것들을 알게 되더라도 초보 투자자는 앞으로 어떻게 상황이 달라질지 판단하기 어려울 것이다. 그래서 수익형 부동산을 고를 때는 앞으로 좋아질 지역보다 지금 현재 좋은 지역을 선택하는 것이 낫다.

### ③ 누구나 관심을 갖는 지역에 관심 갖자

수익형 부동산에 투자를 하기로 결정하면 누구나 보유하고 있는 자금에 맞는 수익형 부동산이 어디 있을까 찾게 된다. 그러나 누구나 관심을 갖는 지역은 가격이 비쌀 것이란 선입관이 있어서 가까이 가지도 않는다. 그러다 보니 도리어 가격이 낮은 지역에서 별로 가치가 없는 수익형 부동산을 비싸게 사게 되는 경우도 많다. 사실 수익형 부동산 투자의 첫 단계는 누구나 관심을 갖는 지역에서 본인이 가진 투자금으로 살 수 있는 부동산을 찾아내는 것이다. 부동산 가격이 비싼 지역에도 의외로 적은 투자금으로 살 수 있는 물건을 발견할 수 있다. 그러니 자금에 맞는 수익형 부동산을 먼저 찾기보다는, 좋은 지역을 먼저 선정한 다음에 해당 지역에서 내 돈으로도 살 수 있는 부동산을 찾는 것이 좋다.

수익형 부동산의 선택기준은 10년 이상을 가지고 갈 지역, 누구나 관심 갖는 지역과 더불어 미래가치보다는 현재가치가 더 중요하게 판단되는 물건을 선택하는 것이다.

# 05

# 공실률과 임대수익률은
# 반비례한다

광교신도시를 조성하기 위해 경기도는 야심차게 사업을 추진했다. 많은 투자자들의 관심도 집중되었다. 그러나 당초 예상을 뒤집고 상업용 부동산의 공실률이 50%를 넘어서면서 상권들이 몰락하고 있는 것으로 나타났다. 특히 경기불황이 지속되는 가운데서 너도 나도 임대료를 높이는 바람에 공실률이 더욱 커지고 있다. 그런데 여전히 상가 건축이 이어지고 있으니 그야말로 공실대란이 눈앞에 다가왔다.

광교신도시 인근 부동산에 따르면 광교에는 2019년 호텔과 아쿠아리움을 갖춘 수원컨벤션센터, 2020년 경기도청 신청사, 2020~2021년 백화점 준공 등이 계획되어 있다. 당구장과 PC방 등이 입점할 안효회관도 들어설 예정이다. 안효회관은 광교에서 유일한 유흥시설이다. 그러나 경기도는 광교를 경기도의 대표적 신도시로 만들겠다는 의욕이 지나친 나머지 적정한 수요공급에 대한 계산은 하지 못했다. 경기불황이 지속되고 있는 데다 여름철 비수기까지 겹치면서 임대수요 역시 최악인 상태, 상가주택 건물과 오피스 등을 가릴 것 없이 텅 빈 곳만 늘어가고 있다. 엎친 데 덮친 격으로 비싼 임대료를 감당하지 못해 권리금을 포기하고 장사를 접는 상인도 적지 않다. 그러나 이후에 도청과 백화점이 들어서면 상권이 활성화되리라는 기대로 상가공급이 계속되고 있다. 이제는 단순한 우려를 넘어 '공실대란'의 공포와 불안감이 광교를 휩싸고 있다.

광교 월드마크의 거리형 상업시설 주변을 둘러보았다. 참담한 풍경이었다. 1층 외곽 상가 대다수가 비어 있었는데 공실률은 40~50%에 달했다. 월드스퀘어의 상가 95%가 분양되었다고 말하지만 월드스퀘어의 1층 광교 외곽은 한 번도 분양이나 임대된 적이 없다고 한다. 누적되는 손해를 감당하지 못해 권리금과 보증금 없이 임대를 내놓기도 하고, 애초 분양가에서 '최대 1억 원 할인, 수익률 5% 보장'이라는 조건을 외치는 상가 점포도 있지만 아무 관심도 끌지 못했다.

월드스퀘어 내에서 옷가게를 운영 중인 김모(52) 씨가 필자에게 솔직한 속내를 털어놓았다.

"옷만 많이 팔리면 감당할 수 있겠다고 생각하고 과감하게 투자를 했죠. 그런데 입주 당시부터 지금까지 하루도 장사가 잘된 날이 없습니다. 매일매일 적자만 봤다니까요. 주인과 임대료 문제를 상의할 거예요. 임대료 낮추고 어떻게든 상권 환경을 조성해야 하는 거 아닙니까?"

한 부동산 관계자도 하소연한다.

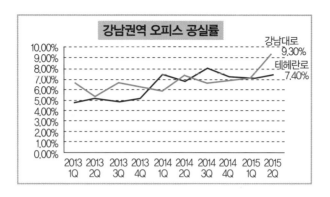

"상가라도 형성돼 있어 사람이 많이 왔다 갔다 하고 유동인구가 있으면 투자를 해서 들어오는데, 광교 신도시는 아직 배드타운이죠. 분양 일을 하고는 있지만, 광교의 상권은 아직 좋지 않습니다. 수요에 비해서 공급이 너무 많고. 지금도 그렇고, 앞으로도 상가건물이 쏟아질 텐데 걱정이 많죠."

공실은 비어 있는 방이나 집을 뜻한다. 업무용 빌딩에서 임대되지 않고 비어 있는 사무실이나 상가점포가 차지하는 비율을 공실률이라고 한다. 경기가 좋을 때는 임대 수요가 많아서 공실률이 낮아진다. 이와 반대로 경기가 나쁠 때는 공실률이 높아진다. 일반적으로 건물 수익률을 계산할 때 약 10%를 공실률로 공제하는데, 공실률은 수익률에 직접적인 영향을 미치는 절대적인 요소다.

오피스 시장 공실률을 통해서 공실률과 관련된 중요한 포인트를 짚어보자.

### ① 수요와 공급의 균형

기본적으로 사무실, 점포를 이용하려는 수요층이 많으면 공실률이 낮아지게 된다. 반대로 수요보다 공급이 많다면 공실률이 올라가는 것은 당연하다. 수요와 공급이 제대로 균형이 잡혀 있어야 안정적인 임대사업 유지가 가능하다. 투자를 하려면 공실률이 낮은 곳을 골라야 한다.

### ② 지역 경제의 활성 여부

어떤 지역의 공실률이 높다는 것은 그 지역의 경기가 좋지 않다는 하나의 방증이다. 장사도 안되는데 무작정 임대료 내고 가게를 운영할 수 없기 때문이다.

### ③ 임대수익의 안정성

공실률이 높은 지역은 말 그대로 빈 방이 많다. 그렇게 되면 서로 임대료를 내리는 경쟁이 일어난다. 부동산을 매입하면서 대부분 대출을 받았을 터, 은행 이자를 내야 하는데 높은 월세 받으려고 버티다가는 손실만 더 커질 위험이 있기 때문이다. 반대로 공실률이 낮으면 물가 상승률과 맞추어 단계적으로 임대료를 올리거나 유지할 수 있다.

### ④ 가치상승의 기대

공실률이 낮은 지역은 부동산 투자가치가 높은 지역이라고 볼 수 있다. 때문에 그 지역이 발전할 가능성이 높고 더불어 부동산 가치가 상승할 가능성도 높다.

공실현상은 투자자 입장에서 보면 가장 치명적인 위험요소다. 그 지역의 경제 상황도 중요하지만 비교 대상이 되는 물건보다 터무니없이 높은 가격에 임대를 내놓은 경우에도 공실이 발생할 수 있다. 투자자는 시장 흐름과 시세를 잘 파악해서 적정 임대료를 책정하고 되도록 공실을 없애는 전략을 써야 한다.

## Check-Point

공실률이 높으면 임대수익률은 낮아지고 반대로 공실률이 낮으면 임대수익률이 높아진다. 이처럼 공실과 임대수익률은 반비례 관계에 있다. 수익형 부동산을 투자하려면 공실률이 낮은 곳을 골라야 한다. 어떤 지역의 공실률이 높다는 것은 그 지역의 경기가 좋지 않고, 개별 부동산의 입지가 좋지 않다는 하나의 방증이다.

# 06

# 매입시점에 매도시점을
# 예측하라

전북 익산에서 소아과병원을 운영 중인 김진웅(46세) 씨는 청주 복대동의 근린상가 빌딩을 45억 원에 매수했는데 실투자 비용은 대출금과 임대보증금을 제외하면 약 20억 원 정도다. 월 임대료는 1,875만 원이 나오는데 금융비용을 제외하면 매월 약 1,450만 원이 순수익이다.

1년이면 약 1억7,000만 원 정도가 통장에 고스란히 쌓인다. 약 5년 동안 보유한다고 가정하면 8억5,000만 원 정도 모을수 있다. 상당히 높은 수익률이다.

김 씨는 이 근린상가 빌딩이 전혀 오르지 않는다 할지라도 5년 동안 8억5,000만 원이라는 돈을 벌 수 있다는 것이다. 그럼 다시 이 돈으로 조그마한 원룸주택을 매수할 수 있는 기회가 생기는 것이다. 이처럼 매입시점에 매도시점까지 고려한 투자전략을 세우고 접근하는 자세가 필요하다.

왜 부동산을 매입하면서 바로 매도시점을 정해야 할까? 일단 수익형 부동산을 매수하면 일정 기간 동안 안정적인 임대수익을 실현하고 매도시점을 그때 가서 잡아도 되지 않을까 생각하기 쉽다.

수익형 부동산에 투자하고 싶다는 사람들과 이야기하다 보면 다음 세 가지 유형으로 나뉜다.

### ① 자기 과시용 투자자

느닷없이 만나자고 전화를 건 친구가 "나, 요번에 강남에 상가 하나 사버렸어"라고 말한다면 당신은 부러움과 시기가 교차하는 심정으로 친구를 바라보지 않겠는가. 이러한 부류의 사람들은 주변의 부러움과 시기 어린 시선에 희열과 만족을 느끼고 오로지 보여주기 위한 목적에서 부동산 투자를 한다. 부동산에 투자한다기보다는 부동산을 산다는 편에 더 가깝다. 이들은 돈을 벌기 위해 부동산을 사는 것이 아니라 이미 벌어놓은 많은 돈을 부동산이라는 외형을 통해 과시하고 싶은 것이다. 따라서 특별한 매도 전략이 없다. 이들에게 부동산은 '부의 상징'일 뿐이다.

### ② 피상속인, 피증여인

이들이 부동산을 선택하는 이유는 간단하다. 바로 세금을 줄이겠다는 것이다. 자녀에게 재산을 물려주려고 현실적인 구상을 하는 노년층이 이 부류에 많다. 부동산을 상속하거나 증여할 경우 기준시가가 세금부과금액이 되는데 기준시가는 실제거래 가격보다 20~30% 낮은 것이 보통이다. 금융 자산을 상속하는 경우보다 부담하는 세금이 낮다. 수십억, 수백억대의 재산을 가진 사람이라면 세금에 매우 민감할 수밖에 없다. 이 부류의 사람들 역시 돈을 벌기 위한 투자가 아니므로 대부분 특별한 투자전략은 없다.

### ③ 진정한 투자자

임대수익을 통해 안정적 수익구조를 만들고 시세차익을 통해 돈을 벌고자 하는 진정한 의미의 투자자다. 앞의 두 부류는 돈을 벌려는 목적으로 수익형 부동산에 투자하는 것이 아니지만, 세 번째 부류는 돈을 벌려는 목적으로 수익형 부동산에 투자하는 사람들이다. 여러분이 이미 많은 부를 축적한 사람이 아니라면, 수익형 부동산 투자로 성공하고 싶다면 바로 세 번째 부류에 해당하는 사람들의 투자 방식을 면밀히 살펴야 한다. 이들은 철저한 전략을 가지고 투자에 임한다.

'진정한 투자자' 중에서도 돈을 번 사람들의 특징은 처음부터 매도 시점을 잡고 투자타당성 분석을 시작했다는 점이다. 이들은 매수하기 전에 이미 투자할 부동산을 몇 년 동안 보유하다가 언제 되팔 것인지를 설정한다. 매도시점이 전제되어야만 철저한 투자분석이 가능하기 때문이다. 철저한 투자분석이 선행될수록 투자의 성공 확률이 높다.

그러나 경험이 많지 않거나 마음이 앞서는 많은 사람들은 매도시점을 미리 정해야 하는 이유를 이해하지 못한다. 상담과정에서 "대략 몇 년이나 보유하실 계획이십니까?"라고 질문하면 화들짝 놀란다.

"그걸 벌써 어떻게 압니까? 나중에 적당한 때를 봐서 파는 거지요."

많은 사람들의 대답은 거의 비슷하다. 가끔 왜 그런 질문을 벌써 하느냐고 짜증을 내기도 한다. 이들은 1980~90년대의 아파트에 투자하던 것과 똑같은 논리로 수익형 부동산에 투자하려는 사람들이다. 아파트 투자와 수익형 부동산 투자는 완전 다른 논리, 다른 개념으로 접근해야 한다는 것을 모르는 사람들이다.

수익형 부동산을 투자하기에 앞서, 과연 그것이 나에게 얼마의 수익을 줄 수 있는가를 사전에 철저하게 분석해야 한다. 부동산의 보유 기간 동안 현금이 어떻게 흘러갈지 예측해야 하고 그 예측을 기초로 분석이 이루어지는 것이다. 이 과정을 통해 최종적인 투자가치와 예상수익률을 알아낼 수 있다. 투자한 부동산에서 발생하는 현금흐름을 예측하려면 분석 기간이 전제되어야 한다. 현금 흐름이 몇 년간 발생할 것이며 매각 수입은 언제 발생한 것인가를 예측해야만 정확한 투자타당성 검토가 가능한 것이다.

물론 보유기간을 애초에 확정할 수는 없다. 보유기간 중 처음에 예상치 못했던 상황, 즉 세제(稅制)의 변화나 거래 정책상의 커다란 변화가 갑자기 생긴다면 매도 타이밍은 얼마든지 바뀔 수 있기 때문이다. 필자가 하고 싶은 말은 매도시점을 미리 확정하라는 것이 아니라 가정하라는 것이다. 수익형 부동산 투자로 돈을 번 사람들은 모두 그러한 가정에서 투자 분석을 시작했다. 수익형 부동산은 수익성이 있어야 하고, 수익성은 현금 흐름을 예측해서 추정할 수 있으며, 현금 흐름은 분석기간이 전제되어야 예측할 수 있음을 명심하자. 그래서 부동산 매수시점에 매도시점을 정하라는 것이다.

## Check-Point

부동산을 매수시점에서부터 매도시점을 정하고 투자하는 사람들은 거의 드물다. 하지만 이제부터라도 계획적인 투자관점을 가지는 것이 좋다. 예를 들어 수익형 부동산에서 매월 1,000만 원씩 나온다면 1년에 1억2,000만 원이고, 5년이면 6억 원이 된다. 그럼 이 종잣돈으로 다른 투자를 꿈꿀 수 있다.

# 07

# '수익형 부동산 푸어' 안 되려면
# 대출한계부터 정하라

    수익형 부동산을 하나만 가지면 불안한 노후가 해결될 것 같다고 생각한 서울 금호동에 거주하는 장기동(55세) 씨는 어렵사리 마련한 종잣돈 10억 원으로 혜화동에 상가주택을 매입하였다. 1층에는 카페가 들어 있었고, 2층에는 사무실 그리고 3층에는 본인이 거주하고 있는 주택이었다. 그런데 1층 카페에서 월세가 차츰 밀리더니 급기야는 아예 들어오질 않는다. 대출을 안고 매수했기에 대출이자를 내려면 1층 카페에서 들어오는 임대료가 절대적으로 필요했는데, 임차인은 아예 상가 임대차계약기간을 다 채우고 보증금도 다 까먹고는 그냥 나가버렸다. 곧바로 다른 임차인을 찾아 백방으로 나섰지만 자리가 그리 좋지 않아 쉽게 찾을 수 없었다. 결국 은행에서 이자 독촉을 몇 개월째 받아오다가 결국 경매처분까지 당하고 말았다. 이처럼 과도한 대출을 안고서 부동산을 매수하여 소유하고 있으면 그저 '부동산 푸어'에 지나지 않는다는 것을 알아야 한다.

천신만고 끝에 원룸 건물 하나 장만했는데, 어렵사리 상가주택 하나 지었는데 그 수익형 부동산에서 수익은커녕 관리비와 이자만 지출되는 상황을 맞을 수도 있다. 이런 상황에 있는 사람을 '수익형 부동산 푸어'라고 한다.

우선 '부동산 푸어'에 대해서 알아보자. 이들은 주택가격이 오를 때 저금리를 이용하여 과도한 대출을 받아 집을 마련했다. 그러나 금리가 인상되고 주택 가격이 하락해서 큰 손해를 보게 되었다. 외형상 중산층이지만, 원리금상환부담으로 압박을 당하고 가처분소득은 부족하고 구매력이 없어지고 힘든 날들을 견뎌가야 하는 이들이다. 최근의 통계에 따르면 국내 '하우스푸어(House Poor)'의 수가 150만 가구, 550만 명에 이르고 있다.

하우스푸어는 부동산시장이 활황기였던 2006~2007년에 생겨났다. 2007년 12월부터 시행되었던 아파트 분양가상한제를 피하기 위해 건설사들이 서울 외곽 수도권 지역의 신도시와 택지지구 아파트를 대량 분양했다. 이때까지만 해도 부동산 가격이 자고 나면 오르는 상황이었기 때문에 사람들은 무리하게 대출을 끌어서라도 내 집 마련을 했다. 그러나 부동산시장이 침체되면서 집값은 하락했고 금리는 올랐다. 빚을 갚느라 가처분소득이 줄고, 소득이 줄어들자 경기침체로 이어지고, 다시 수입 감소로 연결된다.

그렇다면 하우스푸어가 되지 않으려면 어떻게 해야 하나? 가족이 안정적으로 살아갈 집은 있어야 하겠고, 그러자니 집값과 그 집의 미래 가치는 어떻게 될지 불안하다. 하우스푸어가 되지 않으려면 우선 자신의 재무 상황을 냉정하게 점검해야 한다. 부동산 구입의 목적이 내 집 마련이나 조금 더 큰 집으로 갈아타기 위한 실수요인지, 시세차익을 위한 자본이득투자인시 혹은 매월 고정 임대료를 얻기 위한 수익형 부동산 투자인지를 분명히 해야 한다. 왜냐하면 투자 목적에 따라 투자 기간이 정해지고 여기에 따라 구입 금액을 어떻게 조달할 것인가 하는 전략이 결정되기 때문이다.

실수요 목적으로 부동산을 구입한다면 장기 거주를 상정하고 은행대출을 받을 때 대출 원리금 상환액이 매월 실질소득의 20%를 넘지 않는 수준으로 맞추는 것이 바람직하다. 그러려면 소득 수준에 맞게 주택을 골라야 한다. 무리하게 분양가가 높은 아파트에 청약하지 않는 것이 좋다.

만일 시세차익을 노리는 투자 목적이라면 투자 기간을 3년 이내로 잡되 투자를 실행하기 전에 반드시 해당 부동산이 위치해 있는 지역의 개발 계획 및 그 실행 정도를 보수적으로 꼼꼼히 체크하고, 현금 등의 유동성 자산이 일시에 투입되지 않도록 한다. 만일 여유자금이 3억 원 정도 된다면 투자금액은 1억5,000만~2억 원 사이로 하되, 대출이자 감당 수준은 반드시 월 실질소득의 30% 이내로 맞추는 것이 바람직하다. 그래서 부동산 구입을 하기 전에 재무설계를 해보고 월소득과 지출을 감안해 대출을 활용하는 것이 좋다.

거시적인 차원에서 하우스푸어 문제를 해결하는 방법은 주택 거래의 활성화다. 주택 거래를 활성화해서 부동산시장을 선순환 구조로 바꾸는 것이 시급하다. 민간 건설사가 공급을 늘릴 수 있도록 분양가 상한제를 폐지하고 다주택자에 대한 양도세 부담을 경감하고 지나친 기대 심리로 부동산 거래 활성화를 막아온 보금자리주택의 공급 시기를 유연하게 조절하는 대책이 필요하다. 하우스푸어라는 용어 자체가 서울 주변의 수도권 신도시 및 택지지구 아파트 입주자들에게서 비롯된 것이기 때문에 이들이 주택을 처분해 자금 부담을 덜 수 있는 출구를 열어주는 것이 무엇보다 중요하다.

이제 '수익형 부동산 푸어'를 알아보고 대처방안을 강구해보자. 수익형 부동산은 최근 저금리 시대 최고의 부동산 투자처로 각광받고 있는 종목이다. 그러나 수익형 부동산 투자는 그리 만만한 일이 아니다. 저금리와 수익형 부동산 간에는 어떤 상관관계가 있을까? 아주 기초적인 내용이지만 생각보다 모르고 있는 사람들이 많다. 전세의 경우 집주인은 임차인에게 전세보증금을 받고 2년 정도의 계약 기간 동안 별다른 추가비용 없이 집을 빌려준다. 임대인인 집주인은 전세보증금을 은행에 넣어 은행이자로 수익을 얻는 것이 전세의 구조다. 그런데 이제는 그 돈을 은행에 넣어도 이자수익이 형편없다. 물가 상승률에 비하면 턱도 없는 1.5%의 이자. 임대인들은 전략을 바꿀 수밖에 없다. 전세를 반전세 혹은 월세로 돌려 임차인에게서 직접 돈을 받는 것이다.

반전세는 보증금을 전세보증금보다는 적게 내고, 그 대신에 완전한 월세 형태보다는 월 임차료를 적게 내는 것을 말한다. 사실 전세 자체가 굉장히 독특한 한국적 제도이다. 다른 나라에서는 찾아볼 수 없는 제도다. 다시 전세 시대로 회귀하기는 힘들 것으로 보인다. 이런 상황이 되다 보니 수익형 부동산이 빛을 보기 시작한 것이다.

하지만 수익형 부동산이 갑자기 열풍을 맞으며 여러 가지 함정들이 많아졌다. 일명 '수익형 부동산 푸어'라는 것이다. 맛있는 과일에는 벌레가 꼬이듯 수익형 부동산에 대한 허위 광고나 분양 사기가 극성을 이루고 있다. 수익률 20% 이상 보장, 확정수익보장제도 등 돈 벌고 싶은 사람들을 유혹하는 수법도 다양하다. 수익형 부동산에 투자하고 싶다면, 혹은 지금 하고 있다면 문제점을 염두에 두어 점검하고 수익형 부동산 푸어로 가는 길을 피해야 한다.

**Check-Point**

'수익형 부동산 푸어'가 되지 않으려면 우선 자신의 재무상황을 냉정하게 점검해서 소득 수준에 맞게 주택을 골라야 한다. 무리하게 매매가 대비 대출금 비율이 높은 물건을 사거나, 감당할 수 없는 분양가가 높은 아파트에 청약하지 않는 것이 좋다.

# 08
# 대박이 아니어도 발판이 되는
# 작은 투자부터 시작하자

　수익형 부동산이 어떤 것인지도 모르는 상태에서 요즘 대세라는 이야기만 들은 서울의 당산동 이진미(38세) 씨는 괜히 들떠 있다. 수익형 부동산 하나만 사면 모든 게 해결될 것 같은 생각이 들기 때문이다. 하지만 이 씨가 최종 선택한 수익형 부동산은 몇 년이 지나고 도저히 수익형이라고 할 수 없는, 한마디로 수익형으로 포장된 허름한 주택일 뿐이다.

　수익형 부동산 투자는 임대수익률이 은행 금리보다 높은지 낮은지를 기준으로 결정한다. 예전에는 부동산 투자를 할 때 미래의 기대차익을 실현하는 것이 가장 큰 목적이었다. 그렇다고 연금처럼 다달이 월세를 받는 수익 구조가 전혀 없었던 것은 아니지만, 앞으로는 부동산 투자에서 임대로 얻는 수익 쪽으로 비중이 더 커질 것이

**〈수익형 부동산 SWOT분석표〉**

| 강점(strength) | 약점(weakness) |
|---|---|
| 고정수익 확보<br>추가 투자가능<br>안정성<br>수익성 | 가격상승 약세<br>심한 지역편차<br>고정수익률 외 수익 없음 |
| 기회(opportunity) | 위기(threat) |
| 가격 변동에 강세<br>저금리시대의 가장 선호적인 투자<br>1~2인 가구의 증가<br>월세 수요 증가<br>투자 의식 변화<br>정부 정책 변화 | 금리인상 시 수익률 하락<br>건물관리 부담<br>낮은 환금성 |

다. 직장에서 은퇴한 뒤 경제활동을 할 수 없을 때를 대비해 수익형 부동산을 찾는 사람들이 상당히 많아지고 있다. 하지만 기대를 가지고 매입한 부동산이 애물단지가 되기도 한다. 부동산 상품이 환금성이 많이 떨어져서 재판매가 안 된다면 어떻게 잘한 투자라고 하겠는가? 투자해놓고 계속 공실이 된다고 하면 어떻게 잘한 투자라고 하겠는가? 수익형 부동산은 수익이 높으면서도 환금성까지 좋은 물건을 찾아야 애물단지가 되지 않는다.

일정한 임대수익을 얻는 것보다 더 매혹적인 것은 없다. 임대수익이라는 것이 몇 백만 원에서 몇 천만 원까지도 월수익이 생기는 것이지만, 최소한 현재 받고 있는 자기 급여 정도만 되어도 참 신나는 일이다. 농사짓는 사람은 열심히 일하고 수확한 후에 쉴 수 있는 농한기가 있다. 그러나 월급쟁이들은 고작 휴가 며칠을 빼놓기도 어렵다. 그런데 쉬지 않고 일하는 또 하나의 나, 나보다 더 열심히 일하며 수익을 내는 충성스러운 아바타를 가지고 있다면 삶이 얼마나 윤택해지겠는가? 그 역할을 하는 것이 바로 수익형 부동산이다. 그런 아바타를 찾아야 한다.

그럼, 선택에 참고할 수익형 부동산 세 가지만 정리해본다.

### ① 계약만 해놓고 오르면 팔겠다는 위험한 도박을 하지 말라

주변 환경이 급격히 좋아지는 경우는 별로 없다. 어떤 호재가 생기면 거기서부터 안정화될 때까지 기다려야 하는 시기가 반드시 필요하다. 그 기간은 아무리 짧아도 5년이며, 10년으로는 모자라는 경우가 더 많다. 그렇다면 가격이 더 비싸졌더라도 이미 안정된 지역의 물건을 매입하는 것이 차라리 낫다.

### ② 세입자의 동선을 생각하라

회사에 세를 놓은 경우, 상가에 세를 놓는 경우, 주택에 세를 놓는 모든 경우가 해당된다. 세입자 또한 사람의 동선을 모두 파악한 후에 임차를 결정한다. 누구든지 가장 원하는 곳이 가장 나은 입지다. 특별한 위치, 특별한 발상을 하려 하지 말고 지금 가장 안정적인 곳에 투자한다. 안정적인 위치에 있다면 위기가 와도 얼마든지 특별한 발상으로 문제에 대응할 수 있다. 그러니 굳이 소액으로 모험을 할 필요는 없다.

### ③ 재벌이 되려고 하지 마라

부자들은 호재가 있을 만한 여러 지역에 투자해놓는다. 여러 곳에 땅을 소유하거나 좋은 부동산 상품을 많이 가지고 있는 사람은 어디에서 호재가 생겨도 하나쯤 해당이 된다. 그러나 소액을 투자할 사람이 사방 천지에 걸쳐 부동산을 살 수는 없다. 소액투자자는 어느 정도 큰돈을 만들 때까지는 가장 안정적인 한 군데를 찾는 것이 좋다. 안정적이라고 하는 것은 대박을 칠 곳이 아니라 오래 소유하고 싶은 곳을 말한다. 오랫동안 소유하고 싶은 물건은 누구든지 사고 싶어 하는 곳이다. 그만큼 환금성이 높다는 강점이 있다.

임대사업용으로만 투자를 하다 보면 세금 빼고 나니 보잘것없는 것처럼 느껴질 때가 있다. 사실 아주 작은 투자처 하나를 가지고 있으면 그렇게 느껴진다. 하지만 하나가 두 개, 두 개가 세 개, 좀 더 많아지다 보면 일정 수익이 형성된다. 보잘것없는 하나가, 작아서 우습게 보이는 임대 사업처 하나가 앞으로 나아가는 발판이나 도약대가 된다. 수익형 부동산을 투자할 때 눈앞에 보이는 대박보다 장래를 위해 깊이 있게 투자할 수 있는 안목도 기르면 좋겠다.

이상과 같이 수익형 부동산의 특징을 잘 알고 나름대로의 원칙을 세워서 투자해야 한다.

1) 장기적인 관점에서 투자한다.

2) 투자금액, 투자종목 등을 분산투자하여 위험에 대비한다.

3) 여유자금으로 투자한다.

바람직한 투자전략은 다음과 같다.

1) 철저한 수익률 분석을 바탕으로 투자한다.

2) 현장답사는 기본 중의 기본이다.

3) 저금리, 세제혜택을 충분히 활용하여 투자한다.

4) 과장광고에 현혹되지 않는다.

5) 저렴한 부동산만 고집하지 않는다.

## Check-Point

수익형 부동산을 너무 거창하게 생각할 필요는 없다. 처음에는 보잘것없는 하나가, 작아서 우습게 보이는 임대사업장 하나가 앞으로 나아가는 발판이나 도약대가 될 수도 있다.

# 09
# 다가구주택을
# 수익형 부동산으로 만들기

　서울 광진구의 중곡동 한 다가구주택 대지 133㎡(약 40평)를 보유하고 있는 유용신(55세) 씨는 이것을 어찌하면 수익형으로 만들 수 있을까 고민 중이다. 그도 그럴 것이 예전에 없던 지하철이 2개 노선이나 뚫리면서 서울 강남북의 접근성이 아주 좋아졌기 때문이다. 바로 군자역이다. 지하철 7호선과 5호선 환승 역세권이다. 그냥 단순하게 매도해서 상가나 하나 장만할까? 아니면 원룸으로 구조변경해서 원룸 임대사업을 해볼까? 많은 고민을 하고 있다. 필자는 역세권은 원룸수요층이 아주 풍부하기 때문에 원룸으로 구조변경하면 건물의 가치상승 및 안정적인 임대수익을 실현하는 데 손색이 없을 것으로 판단했다.

　다가구주택이나 다세대주택이 수익형 부동산이 될 수 있다고 하면 조금 의아하게 생각될 수도 있다. 다가구주택과 다세대주택은 아파트보다 생활하기 불편하고 환금성이 떨어진다는 이유로 오랫동안 찬밥신세였다. 그러나 '다세대·다가구 건축기준완화' 조치 이후에는 저금리 시대에 투자금에 비해 높은 수익을 얻을 수 있는 안전한 수익형 부동산으로 각광받고 있다.

외관상 비슷하지만 다가구주택과 다세대주택은 구별할 필요가 있다. 우선 다가구주택과 다세대주택의 개념부터 명확하게 하자. 이 두 개념을 혼동하는 부동산 투자자들이 생각보다 많다. 다가구주택은 건물 전체가 1인 소유의 단독주택이지만, 다세대주택은 가구마다 주인이 다른 공동주택이다.

다가구주택을 구입할 때 좀 더 영리한 투자가가 되려면 다음 몇 가지 사항을 염두에 두자.

### ① 일조권과 개방감을 따져라

다가구주택을 선택할 때 무엇보다 일조권과 개방감 등을 따져야 한다. 이는 다가구주택이라는 독립된 공간의 장점을 최대화하는 요소다. 장래 재건축을 생각해서 네모로 반듯한 필지가 좋다. 네모로 반듯한 필지가 주택을 건설하는 데 좋은 구조이기 때문이다. 이 둘은 앞으로 집을 매매할 때 가격을 책정하는 큰 요인으로 작용한다.

### ② 용도 변경이 가능한지 살펴라

다가구주택을 다세대주택으로 용도 변경이 허용되면서 임대주택 사업자 등록하기가 쉬워졌다. 벽 두께, 출입문 위치, 가구 규모 등이

다세대주택으로 변경이 가능한 요건을 갖추고 있는지 살펴봐야 한다. 다가구주택을 다세대로 바꾸면 여러 채의 집으로 구분등기를 할 수 있다. 다가구주택을 구분등기하려면 먼저 관할 시·군·구청에 용도 변경을 신청해 건축물 관리대장의 기재 사항을 다세대주택으로 바꿔야 한다. 다가구주택을 다세대주택으로 변경해 구분등기하면 집주인이 부도를 내더라도 세입자가 다가구주택 세입자보다 전세금을 조금 더 안전하게 확보할 수 있다.

또 하나의 방법은 근린생활시설로 리모델링하는 것이다. 다가구주택을 리모델링한 뒤, 1~2층은 카페나 음식점으로 세를 주고 위층은 살림집으로 쓰거나 원룸으로 임대해 수익을 얻을 수 있다. 다가구주택을 근린생활시설로 리모델링하는 가장 큰 이유는 상대적으로 규제가 적기 때문이다. 주택은 시설면적 100~150㎡(약 30~35평)당 1대의 차를 댈 수 있는 주차장을 확보해야 한다. 반면 제1종 근린생활시설은 시설면적 200㎡(약 60평)당 1대의 주차장을 확보하면 된다. 많은 대지를 건물 건축에 할애할 수 있는 것이다. 리모델링 비용은 설계 조건에 따라 천차만별이지만 보통 3.3㎡당 200~250만 원 안팎이다. 단 석면 철거, 옹벽 보강, 소방시설 등의 비용이 변수로 작동할 수 있음을 유념하자.

### ③ 임대사업자로 등록하라

사업자등록을 꼭 해야 하느냐는 질문도 많은데, 2주택 중 하나가 다가구주택이라면 사업자등록을 안 해도 된다. 다가구주택을 매수하고 3년 내에 기존 주택을 팔면 양도세 비과세 혜택을 받는다. 다가구주택을 구분등기한 후에는 주민등록등본과 임대건물의 등기부등본을 갖춰 구청과 세무서에 임대사업 등록을 해야 한다. 임대사업자로 등록하면 취득세 감면이나 세금 면제 혜택을 받을 수 있으니 사업자로 등록하지 않을 때보다 세금 부담이 훨씬 적어진다.

대개 15평짜리 다가구주택 6가구를 다세대주택으로 바꿔 임대주택사업을 하면 1년에 수백만 원 정도의 세금을 줄일 수 있다. 구분등기를 할 때는 취득세가 부과되는 것이 원칙이지만 임대사업자로 등록하면 이 세금이 면제된다. 다가구주택을 다세대주택으로 변경한 경우에도 변경하기 전에 납부한 취득세는 환급되지 않는다. 그러나 신축 중인 다가구주택은 다세대주택으로 바꾸면 취득세를 감면받을 수 있다. 또 다가구주택을 지은 건축주가 그 건물을 다세대주택으로 용도 변경한 경우라면, 그 건축주로부터 주택을 처음 분양받아서 임대사업자로 등록해도 취득세와 등록세가 면제된다.

### ④ 경매로 낙찰받는 것도 고려해볼 만하다

이 경우는 다가구주택의 기존 세입자와 재계약을 할 필요가 없고, 빈집을 넘겨받을 수 있어 투자자가 원하는 대로 완전히 새로 꾸밀 수 있다. 집을 전체적으로 개조하면 개조 비용도 크게 줄일 수 있으며 외관도 산뜻하게 바꿀 수 있다. 경매를 이용해 구입비용을 최대한 낮추고 추후 임대용으로 개조하면 높은 수익을 올릴 수 있다.

다가구주택이나 다세대주택에 투자할 때도 물론 입지여건이 무엇보다 중요하다. 역세권이어야 풍부한 임대 수요를 바탕으로 수익형 부동산으로 변신을 꾀할 수 있다. 주거용으로만 여겼던 천덕꾸러기 다가구주택도 알짜배기 투자대상이 될 수 있다. 원룸 또는 투룸으로 리모델링하면 찔찔한 고징수익이 발생하기 때문이다. 자금력이 부족하면 우선 전세보증금을 안고 다가구주택을 매수한 다음 본인의 자금 사정에 따라 전세를 조금씩 월세로 전환하면 차츰 수익형으로 변화되고 환금성도 높아지며 장래 시세차익도 노릴 수 있다.

다가구주택이나 단독주택을 매입해서 원룸 임대사업을 하는 것은 최고의 수익률을 실현하는 수익형 부동산 투자방법 중 하나다. 다가구주택(원룸 건물)은 1주택으로 간주하므로 1가구 1주택의 요건을 갖추면 2년 후 매도할 때 양도세 비과세 혜택을 받는다. 서울 등 수도권 투자자는 자신이 살던 아파트를 팔고 자신은 전세나 월세 형태의 주거를 하면서 남은 돈으로 지방의 원룸을 매입해 월세 수입을 거두는 경우도 있다. 1가구 1주택 요건을 맞추는 것이 유리한지 임대사업자로 등록하는 것이 유리한지는 투자자의 상황과 여건에 따라 달라질 것이니 세세한 것은 전문가와 상담한 뒤에 결정하는 것이 좋다.

**Check-Point**

우선 다가구주택와 다세대주택의 구분부터 하자. 다가구주택은 건물 전체가 1인 소유의 단독주택이지만 다세대주택은 가구마다 주인이 다른 공동주택이다. 주거용으로만 여겼던 천덕꾸러기 다가구주택도 알짜배기 투자 대상이 될 수 있다. 원룸 또는 투룸으로 리모델링해서 짭짤한 고정수익을 거둘 수 있기 때문이다.

상가를 사는 것이 아니라 상권을 사는 것이다.
역세권, 살아 있는 상권을 찾아야 공실 위험에서 벗어날 수 있다.

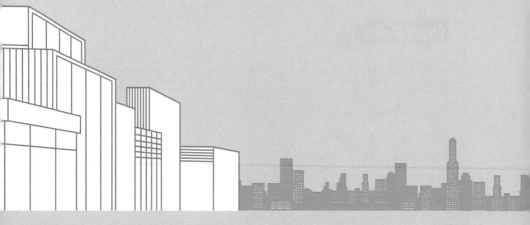

# PART 03

# 수익형 부동산의 꽃,
# 상가 투자 노하우

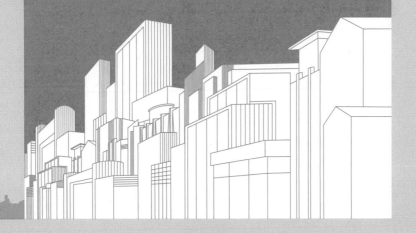

# 01
# 안정적인 임대수익을 위한
# 상가주택 투자전략

　서울의 강동구에 거주하는 강진숙(54세) 씨는 그동안 아무런 노후 대책도 생각하지 않고 그저 남편이 벌어다주는 생활비로만 생활하다가 문득 노후를 생각하게 되었다. 만약 남편의 사업이 잘 안되어 수입이 일정하지 않을 경우와 노후에 심신은 약해지는데 끊임없이 비용이 소요될 경우를 생각해본 것이다. 그런데 생각보다 끔찍한 일이 아닐 수 없었다. 100세 시대라고들 하는데 만약 수입이 단절된다면 어떻게 생활할까 고민이 아닐 수 없었다. 누가 그랬던가, 준비되지 않은 노후는 축복이 아니라 재앙이라고. 그래서 생각한 것이 수입이 일정하게 나올 수 있는 상가주택을 구입하는 것이었다.

　강 씨는 임대사업이라는 것을 한 번도 하지 않아 우선 겁부터 잔뜩 먹고 있다. 잘못하면 망할 수 있다는 주변의 이야기만 수없이 들어왔기 때문이다. 그래서 강 씨는 근린상가 빌딩보다는 아무래도 좀 쉬워 보이는 주택임대업을 할 수 있는 원룸형 상가주택을 찾고 있다. 그녀는 역세권의 신축 원룸형 빌딩을 계약해서 이제 한시름 놓게 되었다.

상가주택은 수익형 부동산의 대표주자라고 할 수 있다. 상가주택은 말 그대로 상가와 주택이 혼합된 건물이다. 다시 말해 영업을 하는 상가와 주거로 쓰이는 부분이 결합된 형태로 1층은 상가, 2~4층은 주택으로 활용할 수 있는 건축물이다. 상가주택은 안정된 임대수익을 노리는 투자자들에게 최근 들어 부쩍 인기가 높아지고 있다. 가장 많은 사람들이 관심을 갖는 매물이다.

상권이 활성화된 지역에서 안정적인 상가주택을 하나 소유하는 것이 많은 은퇴자들의 희망사항이다. 상가주택 하나를 소유하면 안정적인 임대소득을 챙기면서 거주문제까지 해결할 수 있다. 은퇴 후, 할 일이 없어서 막막한 사람들이 상가건물을 소유하면 건물 관리와 세입자 관리를 하면서 생활비를 충당할 수 있다. 은퇴 후 적당히 할 일도 생기고 수익도 발생하니 새로운 직장을 얻은 것과 마찬가지다. 물론 입지가 좋아야 하고 임대가 수월해서 공실이 없어야 한다.

상가투자를 왜 그렇게 선망하는지 그 장점을 짚어보자.

첫째, 소유자가 자신의 주거 문제를 해결하면서 동시에 일정 금액 이상의 안정적인 임대수익을 실현할 수 있다는 점. 가장 심각한 주거비와 생활비, 두 가지의 경제적 압박에서 자유를 얻는다.

둘째, 과거에 상가주택은 3층 이하 3가구까지만 건축할 수 있었지만 최근 규제가 완화되면서 4층 이하 5가구까지 건축할 수 있게 되었다. 그만큼 수익률이 높아졌다.

셋째, 최근 부동산은 시세차익을 얻기보다는 임대수익을 얻는 목적으로 많이 사용된다. 상가주택을 이용해 매월 꾸준한 임대수입을 얻을 수 있다. 실질금리가 제로금리나 다름없는 지금, 임대소득은 예·적금으로 얻을 수 없는 고소득을 준다.

넷째, 상가주택은 임대수익을 목적으로 하지만 입지가 좋고 교통이 편리하거나 개발 호재가 있는 곳이면 시세차익도 얻을 수 있다. 임대수익이 높은 곳을 우선적으로 고려하되, 미래의 시세차익까지 누릴 수 있는 곳이면 금상첨화라 할 수 있다.

달콤한 열매는 쉽게 얻을 수 있는 것이 아니다. 상가투자를 하는 것은 만만치 않은 일이다. 단점도 꼭 짚어 보고 넘어가자.

첫째, 입지와 지역에 따라 다르겠지만 좋은 물건은 초기 자금이 많이 들어간다. 서울 송파의 경우 상가주택은 3.3㎡당 최소 3,000만 원을 호가하고 있다. 비교적 작은 상가 규모인 대지 50평짜리라고 해도 15억 원에 달한다. 규모가 조금 큰 상가주택의 매입 비용은 수십억 원에 육박한다.

둘째, 상가주택은 환금성이 부족하다. 상가주택은 아파트처럼 거래가 많지 않다. 매수자가 많지 않아서 급매로 내놓아도 빠른 시일 내에 거래가 완성되기어렵다. 환금성이 낮다는 것을 명심하고 입지 선정에 최선을 다해서 누구나 좋아할 만한 물건을 잡아야 실패 확률을 줄인다.

셋째, 아파트나 단독주택처럼 조용한 환경에서 주거생활을 하기 힘들다. 1층에 상가가 있기 때문에 쾌적함은 떨어지고 수변의 상업시설 때문에 소음도 감내해야 한다.

넷째, 상권 형성에 많은 시간이 걸리고 초기에 입주하는 세입자를 구하기가 쉽지 않다. 상가주택을 신축했을 때는 특히 세입자를 구하기가 힘든데 자리를 잡기까지 영업의 성공을 확신할 수 없기 때문이다. 이런 점에서는 임차인이 이미 입주해서 영업을 하고 있는 기존 상가주택을 매입하는 편이 안전하다. 상권은 시간이 지난다고 해서 무조건 활성화되는 것이 아니라는 사실을 직시해야 한다. 기업체, 관공서, 학교, 병원 등 사람이 몰려들 수 있는 지역, 유동인구가 많은 곳에 상가주택을 마련해야 한다.

상가주택은 장점도 많지만 반대로 위험 부담도 만만치 않다. 임대수익을 얻기 위해 혹은 노후 대책용으로 상가주택 투자를 준비하는 분들은 꼭 한번 점검해보고 투자하기를 바란다.

**Check-Point**

상가주택을 소유하면 자신의 주거 문제를 해결하면서 동시에 일정금액 이상의 안정적인 임대수익을 실현할 수 있다. 가장 심각한 주거비와 생활비, 두 가지의 경제적 압박에서 자유를 얻는다. 상가주택의 가장 좋은 입지는 상권이 살아 있으면서도 역세권에 위치한 곳이다. 그래야 공실 위험성이 줄어든다.

# 02

# 수익형 상가를 분양받을 때
# 꼭 확인해야 할 점

    유기환(60세) 씨는 상가 분양을 하는 곳에서 친절한 매니저의 브리핑을 들었다. 매니저의 설명이 아니더라도 어쨌건 입지는 좋다 싶었다. 강남역 1번 출구라니까 미리 분양을 받으면 자리도 좋은 데로 고를 수 있고 가격도 조금 이익이 있단다. 그리고 분양보다 앞서 임대차 계약도 진행되고 있다고 했다. 임대차계약을 미리 한다면 투자 자금을 해결하기도 쉽고, 공실 위험도 없으니 이렇게 좋은 기회가 있을까 싶었다. 분양이 끝나기 전에 빨리 좋은 점포를 하나 잡아야겠다 생각하고 계약을 했다. 그때가 2015년 5월이었다.

    유기환 씨가 분양받은 상가는 서울 강남역 1번 출구 대로변 인근의 40㎡(약 12평) 넓이의 상가다. 분양가는 16억3,700만 원, 계약금으로 1억6,370만 원을 지불하고 중도금 6억5,480만 원 지불에 필요한 대출을 받았다. 그러나 올 3월 상가 준공이 된 뒤에도 임대차계약은 이루어지지 않아 점포는 텅 비어 있다. 유기환 씨는 매달 은행 이자 400만 원을 내고 상가 관리비로 매달 30만 원을 낸다. 분양업체 매니저의 약속들은 다 어떻게 된 것일까? 그는 사기 분양이라고 분양업체를 고소했지만 패소했다. 법원은 계약서에 선임대 조건이 명시되지 않았다는 점, 임대차계약이 확정되지 않은 사실을 알고도 분양계약을 체결한 점을 들어 유기환 씨의 손을 들어 주지 않았다.

은행금리가 낮아지니 상가와 오피스텔 같은 수익형 부동산 상품에 투자자가 몰리고 있다. '지금은 꼬박꼬박 월세 받다가 언젠가 부동산 가격이 확 오르면 몇 천만 원만 더 받고 팔아야지' 하는 계산들을 하고 있다. 그러나 상가투자 현장에 빨간불이 켜졌다.

분양업체들은 '연 10% 이상 확정 수익 보장', '선임대 보장'이라는 현수막을 날리면서 투자자를 현혹한다. 광고, 홍보책자, 영업사원 등 온갖 상술을 사용하여 장밋빛 미래를 펼쳐 보인다. 확정수익이란 분양업체에서 임차인을 미리 구해놓고 입주 초기 1~2년 동안 일정한 임차 수익을 보장해주는 방식이다. 선임대방식이란 분양 초기에 상가 공실을 우려하는 투자자를 위해 미리 분양 업체 쪽에서 임차 업종에 맞춰 임차인을 구해주고 3~5년간 고정적인 임대수익을 올릴 수 있도록 해주는 마케팅 기법이다.

유기환 씨와 같은 상가 1층에 투자한 홍정모(50세) 씨 역시 약국 선임대가 맞춰져 있다는 분양업체의 말을 믿고 전용 42㎡(약 12.7평)의 점포를 19억6,000만 원에 분양받았다. 보증금 1억 원에 월세 900만 원으로 약국이 들어올 것이라는 말을 믿고 계약했지만 준공 이후 약국은 입점하지 않았다. 이 상가는 분양가가 3.3㎡(1평)당 6,600만 원(분양 면적 기준)으로 상당히 높았지만 강남역 1번 출구 바로 앞이라는 입지적 매력 때문에 대부분 분양이 이루어졌다. 그러나 준공 이후 임차인을 채우지 못해 점포의 70% 이상이 공실로 남아 있다. 이런 경우 투자자들을 위해 분양 잔금을 유예해주거나 관리비를 감면해주거나 적극적으로 임차인을 유치하는 후속 조치가 필요하다. 그러나 분양업체는 아무런 사후관리를 하지 않고 있다.

더 악질적인 수법도 횡행한다. 신규 분양하는 상가에 투자할 이들은 분양 초기에 공실이 발생하는 것을 염려한다. 이런 투자자를 끌어들이려고 분양업체는 선임대나 확정수익을 약속한다. 그러나 투자자가 계약금을 납부한 뒤에는 은행대출이 불가하다는 이유로 고의적으로 잔금을 지불하지 못하게 하고, 투자자의 계약금을 위약금으로 몰수하여 수익을 올리는 것이다.

분양업체의 확정수익이나 선임대 광고만 믿고 투자하면 낭패 보기 십상이다. 계약서에 확정수익, 선임대 등이 명시되어야 하는데 대부분 그런 특약사항들은 구두로만 진행된다. 그럴 경우 '가짜 선임대'를 의심하라. 선임대의 주체는 시행사여야 한다. 선임대계약을 할 때 임대인은 분양계약서상의 대상 주체가 시행사인지를 확인하자. 투자자에게 등기가 넘어오기 전까지 상가의 소유자는 시행사이다. 그러니까 선임대 계약서의 임대인은 분양서상의 대상 주체인 시행사가 되어야 한다. 만일 임대인이 분양업체 영업사원으로 되어 있다면 가짜 선임대일 가능성이 높다. 임대차계약은 소유권이 확보된 임대인과 계약을 체결하는 것이다. 분양 상가의 경우 건물 등기가 나지 않더라도 정상적인 임차인이라면 시행사와 체결한 계약서를 가지고 있어야 한다. 임대인 지위로서 분양업체 사원과 임차인이 체결한 임대차계약은 '의미 없다'는 말이다. 득히 계약금이 시행사의 통장으로 입금되었는지 직접 확인해야 한다. 정상적인 선임대계약이라면 계약금은 시행사 통장으로 입금되어야 한다.

선임대 임차인과 직접 대면하는 것도 좋은 방법이다. 이때 해당 임차인에게 사업 경력이나 창업 경력이 있는지 확인해볼 필요도 있다. 병원이나 약국과 같은 특수 업종은 해당 임차인의 면허증을 확인해봐야 한다. 자격증이 있어야만 영업이 가능한 업종은 해당 임차인의 자격 여부를 확인하는 것으로도 안전장치가 하나 더 마련된 셈이다. 이 모든 것이 보장된 경우라도 임차계약 만료 전에 임차인이 임대료를 내려달라고 요구하면 수익률이 떨어질 수도 있다.

확정수익보장 형태로 수익형 상가를 최초로 분양받을 경우, 시행사에서 일정한 수익률을 보장해준다는 약정서를 계약서와 함께 꼭 받아야 한다. 수익률만 내세운 홍보에 속지 말고 인근상가 분양가와 임대료 수준, 임대수요 등을 비교해 신중하게 투자해야 한다.

**Check-Point**

'확정수익'이란 있을 수 없는 말이다. 이 말이 나오면 일단 의심부터 하자. 선임대의 주체는 시행사여야 한다. 선임대 계약의 임대인은 분양계약서 상의 대상 주체인 시행사인지를 확인하자.

# 03

# 성공적인 상가 투자를 하려면
# 발품을 팔아라

경기도 수원에 거주하는 김성근(50세) 씨는 나름 투자의 귀재라고 불렸다. 주변 사람들의 부러움을 한몸에 받을 만큼 투자를 잘해온 사람이었다. 하지만 그는 최근 걱정거리가 하나둘 늘기 시작했다. 그 이유는, 김 씨는 오직 주식투자만 해왔는데 도대체 수익을 내기가 정말 어렵기 때문이다. 최근 3년 동안 적어도 1억 이상은 손해를 본 것 같아 속상하기 그지없다. 정보력 부재, 순발력 부재, 자금력 부재 여러 가지가 큰손이나 기관투자자, 외국인들에게 뒤처지니 당연한 결과이다. 그래서 김 씨는 상가투자를 결정하고 유망지역에 5억 원을 가지고 투자하려고 한다. 물론 그리 큰 돈이 아니니 대출을 안고서 대출이자를 감당하고 일정 수준의 임대수익만 안정적으로 나온다면 계약을 할 생각이다.

요즘 부동산시장에서는 안정적인 수익을 낼 수 있는 상품이 무엇인가에 대한 논의가 한창이다. 시세차익으로 상당한 부를 안겨주던 아파트가 매력을 잃고 저금리 기조가 장기적으로 지속되고 있다. 이러한 요소들 때문에 부동산시장의 수익창출 패러다임이 다양하게 분화되고 있다. 오피스텔, 상가, 원룸텔, 고시원 등 고정적인 임대수익을 기대할 수 있는 모델들이 집중적으로 부각되고 있는 것이다. 이들은 적절한 입지에 자리만 잡는다면 꾸준한 수요가 있어 매달 일정한 수익을 올릴 수 있다는 공통점을 가지고 있다.

이들 중 성격이 다른 것이 하나 있다면 바로 상가다. 다른 모델들은 건물 자체의 입지가 중요하다. 상가도 역시 건물의 입지가 중요한데 상가투자에서 건물의 입지는 1차 조건이고, 그것과 더불어 또 하나 중요한 조건이 있다. 투자하려는 상가가 건물에서 몇 층의 어떤 자리인가라는 세부적 요소다. 이를 2차 조건이라고 말한다. 상가를 고를 때 2차적 요소까지 고려하는 이유는 명확하다. 2차 요소가 영업의 성패에 지대한 영향을 주기 때문이다.

상가는 입주자나 임차인의 속성과 목적, 수익창출 형태가 기타 모델과는 다르다. 상가에 입주하는 임차인은 대부분 자영업자로 이들은 상가를 실질적으로 점유하고 운영하며 대체로 상가 인근의 유동인구를 대상으로 수익을 올린다. 즉 오피스텔이나 원룸텔처럼 거주나 업무 때문에 임차하는 것이 아니라, 영업을 해서 이익을 창출하려고 부동산을 임차하는 것이다. 이 때문에 상가에 투자해 임대수익을 얻으려면 임차인들의 특성을 미리 고려할 필요가 있다. 임차인이 영업을 해서 월세 이상의 수입을 올릴 만한 여건이 되는지가 관건이다. 상가를 분양받거나 소유권등기이전, 권리양도 등 어떤 형식으로든 상가 거래를 진행할 때는 계약에 앞서 해당 상가의 입지와 수익 창출력을 철저히 조사하고 분석해야 한다. 투자대상 상가가 역세 상권인지 주거 상권인지, 대로변에 있는지 이면도로변에 있는지, 주변 상권 성격과 거래 상가에 들어올 만한 업종이 적절히 어우러질 것인지, 몇 층인지, 상가건물 내부 동선을 고려할 때 투자할 상가로의 접근이 쉬운지 등이 바로 수익창출력을 결정짓는 요소다. 이러한 상가 자체의 경쟁력을 살피는 것은 물론, 상가를 둘러싼 외부 여건도 함께 고려해야 한다. 주변에 형성된 잠재 수요층의 경제력이나 생활 수준, 지역 내 커뮤니티에서 찾아낼 수 있는 상가별 인지도, 같은 상가건물 내 점포들의 임대 시세 등을 세심하게 따져볼 필요가 있다.이를 통해 투자하려는 상가의 적정한 가치를 산출하고 임대 조건을 결정해야 한다. 주변 상가와 동떨어진 임대 시세를 책정한다거나 지역에서 그다지 관심을 갖지 않는 비인기 업종을 입점시키면 임대 수익의 안정성을 해칠 수 있다.

이런 실책을 예방하고 필요 이상의 비싼 가격으로 상가를 매입하는 악수를 두지 않으려면 현지 조사를 꼭 실행하라. 상가의 내적 경쟁력과 외적 환경을 종합적으로 고려해야만 적절한 투자가 가능하고 수익을 제대로 얻을 수 있다. 이러한 조사 과정이 그렇게 어려운 일도 아니다. 현장을 부지런히 다니면서 신중하게 투자를 결정한다면 대부분 좋은 결과를 얻을 수 있을 것이다. 이와 반대로 부동산 거래 업체나 지인의 말만 믿고 투자를 결정하는 것은 어리석은 일이니 경계해야 한다.

**Check-Point**

수익형 부동산 중에서도 상가를 투자할 때에는 좀 더 세밀하게 체크해야 할 부분이 많다. 상가에 투자해 안정적인 임대수익을 얻으려면 같은 임차인들의 특성을 미리 고려할 필요가 있다. 임차인이 영업을 해서 월세 이상의 수입을 올릴 만한 입지 여건이 되는지, 상권의 변화는 이루어질 경우도 있는지 알아보는 것이 관건이다.

# 04
# "헌 집 다오, 새 집 줄게!"
# 리모델링의 마법

서울의 신림동에 거주하는 강진연(45세) 씨는 요즘 밤잠을 설치고 있다. 확 저지른 것까지는 좋았는데 과연 어떻게 리모델링을 해야 할 것인가 고민이 아닐 수 없다. 세입자는 어떻게 내보내고 공사를 시작해야 하는지, 공사자재는 무엇을 써야 하는지 신경 쓸 부분이 한두 가지가 아니다. 아예 인테리어업체가 맡겨버릴까 생각도 해본다.

한국에서 반세기 이상 살아온 사람들에게 현재 1%대 금리는 처음으로 경험하는 일일 것이다. 은행에 저축하는 것이 손해가 되는 세상이다 보니 은행에서 돈을 빌리는 것에 대한 부담은 훨씬 낮아졌다. 저축 대신 대출로 수익형 부동산에 투자해서 연금 같은 월세를 한 번 받아보자고! 그래서 너도 나도 돈 되는 물건을 찾다 보니 수익성이 좋은 물건을 찾기가 점점 어려워지고 있다.

그 덕분에 전에는 눈길조차 주지 않던 낡은 주택들에 빛이 들었다. 노후된 주택을 리모델링을 해서 가치를 높인 후 임대수익을 올리면 훌륭한 수익형 부동산이 되더라는 것이다. 노후주택을 사겠다는 투자자들이 점점 많아지고 있다. 이미 이태원이나 홍대 등 상권이 뜨는 곳은 낡은 주택을 사서 리모델링한 뒤 용도변경을 해서 상가로 임대를 하는 일이 많아졌다. 노후된 주택이라도 리모델링을 하면 가치가 올라간다. 임차인도 이왕이면 헌 집보다 새 집에 들어가고 싶어 한다. 리모델링된 집은 낡은 집에 비해 월세를 더 받을 수 있고, 임차인도 새 집을 선호해서 공실 위험을 크게 줄일 수 있다.

만약 낡은 주택을 리모델링해 임대수익률을 올리기로 결정했다면 다음 몇 가지를 꼭 점검해야 한다.

우선 매입 단계에서부터 최대한 발품을 많이 팔아 알짜 물건을 찾아야 한다. 입지가 기본 바탕이고, 거기다 상권이 받쳐주고 유동인구 흐름까지 있다면 금상첨화. 뉴타운으로 지정돼 한참 동안 묶여 있다가 해제된 지역을 공략하는 것도 좋다. 뉴타운으로 지정되어 있던 지역은 건축제한에 묶여 있었기 때문에 그동안 신축을 하고 싶어도 할 수 없었을 것이다. 뉴타운 지정이 해제된 뒤 건축 규제가 풀리고 물량들이 나오고 있는 상황이라면 그에 발맞춰 신규주택 물량들이 양산될 것이다. 이때 리모델링한 주택들에 대한 수요도 많을 것이라 만족할 만한 임대수익을 올릴 수 있을 것이다.

'이거다' 싶은 물건을 찾았다면 투자비용과 임대수익률을 비교해보자. 건물 매입비 10억 원에 리모델링 비용 3억 원이 들었다면 투

자는 13억 원이다. 여기에 수익률이 최소한 5% 이상은 나와주는 물건이어야 한다. 이때 재산세, 소득세, 건축비용, 의료보험 등의 비용이 발생하므로 투자수익률에서 약 1.5% 정도를 뺀 수익률이 순수임대수익률이 된다. 임대수익률이 대출이자율보다 높다면 레버리지를 이용하는 것도 투자수익률을 높이는 방법이다. 하지만 과다한 대출은 지양해야 한다. 임대사업자에게는 물건 가치의 최대 70%까지 대출이 된다. 그러나 금리인상을 대비해서 대출은 40~50%가 적당하다. 만약 은퇴자라면 조금 더 보수적으로 접근할 필요가 있다. 대출이 총투자비용의 40%선을 넘지 않아야 한다.

리모델링을 했다고 편안히 앉아서 월세 받아 먹을 수 있는 시대는 아니다. 주택을 수익형 부동산으로 만드는 과정이 만만치 않다. 항상 공실에 대한 위험이 있다. 현재 경기가 좋지 않아 공실이 늘고 있다면 우선 시장을 읽을 줄 알아야 한다. 입지가 어떤가에 따라서 맞춤개발을 해야 하고, 수요를 추정한 다음 주택으로 원룸이 들어가야 할 곳인지, 상가가 들어가야 할 곳인지 정확한 분석과 예측을 해서 입점하도록 해야 한다. 임대수익을 최대화하는 측면에서 임차인과의 관계도 중요하다. 건물을 살 때 대부분 싸게 사는 것에만 관심을 갖는데, 그보다 더 중요한 것은 임대관리다. 임차인을 갑과 을의 관계가 아닌 사업파트너로 여길 때 임대수익률도 높아진다는 점을 잊지 말자.

노후주택이라도 어떤 주택을 선택해야 할지, 어떻게 리모델링을 해야 할지 문제는 단순하지 않다. 다음은 노후주택을 매입하고 리모델링을 하는 데 필요한 체크리스트다. 노후주택을 고를 때 참고하기 바란다.

① 최소 3m 이상 도로와 인접해 있어야 나중에 증축하기 좋다.

② 대지면적은 적어도 166m²(약 50평) 이상이 되어야 나중에 빌라나 원룸 등으로 개발하기가 좋다.

③ 만약 주택에 무단으로 증축한 부분이 있거나 위반건축물이 있으면 관공서로부터 철거대상으로 간주되기 때문에 위반건축물에 대한 사항을 확인해야 한다. 건축물대장을 떼보면 확인할 수 있다.

④ 단독주택 최고의 미덕은 마당이다. 담장을 없애고 마당을 주차 공간으로 활용하면 임차인을 구하기가 훨씬 쉽다. 주택가에는 주차 공간이 심각하게 부족하다. 마당을 활용할 수 있는지 점검

**〈집주인 리모델링 임대사업 개요〉**

| 구분 | 내용 | 비고 |
|---|---|---|
| 집주인 요건 | · 준공 후 10년이 경과한 단독 및 다가구주택 소유자<br>· 건축물이 없는 토지소유자 | 담보물권 설정이 없는 자. 은퇴세대, 1주택자 우대 |
| 입지요건 | · 대학생, 독거노인 등 임대수요가 많은 지역 우대 | |
| 임대기간 | · 8~20년 중 집주인이 자유롭게 선택 | |
| 임대료 | · 시세의 80%(주거급여수급자 등 저소득층은 50%) | |
| 기금융자 | · 한도 2억 원, 금리 1.5%, 1년 거치 8~20년 분할상환 | 임대기간 연동 |
| 임차인 | · 대학생(재학생 또는 3개월내 입/복학 예정자)<br>· 독거노인(65세 이상인 단독세대 구성자) | |

해야 한다.

⑤ 도시가스를 설치할 수가 없는 곳에 좋은 집이 나타났다면 난방비를 고려하여 단열공사에 신경을 써야 한다.

⑥ 종말처리장을 가진 하수지역 외에는 오수를 정화조로 정화 처리한 뒤 하수도에 방류해야 한다. 정화조 문제도 점검하자.

⑦ 수도꼭지를 틀어서 수압을 확인하자.

리모델링을 염두에 두고 있다면 노후주택을 면밀히 체크하고 매수해야 한다.

리모델링하려고 노후주택을 매수했다가 돈이 더 들 수도 있다. 리모델링과 신축의 차이는 기초공사와 골조공사를 하는가, 하지 않는가에 있다. 골조에 대한 보수를 많이 해야 하는 집이면 리델링에 더 많은 자금이 들어간다. 때문에 준공 연도나 구조, 골조 재료 등을 확인해보는 것도 필요하다. 이런 것들을 확인하지 않고 계약을 하면 오히려 손해를 볼 수 있다. 계약 전 여유를 가지고 흔들리지 말고 점검할 건 하고 넘어가자.

### Check-Point

노후된 주택을 저렴하게 구입한 후 용도변경을 거친 뒤 리모델링을 해서 임대를 놓는다면 부동산 가치 상승은 물론, 높은 임대수익을 올리는 훌륭한 수익형 부동산이 된다.

# 05

# 전략적 리모델링으로
# 낡은 상가빌딩의 가치를 높여라

　대기업에서 은퇴한 지 2년이 된 이현철(60세) 씨는, 쉬는 동안 앞으로 어떻게 살아갈 것인지 고민하다가 수익형 부동산에 대해 공부했다. 이 씨는 이번 겨울에 서울 지하철 당산역 인근에서 빌딩을 구입했다. 연면적 660㎡(약 200평), 대지면적 270㎡(약 82평)인 4층짜리 빌딩 매입가격은 21억 원. 이 건물은 원래 한 법인이 사옥으로 사용하다가 이사해서 현재 공실 상태다. 당산역과 도보 3분 거리로 이면도로에 위치한 이 건물은 교통이 좋고, 사무실 임대 수요가 많다. 이 씨는 건물 구입 후 1억8,000만 원을 들여 건물 외벽을 새로 하고 내부도 리모델링을 실시할 계획이다. 1층은 상가, 나머지 층엔 사무실을 임대할 예정이다. 예상보증금은 총 1억3,000만 원, 월세 수익은 1,000만 원 수준. 공실만 없다면 연 수익률이 4.5%에 달하는 데다 건물 가격도 30억 원 수준까지 오를 것으로 이 씨는 기대한다.

빌딩 한 채를 구입해 번듯한 임대사업자가 되면 얼마나 좋을까? 하지만 현실은 녹록하지 않다. 당장 내 집 마련도 쉽지 않은 마당에 수십억 모아서 빌딩을 산다? 그렇다고 포기하긴 이르다. 꼬마빌딩을 금액대별로 알아보면 해볼 만한 물건이 나올지 어떻게 알겠는가. 5억 원 정도 여윳돈이 있다면 우선 시도해볼 만하다. 수도권 지역에 있는 동네상권이라면 10억~12억 원 정도로 건물을 구입할 수 있다. 이 경우 건물가의 40~50% 정도 대출을 받으면 빌딩 구입이 불가능한 일은 아니다.

자금이 풍부하지 않다면, 무조건 새 빌딩만 찾을 필요는 없다. 빌딩은 아무래도 가격부담이 큰 만큼 노후빌딩을 매입해서 리모델링하는 것도 방법이다. 이때 가장 중요한 점은 입지가 좋아야 한다는 것과 임차인을 잘 골라야 한다는 것이다. 아무리 꼬마빌딩이라고 해도 1층에 허접한 점포가 있으면 빌딩 전체의 가치가 하락하지만 편의점이나 프랜차이즈 매장이 있으면 빌딩 가치가 올라갈 것이다. 그러니 좋은 임차인을 발굴하는 것이 중요하다. 임대인 쪽에서 프랜차이즈 개발팀에 직접 연락해서 본인의 건물을 홍보하는 것도 방법이다. 리모델링을 할 땐 건물 용도를 잘 생각해야 한다. 1층은 대개 상가로 두지만 지역에 따라 2~3층은 원룸이나 사무실로 만드는 것도 고려해봐야 한다. 요즘 원룸이 많아졌다고 하지만 일부 대학 캠퍼스나 오피스 상권 주변은 여전히 원룸이 부족하다. 상권에 가장 적합하도록 층별 리뉴얼에 신경 쓴다면 연 10%가량의 수익률도 기대할 수 있을 것이다.

직장에서 은퇴한 최지은(58세) 씨의 이야기다. 그는 2011년 말 서울 강남구 신사동에 위치한 대지 195㎡(약 59평), 연면적 659㎡(약 200평)인 4층짜리 M빌딩을 25억 원에 매입했다. 1997년 완공된 빌딩인지라 워낙 낡아서 매입하자마자 리모델링을 진행했다. 원래 1층 세탁소, 2층 이상은 사무실로 임대하던 빌딩을 리모델링한 뒤 1층 점포에 미용실, 레스토랑 등 근린생활업종을 들였다. 덕분에 건물이 근사한 상가로 변신했고 매입한 지 불과 1년 정도 지난 2013년 초 38억원을 받고 빌딩을 매각했다. 무려 10억 원 이상 시세차익을 올린 셈이다. 리모델링 이후 주변 상권을 꼼꼼히 분석하고 우량 임차업종을 유치한 것이 빌딩의 몸값을 올린 것이다.

신축빌딩에는 가격 거품이 끼어 있는 경우가 많아서 값싼 노후빌딩을 사서 리모델링하는 것이 경제적으로 오히려 낫기도 하다. 단 매매가격을 점검할 때 토지와 건축비를 나누어서 계산해보고 건물에 어떤 하자가 있는지 꼼꼼히 점검해야 한다. 현재의 수익률이 높다 하더라도 임대료가 적정한지, 임차인 업종은 우량한지 살펴볼 필요가 있다.

본인 자금이 10억 원 이상 있고 대출을 받아 20억 원 이상을 마련할 수 있다면 서울 입성도 생각해보자. 물론 강남 3구(강남, 서초, 송파구)나 지하철 역세권 대로변은 어려울 것이다. 입지만 괜찮으면 이면도로에 자리한 상권의 빌딩도 노려볼 만하다. 중요한 점은 입지와 건물 연식이다. 교통이 괜찮은지, 유동인구가 얼마나 많은지 등의 입지를 따져보고 건물을 골라야 한다. 가능한 한 본인이 잘 알고 있거나 거주하고 싶은 곳으로 잡는 것이 낫다. 20억 원 이상의 자금을 갖고 있다면 서울에서도 얼마든지 역세권 대로변 건물을 노릴 수 있다. 지역별로는 서울 송파 일대를 추천한다. 송파는 지하철 9호선 3단계 구간과 경전철 위례~신사선 개통, 코엑스~잠실종합운동장 발전계획 등의 호재가 많아 꼬마빌딩 거래가 점차 많아지고 있다.

물론 꼭 강남권만 고집할 필요는 없다. 강남 일대 빌딩은 매입가격이 높아 매매가 대비 임대수익률이 강북권보다 낮은 경우가 많다. 강북권에서는 준공업지역이면서 강남과 가까운 성동구 성수동 일대를 추천한다. 강북권은 잘하면 연 5~6%의 임대수익률이 나오지만, 강남은 3%에 그치는 경우가 많다. 부유층들은 시세차익 기대로 강남권을 선호하지만 매매가 대비 임대수익이 얼마나 나오는지, 각종 세금을 감안할 때 실제 수익률이 얼마나 되는지 따져보는 것이 좋다.

꼬마빌딩 투자, 이것만은 조심하자.

① 빌딩 구입에 앞서 1층을 눈여겨봐야 한다. 아무리 입지가 좋아도 1층이 도로와 접하는 면이 좁거나 주차장으로 이용되면 수익을 올리기가 어렵다.
② 매입하려는 빌딩의 공실 상태를 점검하는 것은 기본, 향후 공실도 예상해야 하고 주변 빌딩 공실률을 확인하는 것도 중요하다.
③ 이왕이면 시세대비 10~20%가량 값싼 급매물을 노리는 것도 방법이다.
④ 아무리 매매가가 저렴해도 준공한 지 30년 이상 된 건물이나 골조형태가 철근콘크리트가 아닌 벽돌로 쌓은 건물은 위험하다.

⑤ 등기부상 권리관계와 임대차계약, 토지이용계획확인원 등 공적 장부에 대한 법적 검토도 필수.

⑥ 기존 임차인과 체결해놓은 임대차계약서를 꼼꼼히 점검하는 것도 중요하다. 임차인에게 각종 옵션이 서비스로 제공되는 경우가 많은 만큼 계약서와 실제 계약 내용이 다를 수 있다는 점에 유의해야 한다.

⑦ 이왕이면 지하철역이 가까운 빌딩에 투자하는 게 유리하다. 지하철이나 도로개통 예정지를 선점하는 것도 방법이다. 물론 아무리 좋은 입지라도 공실률이 20%를 넘으면 입지에 문제가 있다는 것이니 투자에 주의해야 한다.

⑧ 수도권 신도시 빌딩 투자로는 큰 재미를 보기 힘들다. 대부분 상가빌딩이 동시에 지어졌고 새 빌딩도 많다. 이런 동네에선 내 건물을 고친다고 해도 특별히 창출되는 가치가 크지 않은 만큼 피하는 것이 낫다.

⑨ 리모델링에 너무 많은 돈을 사용하는 것은 위험하다. 되도록 리모델링에 들어가는 비용이 매매가의 15%를 넘지 않도록 권한다.

우리 사회에서 중산층이라 해도 직장에서 퇴직하면 본인이 소유한 아파트 한 채를 팔고 퇴직금 등 여유자금을 모아도 많아 봐야 10억 원 남짓이다. 여기에 대출을 받는다 해도 마련할 수 있는 자금은 최대 20억 원이다. 이 정도로는 서울 시내 중심 상가에 들어가기는 힘들다. 동네상권 중에서 20년 이상 된 건물을 노려야 한다. 건물이 오래될수록 임대 놓기가 어려운데 신축은 시간과 돈이 많이 드는 만큼 리모델링을 해야 한다. 리모델링을 하면 기능이나 미관상 신축에 준하는 수준으로 건물 가치가 올라갈 수 있다. 임대료 역시 20%가량 올려받아도 된다. 임대료가 올라가면 건물 가치도 자연스럽게 상승한다. 10억 원짜리 건물을 사서 1억 원을 들여 고치면 15억 원짜리 건물로 탈바꿈할 수 있다. 건물 리모델링이야말로 최상의 재테크다.

## Check-Point

흔히들 말하는 부동산 투자의 종착역이라고 하는 빌딩 소유주. 빌딩을 소유하기 위한 전략 중 하나는 허름한 빌딩을 구입한 후 리모델링을 통해서 가치 상승과 더불어 안정적인 임대수익을 올려보는 것이다.

# 06

# 상권을 분석할 때
# 반드시 확인해야 할 것들

　서울시 마포구 공덕동에 거주하는 김대선(56세) 씨는 상가 몇 군데에 투자해본 적은 있지만, 한 번도 상가와 주택을 겸할 수 있는 상가주택빌딩에 투자해본 적이 없다. 자금도 많이 필요하고 위험요소도 많아 보여서 엄두가 나지 않았다. 어떻게 투자타이밍을 잡아야 하는지 통 모르겠다. 하지만 이제 나이도 있고, 자녀들에게 번듯한 상가빌딩 하나쯤은 물려주고 싶어서 이곳저곳을 알아보고 있다. 적절한 투자타이밍과 주의해야 할 점은 무엇인지 열심히 분석 중이다.

　언제가 제대로 된 투자타이밍일까? 상가빌딩의 가격을 결정짓는 요소 중 월 임대수익금이 가장 큰 비중을 차지할 것이다. 현재 임대수익금이 정점이라면 상가빌딩의 가치 또한 정점에 도달한 상태가 될 것이다. 이 시점에 투자한다면 당연히 향후 매도할 때 손해를 볼 수 있다.

그럼 언제 투자할까? 바로 경기가 안 좋아 임대수익금이 낮을 때가 상가빌딩 투자의 적정한 타이밍이라고 할 수 있다. 대부분 표면적인 임대수익금의 수익률만 고려하는데, 이는 위험한 생각이다. 또한 상가빌딩의 보통 수익률은 5~8%이므로 은행대출금을 이용한 상가빌딩에 투자하려면 은행금리의 변동 여부를 더욱 신경 써야 한다.

상가빌딩은 보통 상가주택, 근린상가빌딩, 업무중심상가빌딩 등으로 분류되는데, 이 중 일반인이 가장 쉽게 접근할 수 있는 것은 상가주택형 상가빌딩이다. 상가주택은 말 그대로 상가와 주택이 혼재된 상가빌딩이다. 주거를 겸하면서 일정 부분 임대료를 안정적으로 받을 수 있는 장점이 있다. 그러나 아무 입지나 상가주택이 유망한 것은 아니다.

그럼 유망한 상권입지부터 살펴보자.

### ① 다가구주택이 밀집된 주거지역 상권에 위치

상가주택형 상가빌딩은 지하철역을 중심으로 형성된 다가구주택이나 오피스텔이 인근에 위치한 상권이 좋은데, 대표적인 곳으로 서울 선릉역 인근의 상가주택형 상권을 들 수 있다.

### ② 유동인구보다 상주인구가 많은 상권이 유리

상권은 유동인구가 많은 곳이 일반적인데, '먹자상권'처럼 유동인구가 많을 필요 없이 거주하는 상주인구가 많아서 24시간 꾸준히 영업활동이 형성되는 상권이 좋다.

### ③ 출퇴근 진입로 입지

출퇴근 진입로는 상주인구의 유동흐름이 좋은 곳이다. 예를 들면 지하철 출입구나 버스정류장 길목에 위치하는 상권이 좋다.

### ④ 코너 입지

상가형빌딩은 대부분 주거단지 이면에 형성된 블록별로 상당히 많이 공급되어 있어 상가빌딩 중 희소성이 낮은 편이다. 그나마 희소성을 잘 갖추려면 코너에 접한 물건에 투자하는 것이 좋다.

상가빌딩 투자를 10년 정도 장기계획하는 분들은 다음과 같은 단계로 밑그림을 그린다. 아파트 매도 후 상가주택 투자→상가주택 매도 후 근린업무 상가빌딩 투자→근린업무 상가빌딩 매도 후 업무중심 상가빌딩 투자→(이면로 상가빌딩 투자)→대로변 상가빌딩 투자 순이다.

**Check-Point**

상가빌딩은 안정적인 임대수익은 물론 시세차익까지 실현할 수 있는 부동산상품이다. 이러한 상가빌딩의 성공 투자패턴은 이면→대로, 단면→코너, 소규모→대규모, 저층→고층, 일반주거지역→일반상업지역임을 직시하자.

# 07
# 성공하는
# 상가투자의 원칙

　서울 마포에 거주하는 김태민(54세) 씨는 부동산중개업소의 장밋빛 개발계획과 투자수익률만 믿고 집합상가 3층을 구매하였는데 실제로 잔금을 치르고 난 뒤 상황은 그야말로 어지럽기 그지없다. 유동인구가 없으니 임대수요도 별로 없을 뿐 아니라 주변 상권이 활동적이지도 못한 것으로 분석되었다.

　임차자가 안 들어오니 당연히 그 상가에 부과되는 관리비 또한 김태민 씨의 몫이고 대출을 받아서 매수했기에 매월 발생하는 대출이자까지 부담해야 하는 이중고를 겪고 있다. 곧바로 매도를 시도했지만 여의치 않다. 임차자가 없는 상가는 그야말로 '상가푸어'라고나 할까?

　부동산 과잉공급으로 부동산 경기침체를 우려하고 있음에도 돈

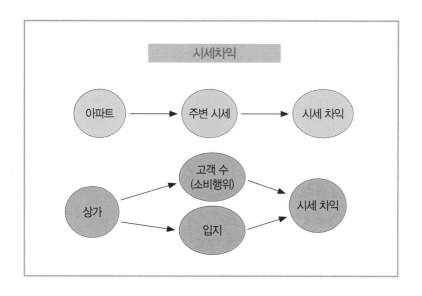

버는 방법을 아는 사람들은 어떤 시기에나 부동산 투자로 돈을 벌고 있다. 그들은 무엇을 알고 있는 것일까? 상가는 여전히 인기 있는 수익형 부동산이다. 성공하는 사람들이 알고 있는 절대 원칙부터 알아보자.

상가에 투자할 때 알아야 할 원칙들이다.

### ① 허름한 상가는 사지 말 것

허름한 상가 주변으로 공터나 재력가의 상가가 있다면 피해라. 상가 주변으로 신축 상가가 들어설 가능성이 높다. 신축 상가가 들어서면 현재 있는 상가의 가치가 떨어질 수 있다. 지역 전체에 재개발이 이루어져 상권 형성이 될 경우에는 괜찮지만 주변의 일부 상권만 새로 들어선다면? 원래 있던 상권의 가치는 하락할 수밖에 없다. 그러나 인구가 대폭 증가할 만한 대형 쇼핑몰이나 백화점이 들어온다면, 구 상가도 덩달아 가치가 오를 수 있으니, 이런 정보는 촉각을 곤두세우고 알아두는 것이 좋다.

### ② 월세가 일정하지 않은 상가에게 임대를 주지 말 것

상가는 업종이 자주 바뀌면 바뀔수록 수익률이 줄어든다. 업종이 교체되면서 발생하는 공실 기간과 리모델링 기간에 월세를 받을 수 없는 경우가 많아 당연히 수익률이 줄어들 가능성이 높다. 경기를 잘 타는 직종일수록 업종이 바뀌기 쉽다. 그래서 계절이나 물가에 상관없이 꾸준히 수익을 낼 수 있는 업종에 임대를 주는 것이 안전하다. 유흥업소나 경기를 타는 음식점 같은 업종보다 병원, 부동산, 서점, 프랜차이즈 빵집, 약국 같은 경기를 타지 않는 업종을 선택하는 편이 안전하다. 이런 업종은 월세 보장도 되지만 주변의 상권을 고급화하는 데 도움이 된다.

### ③ 역세권, 대로변 상권으로 선택하는 것이 안전하다

역세권은 유동인구의 변동이 적은 곳이다. 상권을 이용하는 소비자층이 거의 언제나 일정한 비율을 보인다. 이런 상권은 세입자도 좋아할 뿐만 아니라, 수익이 안정되니 장래에 프리미엄을 노리는 데도 유리하다. 특히 수도권 지역은 지하철 이용객이 많아 상권이 대부분 지하철역 주변으로 생긴다. 역세권 상권을 초기에 잡는다면 황금알을 낳는 오리를 얻는 셈이다. 아파트 주변 상권은 나중에 시간이 지나도 가격이 오를 가능성이 낮다.

　절대 사서는 안 되는 상가도 어떤 측면에서 장점은 있다. 컨설팅 업체나 부동산중개업자는 그런 상가도 거래가 이루어지게 만든다. 그러나 그 상가를 매입해서 손해를 본다고 해도 컨설팅해준 업체나 중개업자가 물어주지는 않는다는 점을 명심하라. 투자의 책임은 자신에게 있다. 그러니 남의 말을 믿을 것이 아니라 스스로 준비하고 냉정하게 판단해야 한다.

　절대 사면 안 되는 상가는 무엇인지 알아두자.

### ① 유동인구가 적은 곳에 있는 상가
　장사가 잘되려면 사람이 많아야 하는 것은 당연하다. 지나다니는 사람이 적으면 장사도 안 되고, 월세도 적게 받을 수밖에 없고, 수익률도 낮아져 결국은 상가의 가치도 떨어지니 주의해야 한다.

### ② 사람들의 발길이 흘러가지 않는 상가
　지나다니는 사람이 많아도 발길이 그냥 흘러가는 곳은 피해야 한다. 지하철역 주변이라고 해도 출입구와 등을 지는 상가는 사람들의 발길이 잘 닿지 않아 좋지 않다.

### ③ 주변에 대형 할인매장이나 백화점이 있는 상가
　주변에 대형 할인점이나 백화점이 있다면 손님을 뺏겨 장사가 잘 안된다. 주변에 그러한 시설이 있는지 꼭 확인해야 한다.

### ④ 월세나 권리금이 지나치게 싼 상가

월세가 지나치게 싸면 나중에 쉽게 팔 수 없고, 팔려고 해도 제값을 받기 힘들다.

### ⑤ 급한 오르막이나 내리막에 위치한 상가

경사가 심한 곳에서 사람들은 걷는 데 신경을 쓰게 된다. 때문에 이런 곳에 있는 상가는 당연히 관심이 줄어들게 된다. 이런 사소한 부분도 놓치면 안 된다.

### ⑥ 세입자나 주인이 자주 바뀌는 상가

세입자나 주인이 자주 바뀌는 상가는 아무래도 장사가 잘 안된다는 의미다. 잘 확인하고 투자의사를 결정해야 한다.

### ⑦ 분양조건이 지나치게 좋은 새 분양 상가

새 상가를 분양받는 경우, 높은 수익률을 강조하는 등 분양 조건이 지나치게 좋은 상가는 의심해봐야 한다. 주변 상가의 수익률이 어느 정도인지 확인하고 현실성이 있는지 비교해보아야 한다.

상가는 주택과는 달리 상권의 흐름까지 반영하여 투자하는 것이다. 때문에 신중에 신중을 기해야 한다. 검증되지 않은 상가에 투자하면 임대수익은커녕 매월 관리비까지 부담하는 최악의 상황을 맞는다. 상가에 투자해 만족스러운 수익률을 올리려면 철저하게 공부하고 현장을 답사하고 비교·분석해야 한다. 상가는 가지고 있는 것이 중요한 것이 아니다. 다만 어디에 있는 상가를 어떻게 굴리느냐가 중요하다.

**Check-Point**

상가라고 해서 다 잘되지는 않는다. 명심할 것은 절대 사서는 안 되는 상가를 매입해서 손해를 본다고 해도 컨설팅해준 업체나 중개업자가 물어주지는 않는다는 점이다. 투자의 책임은 언제나 자신에게 있다.

# 08

# 실전 상가 투자,
# 투자수익률 높이는 전략

서울 잠실동에 거주하는 박지은(53세) 씨는 요즘 고민이 많다. 상가를 통하여 안정적인 임대수익을 얻고 싶은 마음은 굴뚝인데, 상가투자에 대한 지식이 하나도 없기 때문이다. 그렇다고 부동산중개업소에서 권해주는 상가를 무작정 믿고 투자하기는 싫다. 박 씨는 열심히 발품을 팔다가 석촌동의 1층 독립상가를 장만했다. 매매가 11억 원에 대출 5억 원, 보증금 6,000만 원에 월 400만 원이 나오는 곳이다. 그런데 과연 투자수익률은 얼마일까?

매매가 11억 원, 보증금 6천만 원, 월세 450만 원, 대출 5억 원(이자율 연3.5%). 이 같은 조건으로 매수한 박 씨의 수익률을 계산해보기로 하자.

대출금액은 5억 원으로, 금리는 연간 3.5%이므로 은행이자는

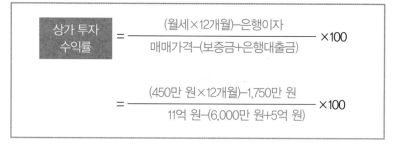

$$\text{상가 투자 수익률} = \frac{(\text{월세}\times12\text{개월})-\text{은행이자}}{\text{매매가격}-(\text{보증금}+\text{은행대출금})}\times100$$

$$= \frac{(450\text{만 원}\times12\text{개월})-1{,}750\text{만 원}}{11\text{억 원}-(6{,}000\text{만 원}+5\text{억 원})}\times100$$

1,750만 원이다.

수익률을 구하려면 상가의 매매가격과 보증금, 월세를 알아야 한다. 또한 상가에 투자하려고 은행에서 돈을 빌린다면 그 돈의 액수와 이율도 당연히 알아야 한다. 한 달에 나가는 은행이자도 계산에 넣어야 하기 때문이다.

그렇다면 얼마의 수익률이 투자의사를 결정하는 데 기준점이 될까?

보통 수익형 부동산 투자는 투자수익률의 기준을 연 6%로 본다. 물론 서울의 강남을 비롯한 유망지역들은 3~4% 정도면 충분하지만, 강북이나 수도권 지역은 5~7%, 지방 외지는 8~10%까지도 투자의사를 결정하는 데 참고자료로 삼기도 한다.

그러면 투자수익률을 높이는 전략은 무엇일까? 생각해보자.

우선 매매금액이 다운되면 당연히 투자수익률이 높아지고, 반대로 보증금과 대출금이 높아지면 투자수익률은 상승하게 된다. 물론 대출이자가 저렴한 은행권의 이자를 쓴다면 더욱더 투자수익률이 높아질 것은 자명하다. 또한 월세를 인상시키는 방법도 중요한 요인이다.

박 씨의 경우는 투자수익률이 연 6.7%임을 알 수 있다. 아주 양호한 투자수익률이다. 서울 송파구 석촌동이라는 지역 특성을 감안하면 더욱더 그렇다.

본 물건의 가장 큰 메리트는 향후 2018년 지하철 9호선이 개통되면 기존 상권은 더욱 확장할 가능성이 높다는 것이다. 특히 롯데타워의 준공으로 후광효과를 확실히 볼 수 있다. 대표적인 관광지역인 석촌호수가 인접해 있어 상권이 더욱 활성화될 수 있다. 상가는 권리금이 상당 부분 형성되어 있어 향후 꾸준히 발전할 수 있는 지역으로 평가받고 있고, 향후 종상향에 대한 기대감도 있다. 잠실은 송파구에서도 가장 주목받고 있는 지역이다. 인접 상권이 점차 활성화되고 있는 점을 고려하면 부동산의 가치상승을 위한 필요충분 조건을 다 갖추고 있다고 볼 수 있다.

일반적으로 투자수익을 올릴 수 있는 방법은 매매가격 그 자체를 최대한 저렴하게 매수하는 것이다. 임대하는 호실이 많은 수익형 상가는 공실이 발생하지 않도록 세심한 관리가 필요하다. 표면상의 투자수익률만 높고 실제로 공실이 발생하여 월세가 들어오지 않으면 아무런 의미가 없는 허상의 투자수익률인 셈이다. 물론 임대료는 주변시세와 맞는 수준으로 설정해야 한다. 레버리지를 통해 매수한 투자자라면 대출금리가 가장 신경 쓰일 것이다. 대출금리는 투자수익률에 큰 영향을 미친다. 때문에 가능하면 저금리 은행권을 섭외하여 투자하는 것이 좋다 .

상가투자 시 월 임대료보다 투자대비 수익률을 잘 따져봐야 한다. 투자수익률이 과연 얼마나 나오는지, 혹시 가공 임차인은 없는지, 안정적으로 임대수임이 들어올 만한 입지인지를 종합적으로 판단하고 투자의사를 결정해야 한다.

# 09
# 상가임대차보호법
# 제대로 알고 대응하자

공인중개사로 일하는 김향미(45세) 씨는 중견기업의 영업담당 부장이었다. 잘나가던 그녀가 공인중개사가 된 사연이 있다. 원래 식당을 했던 사촌동생이 좋은 식당자리가 새로 났으니 인수해서 동업을 하자고 요청했다. 그 식당을 사촌동생과 같이 본 김 씨, 자리도 좋았고 사람들도 많이 모여드는 곳이라 흔쾌히 식당 운영에 뛰어들었다. 퇴직금으로 100평이 넘는 식당을 리모델링했고 10명이 넘는 직원을 거느리는 식당 사장님이 되었다. 그러나 몇 달 되지 않아 건물의 주인이 바뀌더니, 새 건물주가 재계약을 해주지 않아서 식당을 넘겨야 했다. 그동안 투자한 돈이 억대를 넘었다. 자본금을 탈탈 털고 나온 그녀는 그 후 부동산에 대한 공부를 했고 지금은 공인중개사로 뛰고 있다. 물론 그녀는 그 일로 상가 분야의 달인이 되어 지금은 중개계약을 많이 해서 수입이 아주 짭짤하단다.

상가를 임차해서 영업하고 있는데 상가의 주인이 바뀐다면, 또는 계약을 한 지 일 년 만에 주인이 현재 월세의 30%을 올려달라고 하면 어떻게 할까? 노후된 상가 점포에 입점하면서 수리비와 인테리어 비용으로 억대의 비용을 들였는데 계약이 만료돼 쫓겨나는 사례를 많이 보았다. 김 씨뿐만 아니라 많은 사람들이 이런 일을 당한다. 요지 상권에 빌딩을 매입한 연예인들과 그 빌딩에서 영업하던 세입자들의 갈등이 언론을 통해 보도된 적이 있다. 김 씨가 당한 일과 비슷한 종류의 사건이다.

상가를 임차해서 영업하려 한다면 '상가임대차보호법'을 알고 대비를 해야 한다. 주택에 임대차를 하는 경우는 '주택임대차보호법'으로 임차인들을 보호한다. 상가를 임대차해서 영업을 할 때는 '상가임대차보호법'에 의해 임차인들을 보호한다. 물론 최소한의 보호를 말한다.

그런데 '상가임대차보호법'이 보호하는 상가는 한정되어 있다. 상가에 대한 보증금이 일정한 금액 이하여야 한다. 월세는 전환하여 보증금으로 합산하는데 그것을 환산보증금이라고 한다. 월세 10만 원은 보증금 1,000만 원으로 환산된다. 만일 보증금이 5,000만 원이고 월세가 100만 원이라면 환산보증금은 1억5,000만 원이 되는 것이다. 환산보증금이 일정금액을 넘지 않는 상가 점포만 '상가임대차보호법'이 적용된다.

현재 서울에서 상가임대차보호법이 적용되는 환산보증금의 한계는 9억 원이다. 이 환산보증금이 지역마다 다른데, 기준은 다음과 같다.

과밀억제권역(서울시 제외)은 6억9,000만 원 이하,

그 외 광역시, 안산, 김포, 용인, 광주시는 5억 원 이하,

그 밖의 지역은 7억7,000만 원 이하다.

여기서 과밀억제권역은 의정부, 구리, 하남, 고양, 수원, 성남, 안양, 부천, 과천, 의왕, 군포, 시흥, 인천광역시(강화, 옹진, 서구 대곡동, 불로동, 마전동, 금곡동, 오류동, 왕길동, 당하동, 원당동, 경제자유구역, 남동국가산업단지 등은 제외한다)이다.

2019년 4월 2일 개정된 상가임대차보호법을 정리하면,

### 1. 계약 갱신 요구권

임차인은 임대인과의 계약만료 시점 6개월 전부터 1개월 전까지 계약 갱신을 요구할 수 있으며 10년을 초과하지 않는 범위에서 행사할 수 있다. 즉, 최초 계약이 2년이든 3년이든 최초 계약 기간을 포함하여 10년까지 계약을 연장할 수 있다는 의미다.

단, 임대인 측에서 계약 갱신을 거절을 할 수 있는 사유가 있다.

그중 중대한 것 몇 가지는,

① 임차인이 3기의 차임에 해당하는 금액에 이르도록 차임을 연체한 사실이 있을 경우

② 임차인이 거짓이나 그밖의 부정한 방법으로 임차한 경우

③ 서로 합의하여 임대인이 임차인에게 상당한 보상을 제공한 경우

④ 임대인의 동의 없이 목적 건물의 전부 또는 일부를 전대한 경우

⑤ 임차한 건물의 전부 또는 일부를 고의나 중대한 과실로 파손한 경우

⑥ 임차한 건물의 전부 또는 일부가 멸실되어 임대차의 목적을 달성하지 못한 경우

⑦ 임대인이 다음 각 목의 하나에 해당하는 사유로 목적 건물의 전부 또는 대부분을 철거하거나 재건축을 위하여 목적 건물의 점유를 회복할 필요가 있는 경우

　가. 임대차계약 체결 당시 공사시기 및 소요기간 등을 포함한 철거 또는 재건축 계획을 임차인에게 구체적으로 고지하고 그 계획에 따르는 경우

　나. 건물이 노후·훼손 또는 일부 멸실되는 등 안전사고의 우려가 있는 경우

　다. 다른 법령에 따라 철거 또는 재건축이 이루어지는 경우

⑧ 그밖에 임차인이 임차인으로서의 의무를 현저히 위반하거나 임대차를 계속하기 어려운 중대한 사유가 있는 경우

## 2. 계약 갱신 시 임대로(월세)의 상승률

계약 갱신 시 임대인은 정당한 사유 없이 거절하지 못하며 갱신되는 임대차는 이전 조건과 동일한 조건으로 다시 계약된 것으로 본다. 다만, 보증금과 임대료 증액 시 5퍼센트를 초과하지 못하고 1년 내에는 증액할 수 없다.

## 3. 임차인 권리금 회수 기간의 보호

임대차계약이 끝나기 6개월 전 시점부터 계약 종료 시점까지 임대인은 기존 임차인이 새로운 임차인이 되려는 자로부터 권리금을 지

급받는 것을 방해해서는 안 된다.

## 4. 환산보증금의 인상

상가임대차보호법에서 정한 환산보증금은 2019년 4월 2일 이후 체결 또는 갱신되는 상가임대차계약에 적용된다.

**〈상가임대차보호법이 적용되는 환산보증금〉**

| 시행 일자 | 지역 구분 | 환상보증금 범위<br>보증금+(월세×100) |
|---|---|---|
| 2019. 4. 2~ | 서울특별시 | 9억 원 이하 |
| | 과밀억제권, 부산 | 6억9천만 원 이하 |
| | 광역시(부산, 인천 제외)<br>안산, 용인, 김포, 광주, 세종, 파주, 화성 | 5억4천만 원 이하 |
| | 그밖의 지역 | 3억7천만 원 이하 |

용어 정리

**A. 환산보증금 = 상가보증금 + (월세 × 100)**

예시) 보증금 1억 원, 월세 800만 원인 경우: 1억 원 + (800만 원 × 100) = 9억 원

서울시 환산보증금 기준이 9억 원 이하(종전 6억1천만 원)이므로 적용받을 수 있다.

**B. 환산보증금 내의 임차인과 초과임차인의 비교**

① 계약 갱신 요구권은 환산보증금과 무관하게 가능하다.

② 권리금 회수 기간 역시 무관하게 6개월 전부터 종료 시점까지

가능하다.

③ 환산보증금 내의 임차인은 계약 갱신 시 임대료 인상 범위가 5퍼센트(종전 9퍼센트)로 제한된다.

④ 경매 등의 상황 시 환산보증금 내의 임차인은 대항력(건물의 인도와 사업자등록 완료)과 확정일자로 우순순위 변제권을 가지나 초과 임차인은 해당되지 않는다.

만약 환산보증금이 일정액 이상을 초과하여 상가임대차보호법의 적용을 받지 못하는 경우에도 계약 갱신 요구권을 인정하여 임대기간 5년이 보장된다. 그러나 그 외에는 상가임대차보호법의 적용을 받지 않는다. 주인이 1년 후에 임대료를 100% 혹은 200% 또는 1,000%를 인상해도 법적으로 아무런 하자가 없는 것이라 어디에 호소할 수도 없다. 또한 건물주가 바뀌었을 때, 과거 건물주와 했던 계약기간이 지나면 새 건물주는 계약을 얼마든지 거부할 수 있다(대항력 없음). 경매로 건물이 넘어갔을 때도 보증금을 보호받지 못한다. 경매가 수차례 유찰되면 보증금 전액을 다 날릴 수도 있다. 이상이 상가임대차보호법의 보호를 받느냐 아니냐의 차이점이다.

이러한 상가임대차보호법은 국민 경제생활의 안전을 보장하고자 민법에 대한 특례로 규정한 법령이다. 흔히 상가임대차법, 상가임대차보호법이라고 불리는 이 법령은 임대인(건물주)과 임차인 간의 분쟁을 막기 위해 다양한 상황에 따라 어느 쪽의 주장을 인정하는가를 판가름하는 기준이 되고 있다. 이 법에 적용되어 보호되는 목적물은 사업자등록의 대상이 되는 상가건물이다. 임차인이 상가건물을 인도받고 사업자등록을 신청했다면 바로 대항력을 취득할 수 있다.

상가임대차보호법은 건물 주인이 임대료를 마음대로 인상한다거나 임차기간을 마음대로 줄였다가 늘리거나 막무가내로 계약을 해지하려는 횡포로부터 임차인을 보호해주기 위한 것이다. 핵심적인 부분을 알고 상가 계약을 한다면 상가 세입자를 지켜주는 마지노선을 마련할 수 있을 것이다.

**Check-Point**

상가임대차보호법을 제대로 알고 대응하자. 상가를 임대차해서 영업을 할 때는 '상가임대차보호법'에 의하여 임차인들을 보호하는데, 환산보증금이 일정금액을 넘지 않아야 '상가임대차보호법'이 적용된다.

# 10

# 상가빌딩 임대계약서에서
# 꼭 확인해야 할 것들

　서울시 문정동에 상가빌딩을 어렵사리 구입한 최태영(55세) 씨는 임대차계약서를 꼼꼼히 잘 살펴서 성공한 사람 중 한 사람이다. 최 씨는 문정역 로데오상권 내에 지하1층~지상5층으로 건축된 지 10년이 된 상가빌딩을 소유하고 있다. 지하에 호프집과 1~2층은 상가, 3~5층은 주택으로 구성되어 월 임대료가 약 800만 원이 나오는 상가로 앞으로 문정지구 법조단지가 입주하고 나면 상권활성화도 기대할 수 있고 임대료도 더 올릴 수 있다는 생각에 투자했다. 시세를 조사해보니 특히 1층과 2층 임대료가 시세보다 저렴했는데 잔금일로부터 5개월이 지나면 만기가 되어 인상할 수 있었다. 최 씨는 매매계약을 할 때 매도자에게 임대계약서 원본을 가져오게 하여 매매계약서에 보증금, 임대료, 임대기간, 특약사항 등이 제대로인지 검토했다. 임대기간이 갱신되지 않은 임차인들이 1층과 2층, 4층에 있어 매매계약서에 잔금시까지 갱신하지 않는다는 조항을 삽입하고 이후 임차인들과 합의하여 50만 원씩 총 150만 원을 인상하여 임대수익률을 높였다. 만약 임대계약서를 사전에 체크하지 못해 매도자가 임대계약을 갱신했다면 임대료 인상은 하지 못했을 것이다.

살펴본 바와 같이 임대계약서는 작성은 물론 체크도 상당히 중요하다. 일반적인 매매계약서와는 달리 수익형 부동산의 임대차계약서는 월 수익과 밀접한 관계가 있기 때문에 꼼꼼하게 체크해야 한다.

다음은 임대계약서에 들어갈 주요 내용들이다.

### ① 임대료 연체시 연체조항

임대계약서의 핵심사항으로 일반 임대계약서에는 별도로 삽입되어 있지 않아 임차인이 임대료 납입일에 임대료를 입금하지 않을 경우 임대인 입장에서 상당한 피해를 볼 수 있다. 이를 사전에 방지하려면 "임차인은 월임대료 및 관리비가 납입일 이후 연체될 경우 연체일을 기산하여 납부총액에 월 2%를 가산하여 임대인에게 납부하기로 한다"는 문구를 넣어야 한다.

### ② 임대업종 변경시 임대인 동의

임차인은 임대인의 서면 동의 없이 임대차계약 이외의 용도로 업종을 변경하여 사용할 수 없다. 임차인이 임대인의 동의 없이 임의대로 영업상의 목적으로 임대업종을 변경할 경우 임대사업 운영의 기본 틀이 깨질 수 있으며 타 임차인들과의 분쟁을 일으키는 씨앗이 될 수도 있기 때문이다.

### ③ 임대시설물 파손시 손해배상책임

임차인의 과실이나 고의로 직원이나 고객들로 인해 임차 시설물이 훼손 및 파괴되는 상황에 대비하여 손해배상책임을 규정하면 사전에 예방하는 효과가 있다.

### ④ 원상복구의 범위와 책임

임대계약의 해지나 임대계약기간의 만료 등으로 임대계약의 효력이 종료되었을 경우에는 종료일 내에 임차인의 모든 소유물과 동산을 반출 및 전부 양도하여야 하며, 임차인이 구조를 변경한 시설은 임차인의 부담으로 철거하여 건물주가 원하는 요구대로 원상 복구해야 한다.

### ⑤ 화재시 피해보상책임

임차인의 행위 또는 소유물 등 때문에 건물의 화재보험료 및 재산세가 증액될 경우, 임차인의 부주의로 인한 화재가 발생할 경우 이에 대한 책임조항도 삽입해야 한다.

이 밖에 재산세 증액 시 납부책임, 전기증설 비용책임 등도 책임소재를 분명히 적시하고 임대차계약서를 작성해야 한다. 그래야 추후 낭패를 보는 일이 없다.

상가빌딩 매매계약 전에 임대계약서에서 꼭 체크해야 할 것들이 있다. '임대보증금과 월임대료가 정확한가', '임대계약기간이 만기되었거나 만기 직전인 임차인이 있는가', '특약사항은 무엇이 작성되어 있는가' 등이다.

# 11

# 상가투자자가 반드시 알아두어야
# 할 권리금의 이모저모

서울시 광진구 화양동 먹자골목에서 횟집을 3년 동안 운영하고 있는 이순정(65세) 씨는 건강상의 이유로 가게를 정리하기로 하고 새로운 임차자를 찾아나섰다. 어렵사리 인근 부동산중개업소의 도움으로 신규 임차인을 찾을 수 있었다. 신규 임차인과 임대인의 계약체결 후 권리금으로 5,000만 원을 받았다. 하지만 열흘 뒤 임대인은 일방적으로 신규 임차인과 계약을 파기했다. 신규 임차인은 권리금만 잃게 됐다. 서울시는 임대인에게 조정신청 사실을 통지했고, 임대인은 자율조정 기간을 요청했다. 이 결과 신규 임차인은 보상금 2,000만 원과 3개월분 월세를 면제받았다.

배보다 배꼽이 크다는 말은 아마도 권리금을 두고 하는 말인 것 같다. 권리금이란 임차권을 양도하는 대가로 주고받는 금전이다. 상가를 임대차할 때 권리금이 보증금보다도 비싼 경우가 있다. 창업이나 거래현실에서는 자주 있는 일이다. 권리금이 비싸서 계약이 이루어지지 않은 경우가 정말 많다. 창업하려는 사람 입장에서는 눈에 보이지도 않는 가치에 대해 그렇게 막대한 비용을 지불해야 하는지 의심스럽기도 하다.

신·구 임차인 간에 거래되는 권리금뿐 아니라, 상가소유주(임대인)에게 지급하는 권리금도 있다. 상가소유주에게 주는 이 권리금을 이른바, 바닥권리금이고 한다. 점포가 좋은 상권, 좋은 위치에 있을 때 입지에 대한 '프리미엄'이라고 이해하면 된다. 즉 자릿세라고 이해하면 되는데, 점포가 위치하고 있는 자리가 수준 이상의 가치를 지니고 있는 경우에만 붙는 금액이다. 강남역, 가로수길, 명동, 홍대입구와 같이 1년 내내 유동이 많고 소비성이 강한 상권의 경우에는 바닥권리금만 몇 억을 부르기도 한다.

바닥권리금과 보증금은 입점할 때 똑같이 주인에게 준다. 그렇다면 어떤 점에서 다른가? 둘의 차이점은 상가를 나갈 때 돌려받을 수 있는 것인가, 아닌가 하는 부분이다. 보증금은 대체로 돌려받을 수 있는데, 바닥권리금은 원칙적으로 돌려받을 수 없다. 현 임차인에게 지급하는 영업권리금이 현재의 순수익을 근거로 하고 있다면, 바닥권리금은 미래에 점포가 활성화될 것을 전망하고 상가소유자가 요구하는 권리금이다.

영업권리금은 순수익을 근거로 하는데, 보통 기존 영업주가 단골고객을 확보하고 영업을 하면서 발생하는 매출 정도에 따라 형성되는 권리금을 말한다. 일반적으로 1년 평균 수익 기준으로 책정된다.

그러나 현실적으로 연간 순수익을 확인하기는 매우 어렵다. 간혹 영업권리금을 많이 받으려고 매도자가 매출액을 부풀리는 경우도 있기에 정확한 POS자료, 물품사입장부 등 객관적인 자료를 요구한 뒤에 고정지출 비용을 계산해보고 직접 평균 수익을 산출해보는 것이 좋다. 양도·양수할 때에 해당되는 권리금으로 다른 업종으로 창업을 한다면 의미가 없는 권리금이다.

시설권리금이란 기존임차인이 투자한 시설비용을 말하는데, 시설비라고도 한다. 이 시설비와 물품대, 영업권리금을 합해서 '시물권'이라고들 부른다. 이는 감가상각 후 남은 시설의 가치를 말한다. 즉 기존의 영업주가 창업할 때 시설에 투자한 초기비용(인테리어 및 집기 등)을 보전해주는 성격의 권리금이다. 감가상각을 해서 시설권리금은 책정되며 동종 업종으로 양도·양수할 때만 해당되는데, 업종이 다른 경우에는 시설권리를 인정하지 않으며 시설권리금은 보통 1년에 30% 정도 삭감하는 것이 관례다. 그리고 3년이 초과한 시설에 대해서는 시설권리금을 책정하지 않는 것이 일반적이다.

어느 권리금이든 실질적으로 정확한 금액을 산정하기는 어렵다. 법으로 정해진 것도 아니고, 그렇다고 관행이 명확하게 정해진 것도 아니다. 또한 바닥권리금, 영업권리금, 시설권리금이 정확하게 구분되지도 않는 경우가 대다수다. 그냥 통틀어 권리금 얼마라는 식으로 정해지기 마련이다.

권리금이 협의되면 일단 신·구임차인 사이에 권리 양수·양도 계약을 하게 된다. 이는 임대인과 사이의 임대차계약서와는 별도로 임차인으로서 임차권을 양도·양수하는 의미가 있다. 이후 신임차인(양수인)과 임대인 사이에 임대차계약을 해야 한다.

다음 권리금 분쟁에 관한 사례를 통해 해결방안을 모색해보자.

### ① 바닥권리1(건물주가 권리금을 받았을 경우)

Q. 건물주가 운영하던 식당을 권리금을 주고 인수했습니다. 그런데 영업이 지지부진해서 폐업하려고 하는데, 임대차 만료 시 보증금과 같이 주었던 권리금 전액을 돌려받을 수 있을까요?

A. 건물주에게 권리금을 주었다고 해서 돌려받을 수 있는 것은 아닙니다. 건물주가 시설에 대한 권리금을 받은 것이므로 다시 건물주가 반환을 받는다 해도 시설에 대한 감가를 하고 약간의 보상이 있을 수 있지만 쉬운 일은 아니죠. 가끔씩 건물주에게 권리금을 주는 것은 괜찮다고 하는 사람들이 있는데 절대 그렇지 않아요. 건물주가 권리금을 이미 받고(그것이 영업권리금이든 바닥권리금이든) 건물을 제3자에게 매도해버렸다면 권리금을 돌려달라고 할 수 없습니다. 새로운 건물주가 기존의 임대차 관계를 승계하였다면 표면적으로 아무런 하자가 없는 거거든요.

### ② 바닥권리2(세입자의 권리금 보상 요구)

Q. 권리금이 부담되어 차라리 대출을 받아 상가건물을 매입해버렸어요. 그런데 세입자가 승계받은 임차기간 내에 다른 사람에게 명도하겠으니 임차권을 승계해달라고 했습니다. 그래서 제가 직접 사용하겠다고 했더니 바닥권리금을 달라고 하네요. 어떻게 해야 하는 겁니까?

A. 세입자의 요구는 정당하지 않습니다. 가장 좋은 방법은 정해진 임차 기간 동안 임차를 유지하도록 권유하거나 잔여 기간만 승계하도록 하는 거죠. 이때 제3의 임차인에게 잔여기간만을 승계하는 것임을 명확히 못박아야 합니다. 또 건물주는 임대차 기간 만료일 최소 2개월 전에 내용증명서를 보내 세입자에게 명도 통보를 하고 명도 조치 또는 명도 소송 등을 통해 실질적인 점포의 사용수익권한을 확보하면 됩니다.

### ③ 시설권리(건물주가 권리금을 가로챘을 때)

Q. 호프점을 운영했는데 건물주가 자기가 점포를 쓰겠다면서 명도를 요구했습니다. 그래서 점포의 원상 복구 비용을 주는 대신 영업시설을 그대로 두고 나오게 됐죠. 그런데 건물주는 거기서 2개월 동안 영업을 한 뒤, 다른 임차인과 계약을 하면서 권리금을 받았다는데 너무 억울한 마음이 드네요. 제가 보상받을 수 있는 길이 있을까요?

A. 건물주가 가로챈 시설권리금의 반환을 요구할 수 있습니다. 소송을 통해서 받아낸 실제 판례도 있습니다. 임차인은 건물주에 대해 절대적인 약자잖아요. 그러다 보니 임차인들의 이런 약점을 이용하여 마땅히 임차인이 가져야 할 이익을 가로채는 경우가 있습니다.

### ④ 영업권리

Q. 권리금을 받은 약국 주인이 100미터 정도 떨어진 거리에 있는

신축 건물에 입점하여 약국을 개업했어요. 이전 고객들이 다 그리로 갈 건 뻔한데 권리금을 받고 그런 짓을 해도 돼나요? 너무 회가 나네요.

A. 약국을 매수하면서 영업 권리를 받았다면 매도한 사람은 해당 상권의 권역 내 다른 점포에서 동일한 아이템으로 영업해서는 안 되는 게 상법입니다. 이때는 매도한 사람의 가족이나 가까운 친지의 이름으로 개업하는 것까지 포함됩니다. 굳이 영업을 계속 하겠다면 기존에 준 권리금을 보상해달라고 청구할 수 있겠네요.

## ⑤ 기타권리(전매권)

Q. 편의점을 새로 오픈하려고 합니다. 그런데 거리 제한 등의 이유로 담배권을 신규 취급할 수 없다고 해요. 저보다 먼저 담배를 팔고 있는 비디오대여점에서 담배권을 인수할 수 있을까요?

A. 현실적으로 전매권을 사고파는 것은 금지되어 있습니다. 그러나 편의점의 경우 담배를 취급하는지의 여부가 전체 매출에 큰 영향을 미치므로 전매권을 사는 것이 유리하겠죠. 기존에 권한을 부여받은 사람과 권리금에 대한 협의를 하고 절차를 밟아 인수할 수 있습니다.

최근 개정된 상가임대차보호법은 상가의 임차인들 사이에서 발생하는 권리금도 규정하고 있다. 역시 상가 세입자를 위한 최소한의 권리금 보호일 뿐이기는 하지만 말이다.

그럼 상가임대차보호법에 규정된 권리금에 관해 살펴보도록 하자. 상가임대차보호법이 2015년 5월 13일에 개정되면서 권리금에 관한 규정이 새롭게 추가되었다.

상가임대차보호법에 규정된 권리금이란 상가건물에서 영업을 하는 자가 보증금과 차임 이외에 건물 위치에 따른 영업상의 이익, 영업 노하우 등의 유·무형의 재산적 가치를 뒤에 들어오는 임차인에게 양도하는 대가로 지급받는 금전을 의미한다. 상가임대차보호법이 2015년 5월 13일에 개정되기 이전에는 임대인이 소위 말하는 갑의 횡포를 부리면 임차인은 권리금을 회수하지 못하고 쫓겨나는 경우가 많았다. 하지만 2015년 5월 13일에 개정된 상가임대차보호법에서는 임대인이 임차인의 권리금 회수를 방해해서는 안 된다는 의무를 부과했다. 그 구체적인 예를 다음과 같이 규정해놓았다.

① 임대인의 신규 임차인에 대한 권리금 수수행위
② 종전 임차인의 신규 임차인에 대한 권리금지급 방해행위
③ 주변의 시세에 비교하여 지나치게 높은 권리금의 요구행위
④ 정당한 이유 없이 신규 임차인과의 계약을 거절하는 행위
위 ④의 임대인이 계약의 거절이 가능한 정당한 이유는 다음과 같다.
a. 신규 임차인이 차임 지급능력이 없다고 판단되는 경우
b. 임대차계약상 의무위반의 우려가 있는 경우
c. 목적물(임차대상 건물)을 1년 6개월 이상 비영리 목적으로 사용할 예정인 경우
d. 임대인이 선택한 신규 임차인이 기존 임차인에게 이미 권리금

을 지급한 경우

만약 임대인이 임차인의 권리금 회수를 방해해서는 안 된다는 의무를 지키지 않는다면 임차인은 임대인을 상대로 손해배상청구를 하여 권리금을 회수할 수 있다.

그렇다면 권리금은 어느 정도가 적절할까? 이에 대해 국토부장관이 고시하는 권리금평가기준을 참고하면 대략의 기준을 알 수 있다.

## Check-Point

권리금이란 임차권을 양도하는 대가로 주고받는 금전이다. 영업이 잘되는 곳에 아무래도 권리금이 많이 붙는 것이 상식이다. 누구나 들어갈 때는 최소금액으로, 나갈 때는 최대한 받고 싶은 것이 인지상정이다. 법의 테두리 안에서 권리금을 지키고 보호하려면 관련 내용을 공부해야 한다.

# 12

# 양성화될 만한 위반건축물은
# 매입을 고려하라

최근 원룸주택을 매입하여 주택임대사업을 시작한 서울 방배동의 김영배(50세) 씨는 매수 당시 건축물대장을 확인하지 못하여 위반건축물인 줄도 몰랐다가 어려움에 직면했다. 해당구청에서 위반건축된 옥상부분과 확장하여 방으로 사용 중인 4층을 원상복구하라고 한다. 이에 김 씨는 임대수익과 상관 있고 현재 세 들어 있는 세입자와 계약관계도 있고 해서 그냥 방치해버렸더니 이행강제금이라는 고지서가 날아와 심장이 벌렁거린다. 이행강제금은 언제까지 납부해야 할까? 어떤 사람들은 조금만 버티면 위반건축물이 양성화된다고도 하는데 도통 모르겠다고 하소연이다.

불법건축물이란 무엇일까? 일반건축물대장을 발급하면 위반건축물이 있는 건물은 상단 오른쪽에 노란색 바탕으로 '위반건축물'이라

는 표시가 되어 있다. 그 표시는 확연하게 눈에 띈다. 위반건축물은 당초 준공검사를 받을 때는 건축법에 정한 대로 시공해놓았다가 준공검사 후에 불법적으로 추가로 시설을 설치한 것이 대부분이다.

건축법에 위배된 건축을 하는 이유가 무엇일까? 가장 간단한 예를 들자면 보일러 장치를 건물 외부에 설치했는데 겨울에 동파될 위험이 있어서 판넬로 막고 사용하다가 그것이 위반건축물로 지정되는 경우가 있다.

위의 사진에서 ①번은 보통 빌라라고 하는 다세대건물에 베란다를 불법 증축한 모습이다. ②번은 옥상 대부분을 불법적으로 시공한 경우다. ①번과 ②번은 이웃의 일조권을 확보하기 위하여 남겨두어야 하는 공간에 건축을 한 것이다. ③번, ④번 사진은 보통 옥상에 물탱크가 설치되었던 공간인데 근래에 와서는 물탱크를 사용할 필요가 없어지자 그 공간을 주택으로 무단 변경하여 사용하다가 위반건축물로 등재된 경우다.

만약 건축물에 위반 사항은 항공 촬영을 통해서든 시청, 구청직원들의 단속을 통해서든 혹은 이웃 주민들의 민원에 의한 신고를 통해서든 다양한 형식으로 적발된다. 그러면 '이행강제금'이라는 일종의 과태료를 납부해야 한다. 또한 건축물대장에 '위반건축물'이라고 명시되어 재산권을 행사하는 데에도 제한을 받게 된다. 만약 임차인이 전세를 들기 위해서 공적 자금을 대출받으려고 하는 경우 대상 주택이 위반건축물에 해당되면 대출 승인이 거부된다.

수익형 부동산을 계약하려고 하는데 그 건물이 위반건축물이면 어떻게 해야 하는가? 무조건 계약을 하지 않는 것이 답일까? 위반건축물 양성화라는 것을 유용하게 사용할 수 있다. 위법건축물 양성화라는 제도를 이용하면 도리어 건물의 면적이 늘어나 임차료도 높아지고 양도시세차익도 높아지는 재산상의 혜택을 볼 수 있다.

위반건축물에 대한 양성화제도에 대해 알아보자.

① 주택으로 사용된 건물만 해당한다. 보통, 근린생활시설를 위법으로 증축할 경우는 적용되지 않는다. 상가건물도 건물 전체 면적에서 주택으로 사용하는 부분이 50%가 넘으면 주택건물로 인정되어 위반건축물 양성화가 가능하다. 상가주택에서 주거 면적이 50%가 안 되면 신청할 수 없다.

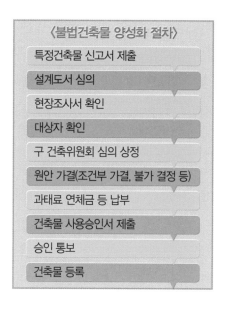

② 전체 면적이 기준 크기보다 넓으면 해당이 안 된다. 2012년 12월 31일 기준으로 면적기준으로 세대당 전용면적 85㎡(약 25평) 이하의 다세대주택, 연면적 165㎡(약 50평) 이하의 단독주택, 연면적 330㎡(약 100평) 이하의 다가구주택이어야 하고 규모 산정할 때 위반 부분의 면적도 포함해야 된다. 이 경우 이행강제금은 1년에 1번씩 5년 동안 다섯 차례 부과된다.

법 규정 내에 해당되는 건축물의 규모

1. 세대당 전용면적 85m$^2$(약 25평) 이하인 다세대 주택
2. 연면적이 165m$^2$(약 50평) 이하인 단독주택
3. 연면적 330m$^2$(약 100평) 이하인 다가구주택 등 서민주택

③ 양성화가 꼭 이루어진다는 보장은 없고, 많은 시간을 기다려야 한다. 위반건축물 양성화는 경험상 10년 단위로 이루어지고 있다. 그러나 기간이 규정돼 있는 것이 아니라 행정관청에서 임의로 양성화 기간을 주고 시행한다. 최근에는 12년 만에 위반건축물 양성화가 이루어졌다.

④ 양성화를 기대하고 구입했다가 철거명령 등이 나올 수 있다. 이 경우가 최악의 시나리오에 해당된다. 특별한 경우를 제외하고는 보통 이 정도까지는 되는 경우를 거의 본 적이 없다.

이행강제금이 얼마나 나올지 계산하는 방법
이행 강제금 = 해당면적×시가표준액×50% (시가표준액은 시군구청 세무부서에서 관할)

위반건축물 양성화과정
위반건축물은 위반건축물 양성화를 위한 특별조치법에 의하여 양성화할 수 있는데 완공된 위법건축물에 한해 건축주 또는 소유자가 설계도서와 현장조사서를 첨부하여 관할 지자체장에게 신고하면 신고된 날로부터 30일 이내에 건축위원회의 심의를 거쳐 사용승인서를 발급하도록 명시되어 있다.

이렇듯 건축물에 위반사항이 있다고 해서 무조건 평가절하해서는 안 된다. 양성화 대상 건축물에 포함되는지, 양성화 시점은 되었는지를 분석하고 긍정적인 자세를 가질 필요가 있다. 양성화만 될 수 있다면 위반건축물의 매입도 적극 검토할 만하다.

건축물대장에 위반건축물이라고 등재되었더라도 양성화될 경우 이행강제금보다 더 큰 이익이 있다면 본인이 선택하기 나름이다.

**Check-Point**

위반건축물! 매년 이행강제금이 부과된다. 하지만 합법적으로 위반건축물 양성화라는 제도를 이용하면 도리어 건물의 면적이 늘어나 임차료도 높아지고 양도시세차익도 높아지는 재산상의 혜택을 볼 수 있다.

원룸, 고시원, 주차장 용지, 게스트하우스, 꼬마빌딩,
도시형 생활주택, 오피스텔, 수익형 호텔 등
수익형 부동산에도 틈새가 있다.

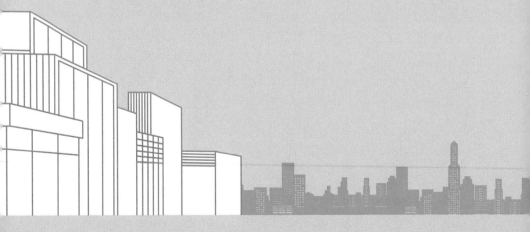

PART 04

# 투자의 지형도를
# 넓혀라

# 01

# 고수익 틈새상품으로 주목받는
# 고급 초소형 원룸

　부산에 거주하는 김선길(52세) 씨의 아들인 김준수(20세) 씨는 군대 가기 전 1년 동안 알바를 하면서 사회 경험을 체험하고 용돈도 벌어볼 생각으로 무조건 상경했다. 그런데 친구들과 함께 지내는 것은 아무래도 친구들에게 부담을 주는 것 같아 따로 거주할 수 있는 방을 알아보기로 했다. 그런데 아직 사회 초년생이라 보유하고 있는 목돈이 없어 임대보증금은 없는 무보증월세 원룸을 찾았다. 아무래도 숙식까지 해결할 수 있는 것을 찾는 도중 압구정동의 코쿤하우스 고시원을 구했다. 무보증에 월 50만 원 하는 고시텔이다. 비록 방은 비좁지만 나만의 독립공간 속에서 편하게 생활할 수 있다는 점이 가장 마음에 끌렸다. 쾌적한 환경에 식사까지 제공되고 인터넷, TV 등도 쉽게 활용할 수 있어 좋다. 또한 도심 한복판이어서 생활편의 시설을 이용하기가 편리한 점도 빼놓을 수 없다고 한다.

한 평 남짓한 좁고 어두운 공간, 한 몸 누이기에도 벅찬 곳, 학생들이 시험준비를 위해서 저렴한 방을 임대해서 사용하는 임시적인 숙소가 고시원이었다. 저렴하고 누추한 방의 대명사처럼 떠오르던 고시원이 요즘 변신하고 있다.

혼자 살기에 불편함이 없는 고급 고시원들이 속속 생겨 월세 난민의 새로운 주거 대안으로 떠오르고 있다. 이들은 침대와 욕실, 책상에 작은 냉장고까지 갖춘 소위 풀-옵션 고시원들이다. 복도와 현관 등 구석구석에 CCTV가 설치돼 있고, 함께 쓰는 주방에서 언제든지 식사할 수 있게 밥과 라면이 제공된다. 화재를 방지하는 스프링클러 시스템이 들어가 있고, 벽마다 경량벽돌을 사용해서 방 사이의 소음을 줄였다. 고시원 생활이 웬만한 원룸 수준 이상인 곳도 많다. 예전의 고시원은 완전히 외면당할 운명에 처했다. 새로운 유형의 고급 고시원에서 살려면 월세가 조금 비싸기는 하지만, 목돈이 들지 않아 새내기 직장인들이 많이 찾는다. 주로 지하철 역 근처에 있어서 교통이 편리하다는 것도 직장인들이 고시원을 찾는 이유다. 저금리와 맞물려 고시원에 대한 투자 수요도 늘면서 꾸준히 새로운 고시원들이 문을 열고 있다. 전·월세 대란의 틈새에서 고급 고시원이 일종의 주거 대안이 되고 있는 형편이다.

이처럼 주거대안으로 떠오른 초소형 원룸인 고시원이 수익형 부동산으로서의 가치는 어느 정도인지 생각해볼 필요가 있다. 이미 고시원은 수익형 부동산으로 주목받는 틈새 부동산이 되었다. 최고급 옵션을 기본으로 입지 여건이 좋은 지역이 인기가 아주 높다. 고시원을 사업 아이템으로 삼고 임대업을 하는 투자자들도 많이 생겼다.

고시원이 수익형 부동산으로 주목받는 이유는 고수익을 실현해주기 때문이다. 부동산 투자 패턴이 '시세차익'에서 '임대수익' 위주로 바뀌면서 고시원도 수익형 부동산으로 자리매김하고 있다. 금리가 낮은 요즘 은행예금 대신 투자할 수 있는 상품으로 "고시원을 사도 괜찮을까요?"라고 문의하는 사람들이 늘어나고 있다.

고시원은 지난 2000년대 말 공급과잉으로 수익률이 크게 떨어지기도 했다. 그러나 적은 돈을 투자하여 월세 수입을 적잖게 얻을 수 있다는 점 때문에 여전히 식지 않은 인기를 누리고 있다. 고시원과 같은 초소형 원룸 주거 상품은 연 15% 수준의 수익률을 얻을 수 있다. 입지에 따라서는 20%를 넘는 수익률도 가능하다. 고시원의 최대 장점은 면적당 월세 수익이 다른 어떤 임대 주택보다 높다는 점이다.

고시원이란 말 그대로 고시생이 거주하는 것처럼 한 명이 거주할

수 있는 주거용 상품이다. '주거 상품'이라고 불리는 이유는 고시원은 주택이 아니기 때문이다. 고시원은 다중이용시설로 분류된다. 따라서 2주택 이상 보유자에게 부담되는 중과세와 같은 것이 없다.

이제 부동산 시대가 저물고 있다고들 한다. 인구구조와 소득대비 집값 수준, 가계 부채비율 등을 고려할 때 중장기적으로 집값이 하락할 것이라고 예상한다.

부동산시장은 다음과 같이 변화될 것으로 전망된다.
① 고가 → 중저가
② 대형주택 → 소형 · 임대주택
③ 지방 · 도시외곽 → 도심 집중
④ 주택 → 수익성 임대부동산
⑤ 투기 → 실수요 · 교체수요 형태로 다변화

그렇다면 투자자들은 서둘러 대형 주택에서 소형 주택으로 갈아타고, 오피스나 상가 등 수익성이 있는 임대 부동산을 알아보는 게 좋을 것이다. 이에 대해선 다양한 방법론이 나온다. 거시적으로 부동산 가격이 하락하더라도 하락 속도와 투자 시기, 틈새시장 공략에 따라 돈을 벌 수도 있고 또 잃을 수도 있기 때문이다. 우선 하락 속도. 전문가들은 인구감소의 영향으로 당장 집값이 붕괴된다는 주장은 과장되었다고 지적한다. 그렇다면 앞으로 남은 시간에 어떤 부동산 상품을 눈여겨봐야 할까? 자본 차익보다 현금 흐름을 먼저 살펴야 한다. 즉, 수익성이 보장되는 부동산에 눈을 돌려야 한다는 뜻이다. 전문가들이 1순위로 꼽는 수익성 부동산은 역세권, 도심권, 업무 중심지구, 대학 인근의 임대주택사업이다. 소형 아파트, 원룸, 고시원 등의 소형 임대주택이 대표적으로 꼽힌다.

급격한 인구감소에도 불구하고 독신가구와 1~2인 가구 증가로 가구 수는 꾸준히 늘어날 것이다. 통계청의 보고에 따르면 2018년에 독신 및 1~2인 가구는 총 가구의 38%에 이를 것으로 예상된다. 소득 양극화가 심해지면서 현재 약 20%에 해당하는 저소득층이 더 늘어날 것이고 그들을 위한 소형 아파트나 원룸 등 소형 임대주택 등에 대한 수요도 늘어날 것이다. 이처럼 소형 임대주택시장은 향후 인구구조와 저금리 기조와 맞물리면서 최고의 임대 수익형 부동산시장으로 꾸준히 사랑받을 것이다. 고시원도 예외가 아닐 것이다. 그것이 고시원을 주목하는 이유다.

**Check-Point**

최근 1인 가구가 부쩍 늘면서 혼자만의 주거공간이 절대적으로 늘어나게 되었다. 수익형 부동산의 틈새물건이라고 할 수 있는 고시원의 최대 장점은 면적당 월세 수익이 다른 어떤 임대 주택보다 높다는 점이다.

# 02

# 1인가구 시대를 대비한
# 원룸빌딩 투자원칙

경기도 안산에 거주하는 김정성(52세) 씨는 학원강사다. 워낙에 바빠서 돈을 쓸 시간도 없는 사람이다. 강사 하면서 모아둔 종자돈 10억원을 가지고 수익형 부동산을 매수하겠다고 여기저기 답사를 많이 다녔다. 그런데 수익률 면에서 원룸빌딩만 한 것이 없다는 것을 깨달았다. 역세권에 대학가 정도에다 건물 상태만 양호하면 서울지역에서 기대하는 임대수익률 6% 이상은 무난할 것으로 분석되었다. 그래서 이러한 물건을 매수하고자 최종적으로 답사를 다니고 있다. 원룸빌딩은 원룸으로 이루어져 비교적 관리가 쉽고 대부분 주거용으로 사용 중이기에 임대료가 연체될 가능성도 극히 드물다. 이러한 점이 김 씨를 원룸빌딩으로 마음을 움직이게 한 요인이다.

건물 전체가 취사시설과 화장실을 갖춘 원룸으로 구성된 빌딩을 원룸빌딩이라 부른다. 원룸은 관리하기가 번거롭다는 이유로 투자를 기피하는 경향도 있었다. 그러나 최근에는 체계적인 관리회사가 많이 생겨서 관리회사를 통해 임대 관리를 받을 수 있다.

1인 가구가 급격히 증가하면서 원룸형 소형 주택에 대한 수요가 커지고 있다. 저금리 기조에 마땅한 투자처를 찾지 못한 투자자들이 임대수익률이 비교적 높은 원룸빌딩을 찾는 경우가 많다.

통계청 자료에 따르면 2015년 국내 1인 가구는 약 500만 가구로 전체 가구의 약 27%나 된다. 2000년(226만 가구) 이후 15년 만에 두 배 이상으로 늘어난 것이다. 독신·이혼·만혼 인구가 증가하고 있고, 고령화 시대에 홀몸 노인도 급증하고 있다. 앞으로 1인가구는 더욱 많아질 것으로 보인다. 1인 가구의 주택으로 적합한 원룸은 앞으로 상당 기간 '틈새시장 상품'으로 각광받을 것이다.

하지만 섣부른 투자는 금물이다. 서울 도심 역세권 원룸빌딩을 사려면 최소 20억 원이 든다. 투자 규모가 결코 작지 않다. 원룸빌딩에 투자하기 전 반드시 고려해야 할 몇 가지 사항을 살펴보자.

첫째, 최근 공급량 추이를 살펴봐야 한다. 수익률이 아무리 좋은 원룸빌딩이라도 과잉 공급에는 장사가 없다. 주변에 새로운 원룸빌딩이 들어서고 있는지, 경쟁상품인 오피스텔이나 도시형 생활주택, 소형 아파트 등이 얼마나 있는지 꼼꼼히 확인해야 한다.

둘째, 배후수요의 규모를 봐야 한다. 대학가와 고시학원가 일대의 원룸빌딩은 비교적 안정적인 임대수익을 낸다. 지하철 2호선 선릉·삼성역 주변처럼 업무 시설이 밀집해 있거나 대형 공단, 쇼핑몰이 가까운 곳도 추천할 만하다. 초대형 복합업무시설이 들어설 잠실,

상암, 용산 등도 잠재적인 유망 투자처다.

셋째, 지하철·버스 등 대중교통수단이 가까워야 한다. 사회초년생 등 20, 30대 원룸 임차인들은 교통 여건을 가장 먼저 따지기 때문이다. 지하철역까지 5분 이내에 걸어갈 수 있는 입지를 권한다.

넷째, 적정한 매입가격을 계산할 때는 미래에 받을 임대수익을 우선적으로 고려해야 한다. 앞으로 예상되는 수익을 현재 가치로 환산해 적정가격을 추정하는 방식을 '수익환원법'이라고 한다. 일반적으로 투자자들이 원하는 원룸빌딩의 기대수익률은 상가빌딩보다 1~2% 높다.

다섯째, 불법적으로 용도변경된 상품인지 살펴야 한다. 최근 기존 근린생활시설이나 업무시설을 원룸주택으로 용도변경을 해서 매각하는 사례가 늘고 있다. 지방자치단체에 적발될 경우 이행강제금 납부 등의 불이익을 당한다. 이행강제금은 용도를 원상 복구할 때까지 적게는 수백만 원에서 많게는 수천만 원까지 매년 2회 부과된다. '배보다 배꼽이 큰' 투자를 하지 않도록 주의해야 한다.

**Check-Point**

홀로족인 1인 세대가 급속도로 늘어나고 있다. 새 트랜드에 맞는 상품인 원룸빌딩을 매수해서 임대사업을 시작한다면 그리 큰 위험요소 없이 안정적인 임대수익을 얻을 수 있을 것이다.

# 03

# 고시원 창업의 성패는 입지 선정과 효과적인 리모델링에 달렸다

은행지점장으로 근무하다 지난해 퇴직한 이진모(58세) 씨는 경매 컨설팅 업체의 도움을 받아 서울 성북구 동선동 성신여대 가까운 곳에 있는 상가 3층과 4층을 6억7,000만 원에 낙찰받았다. 경매자금 중 5억 원은 대출로 해결했다. 그는 연면적 495㎡(약 150평)을 고시원 30실(월세 45만 원)로 개조했는데, 공사비로 2억8,000만 원이 투입되었다고 한다. 지금은 매달 들어가는 운영비(350만 원)와 이자(250만 원) 등을 빼고도 매달 600만 원 이상의 수익을 올리고 있다. 퇴직 후에 어떻게 먹고살 것인가를 고민했던 이진모 씨, 이제 투자대비 임대수익률 15% 정도를 올리고 있으니 이것으로 노후생활 문제는 해결된 셈이다.

고시원 창업에 관심을 갖고 있는 사람들이 늘어나고 있다. 2009년

7월, 건축법시행령 개정으로 고시원에도 개별 화장실, 세면장, 샤워실 설치가 합법화되었다. 그 이후부터 고시원이 고시텔, 원룸텔이라는 이름을 붙이고 시설과 인테리어를 고급화하자 이에 대한 수요도 높아지고 있다. 1인 가구가 증가하면서 고시원에서 생활을 하는 직장인이나 학생들이 많아지자 고시원 창업에도 붐이 일어나고 있는 것이다.

고시원 창업에서 우선적으로 고려해야 할 사항이 바로 고시원의 입지 선정이다.

고시원 입지도 첫째가 역세권이다. 지하철역이나 버스역, 마을버스역에서 내려서 5~10분 이내의 거리가 좋다. 고시원을 이용하는 주 고객이 학생이기 때문이다. 대중교통에서 10분 이상 떨어진 곳이라면 선호도가 확 떨어진다.

둘째, 대형마트나 생활편의시설에 가까운 곳이 좋다. 고시원을 이용하는 학생층은 유흥가나 오락시설이 있는 곳보다는 생필품을 편리하게 구입할 수 있고, 가까이 있는 극장이나 공원에서 여가를 즐길 수 있는 곳을 선호한다.

셋째, 대학가와 학원가, 오피스텔이 모여 있는 곳이 좋다. 고시원 입실자 중에 대학생이나 직장인들의 비율이 점차 늘고 있는데 이러한 입실자들은 학교, 학원, 직장까지 걸어갈 수 있는 곳을 선택한다.

고시원 창업은 다른 창업에 비해서 많은 정보를 쉽게 얻을 수 있고, 특별한 기술이 필요하지 않기 때문에 초보 창업자들도 쉽게 뛰어들 수 있다. 상가를 고시원으로 리모델링하여 고수익을 창출한 지인이 있다.

　서울 송파구 잠실동에 거주하는 박상혁(45세) 씨는 서울 영등포역 근처에 있는 상가 3개 층(3~5층)을 고시원으로 리모델링하는 조건으로 장기 임차했다. 박 씨는 2억6,400만 원의 돈을 들여 방 40실을 만들었고 현재 고시원을 운영하여 높은 수익을 올리고 있다. 보증금(4,000만 원)과 월세(400만 원), 운영비(350만 원), 인건비(190만 원) 등을 제외하고도 매달 500만 원 정도의 수익을 올리고 있다. 연간 임대수익률이 20%에 가깝다. 박 씨는 "친목모임에서 만난 지인이 서울지하철 4호선 숙대입구역에 고시원을 하고 있었는데 그에게서 사업성, 운영현황, 관리방법을 자연스럽게 알게 되어 고시원 임대사업을 시작하게 됐다"고 말했다. 부동산 재테크가 시세차익 위주에서 임대수익 중심으로 바뀌면서 기존 상가의 일부 층을 고시원으로 개조해 임대사업을 하는 사례가 늘고 있다. 박상혁 씨처럼 상가를 장기 임차해서 고시원으로 리모델링한 후에 다시 임대하는 전대(임차 후 다시 임대)로 상당한 수익을 거두기도 하고, 이진모 씨처럼 애초부터 건물의 일부를 경매로 싼 값에 낙찰받은 후 개조해서 고시원으로 만들기도 한다.

　현행법상, 상가를 준주택인 고시원으로 개조하는 것이 가능하다. 상가와 고시원은 건축법의 적용을 받기 때문이다. 2009년 국토해양부가 상가 등 기존 건축물을 도시형 생활주택으로 용도를 바꿀 수 있게 규제를 완화했다. 그러나 상가에는 건축법이 적용되고, 도시형 생활주택이나 원룸은 주택법이 적용되기 때문에 상가를 도시형 생활주택이나 원룸으로 신축하거나 개조하는 것은 현실적으로 어렵다.

법규가 다르고 주차장 요건 등이 까다롭기 때문이다.

박상혁 씨와 이진모 씨의 공통점은 상가건물 소유주가 한 명인 일반 건축물보다는 층별 또는 사무실별로 소유주가 다른 집합건축물을 대상으로 리모델링했다는 점이다. 상가를 통째로 사려면 자금 부담이 만만치 않고, 상가 전체를 고시원으로 모두 개조한다면 공실에 대한 위험이 높아진다. 상혁 씨와 진모 씨도 2~3개 층을 임차하거나 낙찰 받아 고시원으로 개조해 위험 부담을 줄인 것이다.

고시원에 투자할 때는 적어도 수억 원의 자금이 투입된다. 그만큼 빈틈 없이 계산해봐야 한다. 고정비용 지출을 감당하려면 연면적이 최소 330㎡(약 100평)는 돼야 한다. 시공 하자를 예방하기 위해서 공사경험이 풍부한 업체를 선정한다. 다중이용시설에 포함된 고시원은 준주택에 속하기 때문에 관할 소방서로부터 소방완비증명서를 발급받아야 영업을 할 수 있다는 점을 염두에 두어야 한다. 앞의 사례처럼 고시원으로 개조해서 창업하는 투자나 임대차를 통해 사업을 시작하는 투자 역시 중요한 것은 입지선정이다. 역세권이나 대학가 등 인구밀도가 높은 지역은 고시원 임대수요가 풍부하다. 이런 어장에 그물을 쳐야 한다.

**Check-Point**

고시원 창업전략 중 제일 중요한 요소는 입지 선택이다. 어느 입지에 위치하느냐에 성공의 열쇠가 있다. 고시원 창업 주요 포인트는 룸 개수, 역세권, 학원가 등 배후수요가 많은 지역 선정이다.

# 04
# 틈새상품 중 틈새상품, 주차장 용지

충북 음성이 주거지인 양민재(46세) 씨는 요즘 세종시 주차장 용지를 분양받을까 말까 고민에 빠져 있다. 아무래도 생소한 분야이기도 하고 투자해본 적이 한 번도 없기 때문이다. 그런데 주변에서 잘만 고르면 수익이 장난이 아니라는 말에 귀가 솔깃하기도 하다. 주차장 용지는 주차를 위한 공간을 확보하는 것에 불과한 것이 아닐까 생각했는데 주차장 용지 위에 상가까지 올릴 수 있다는 이야기를 들은 순간 적극적으로 검토해보기로 마음먹었다.

집 없이는 살아도 차 없이는 못 사는 시대다. 우리나라 누적 자동차 등록대수는 2015년 12월말 기준 2,011만7,955대를 돌파했다. 2013년에 비해 3.7%인 71만7,000대가 늘어나 한 가구당 1~2대의 자가 차량을 가지고 있다. 차가 많아질수록 주차장을 확보한 상가들이 인기를 얻고 있다. 주차하기 쉬우면 상가의 매출이 늘어나고 늘어난 매출은 상가투자의 수익률로 이어진다.

부동산시장 트렌드가 시세차익에서 임대수익으로 전환되면서 주차장 용지에 투자하는 자산가들이 부쩍 늘고 있다. 주차장이 오피스텔, 도시형 생활주택보다 안정성과 수익성이 높은 수익형 부동산의 틈새상품이란 것을 간파한 것이다. 시중 유동자금이 오피스텔 등 일부 수익형 상품에 쏠려 임대수익률이 떨어지고 있는 실정이다. 수익성과 안정성이 높은 상품을 찾으려고 한다면 주차장 용지를 추천한다. 대중교통과 편의시설이 잘 갖추어진 곳에 위치한 근린생활시설이 포함된 주차장 용지는 연간 수익률이 7% 정도 된다.

20억 원에서 30억 원이나 되는 돈을 들여 오피스텔을 여러 채 매입해도 관리가 힘들고 임대수익률도 예상하기 어렵다. 그래서 상가까지 지을 수 있는 주차장 용지가 수익형 부동산의 대안으로 떠오르고 있다. 주차장 용지는 상가에 비해 낮은 가격에 분양받을 수 있어서 결과적으로 투자대비 수익성이 높다.

주차장 용지는 말 그대로 주차장을 지을 수 있는 땅을 말하는데, 중요한 점은 주차장과 겸하여 연면적의 30%까지 상가(근린생활시설)나 오피스텔을 들일 수도 있다는 것이다. 그러나 택지개발지구 주차장 용지인 경우에는 근린생활시설이 들어설 수 없는 경우도 있으니 조심해야 한다. 주차장 용지에 지을 수 있는 건축물은 면적이나 용도가 제한되기 때문에 건축규제사항 등을 자세히 알아보고 청약에 나서야 한다.

주차장 용지에 적합한 입지는 우선 타지역보다는 서울을 중심으로 잡아야 한다. 그중에서도 대중교통과 상권이 가깝고, 유동인구가 많은 곳으로 접근해야 한다. 접근성이 떨어지면 임대수요를 확보하는 데 애를 먹을 수 있다. 상가는 넉넉한 주차공간이 확보되느냐 아니냐에 따라 입점한 점포의 매출이 달라진다. 그래서 상가 분양업체들은 필사적으로 주차장을 확보하려고 한다.

대도시의 도심은 지하철, 버스 등 교통 인프라가 발달해서 주차의 중요성이 덜하다. 하지만 신도시나 택지지구, 혁신기업도시 안에 새롭게 조성되는 상권에서 주차장은 더 중요해진다. 아무래도 대중교통망이 촘촘하게 형성되려면 시간이 걸리기 때문이다. 상가분양업체들은 애초에 주차장 용지를 매입해 주차장 전용상가를 지어 분양하려고 한다. 그렇지 못한 경우에는 적어도 법정 주차 대수보다 주차장을 더 많이 확보하거나 인근에 별도로 주차 공간을 확보해 경쟁력 높은 상가를 만들어 분양하고자 한다.


경북 김천 혁신도시를 비롯해 신도시, 세종시, 택지개발지구 등 어느 곳이든 주차장 부지를 분양한다. 일반투자자는 점포 택지, 상가 택지, 근린 택지는 익숙한데 주차장 부지에 대한 투자는 생소한 탓에 어렵다고 생각하고, 주차장으로만 활용해야 한다는 선입견 때문에 분양받기를 꺼려 한다. 경북 김천 혁신도시 내의 주차장 부지도 택지 분양을 시작한 지 무려 2년이 지난 지금에야 투자자들이 분양을 받기 시작했다. 2016년 현재 경북개발공사 분 1개, 한국토지주택공사 분 1개, 이렇게 2필지가 남았다고 한다. 그만큼 관심도가 떨어지다 보니 분양도 늦어진 것이다.

주차장 부지는 그 위치에 따라 중심상업지, 일반상업지, 준주거지, 1종 일반주거 주자장 부지가 있다. 해당 용도지역의 분류에 따라 근린시설로 이용할 수 있는 업종군도 그만큼 다양하다. 김천 혁신도시에 현재 남아 있는 주차장 부지는 LH 임대후분양 아파트 앞에 있으며 주차장 용지는 500평이고, 분양 가격은 평당 157만 원이다. 이 주차장 부지의 건폐율이 80%, 용적률이 4층 이하 320%이다.

부지 500평에 건폐율 80%는 400평이며,

근린생활시설을 4층으로 지을 경우,

400평×4층, 총 건물 연면적 1,600평이 된다.

어마어마한 건축 연면적을 확보할 수 있다.


법적으로는 가능하지만 실제 이렇게 지을 사람도 없고 현실적으로 비효율적이다. 즉 1종 주거지역을 근린생활시설로 사용하지 않고 저렇게 짓는다면 수입이 발생하지 않는 덩치만 큰 건물이 되는 것이다. 주차장 부지가 1종 일반주거지역이 아닌 준주거지역이나 상업지역이면 이런 고민도 할 필요가 없지만 말이다.

1종 일반주거지역 주차장 부지를 근린상가로 이용하면 부지 중의 70%를 의무적으로 주차장 부지로 사용하여야 한다. 주차장 부지를 70%로 정하면 500평에 350평을 주차장으로 하고 나머지 150평만 근린시설로 사용이 가능하다. 그렇지만 2, 3, 4층을 근린상가로 사용할 수 없다면 돈만 엄청 들어가고 만다.

1종이 아닌 다른 용도인 준주거지역 상업지역의 주차장 부지라면 고민할 이유가 없다. 물론 그러한 부지들은 분양가가 1종 일반주거지역보다 비싸다.

주차장 부지를 근린상가로 최대한 사용할 수 있는 효과적인 방법은 무엇일까? 바닥을 최대한 근린상가로 사용하고 부족한 70%의 주차장 면적을 건물 2, 3층으로 올려 주차장을 설치하면 아주 효율적이다. 1, 2, 3, 4층을 일반건물로 짓게 되면 건축비가 어마어마하게 들지만 1층을 짓고 2, 3층을 주차장으로 올리면 비용이 훨씬 줄어든다. 또 근린상가건물을 나누는 방법도 있다. 근린상가 1층에 두 개의 건물을 분리해서 짓되, 2층부터는 두 건물 간 통행이 가능하게 하거나 2층이나 3층 전체를 연결하여 주차장 부지로 활용해도 된다. 이 방법은 1종 일반주택지역 주차장 부지를 활용할 근린상가 면적을 최대로 늘리고 비용을 최소화하는 방법이다.

요즘같이 점포 겸용 택지와 근린상가택지의 프리미엄이 천정부지로 치솟는 마당에, 입지가 좋은데도 미분양물건이라는 이유로 프리미엄 한 푼 붙지 않는 한국토지주택공사(LH)의 주차장 부지는 알짜배기 중의 알짜배기다. 혁신도시 내 어떤 영업점 군에 자리를 잡느냐는 것도 아주 중요한 요소 중 하나다. 이는 수익과 직결되며 나아가 상권을 잡아나가는 중심이 될 수도 있기 때문이다.

경북 김천 혁신도시에서 가장 심각한 문제는 공영주차장이 부족하다는 것이다. 부족한 정도가 아니라 거의 없다. 현재 분양이 되었거나 분양 중인 주차장 부지는 공영주차장 부지가 아니다. 공영주차장 부지가 아닌 주차장 부지 소유자들이 근린상가를 짓고, 그 주차장을 주차장부지 내에 있는 근린상가만을 위한 주차장으로 사용하게 하면 인근 점포, 근린상가용지 소유자들은 주차장 사용에 어려움이 생길 것이고 자연히 비싼 사용료를 지불할 수밖에 없을 것이다.

주차시설이 확보되느냐 아니냐에 따라 상권의 활성화가 기로에 서게 된다. 소비자가 쇼핑하고 식사를 하러 친구들과 왔는데 밥 먹고 주차비 따로 내면 기분 좋겠는가. 상가 점포들은 어쩔 수 없이 주차장 부지 소유자와 연간 사용에 따른 계약을 할 수밖에 없다.

공영주차장이 없는 현재의 시점에서는 주차장 부지의 소유자들이 시장을 주도하게 될 것으로 보인다. 지구단위계획으로 학원, 은행, 병원, 도·소매(재래시장) 등을 유치하게 되면 주변의 주차장 부지들은 임차료와 세입자 유치 측면에서더 강력한 경쟁력을 가질 것이다. 학원, 은행, 병원, 도·소매업 등이 활성화되기 위한 첫째 조건이 주차장이기 때문이다. 이처럼 주차장 부지는 꼭 필수적으로 확보해야만 하는 것이니 향후 재테크 수단으로 주목받을 만한 항목이다.

## Check-Point

정말 주차장 용지도 돈이 될까? 답은 그 주차장 용지의 활용을 어떻게 하느냐에 달려 있다. 상가의 경우 넉넉한 주차 공간이 확보되느냐 아니냐에 따라 입점한 점포의 매출이 달라진다. 그래서 상가 분양업체들은 필사적으로 주차장을 확보하려고 한다.

# 05

# 진입비용이 적고 규제가 까다롭지 않은 게스트하우스를 주목하라

지난 2월 서진선(48세) 씨는 영종도에 위치한 대지 330㎡(약 100평), 연면적 80㎡(약 24평)인 방 네 개짜리 단독주택 한 채를 2억 원에 매입했다. 그리고 또 다른 한 채를 보증금 2,000만 원, 월세 100만 원에 임대계약을 했다. 그리고 그 집을 리모델링하는 데 3,000만 원을 지출했다. 방이 총 8개에 침대는 14개를 들여놨다. 1박에 1인당 4만 원을 받고 있으며 평균 예약률 60% 정도, 총 매출은 월 1,008만 원이다. 이 중 전기·수도·가스 요금과 유지·관리 비용으로 약 120만 원, 방 정리를 담당하는 직원 인건비로 150만 원, 빵과 토스트 등 아침식사 부식비로 100만 원, 임대주택 월세 100만 원이 운영비용으로 들어간다. 자신의 수익으로는 월 538만 원이 남는다. 다른 재테크 수단을 활용해 월 538만 원을 벌려면 연 수익률을 7%로 가정해도 실투자금 9억2,000만 원이 있어야 한다. 이에 비하면 게스트하우스의 수익률

은 상당히 높은 편이다.

서울 어디를 가도 외국인 관광객을 볼 수 있다. 이들을 다 호텔에 수용할 수도 없고, 이들이 모두 호텔에서 묵을 정도로 부유한 사람도 아닐 것이다. 게스트하우스는 국내 외국인 관광객이 급증하면서 생겨난 일종의 도시민박업이다. 외국인 여행객을 대상으로 하며, 건물 연면적이 230㎡(약 70평) 미만인 단독주택이나 연립·다세대주택, 아파트 등 주택에 주민이 거주 중이라면 누구나 구청에 신고하고 영업을 할 수 있다.

역시 입지가 중요하다. 어디에 내가 꿈꾸는 게스트하우스를 만들까? 이 사업을 시작하려는 사람들이 가장 고민하는 것 중 하나다. 게스트하우스는 지나가다 우연히 들러서 머무르는 곳이 아니라 예약을 한 후에 찾아오는 곳이다. 따라서 카페나 식당처럼 꼭 도로에 접해 있거나 유동인구가 많은 지역일 필요는 없다. 다만 타지에서 게스트하우스를 찾는 여행자들이 무거운 트렁크나 배낭을 들고 온다는 사실을 고려해야 한다.

대부분의 외국인 여행자들은 버스보다는 지하철을 선호한다. 지하철에는 영어 안내판이 있기 때문이다. 그래서 게스트하우스는 공항철도나 공항버스 정류장과의 거리도 중요하지만 지하철역과의 접근성 또한 중요하다. 게스트하우스의 입지 기준은 다음과 같다.

① 위치 선정은 지하철역을 기준으로 한다.
② 내가 스스로 이 도시를 처음 찾은 여행자가 되어 게스트하우스를 예약하는 상상을 해본다.
③ 지도를 보고 현장을 걸어보면서 느끼고 체험하고 분석한다.
④ 좋은 장소를 찾기 위하여 부동산중개업소를 활용한다.

게스트하우스를 오픈할 곳이 서울이라면 강남권보다 관광객이 많은 종로, 홍대입구, 이태원 등 볼거리가 많은 강북권을 선택하는 것이 좋다. 최근엔 홍대입구, 이태원 양쪽으로 이동이 편리한 서울 합정역·상수역 일대에도 게스트하우스가 많이 생기고 있다. 지역별로 놓고 보면 서울 게스트하우스의 3분의 1가량(220곳)이 마포구에 몰려 있다.

게스트하우스는 관광객이 관광지로 선호하는 지역 인근이나 공항으로 이동하기 쉬운 지역이 적합하다. 쇼핑 상권을 찾는 외국인을 위해서는 명동과 남대문 상권으로 접근성이 좋은 중구 회현동, 남산동, 필동 인근이 적합하다. 젊음의 거리를 찾고자 하는 외국인들에게는 합정동, 서교동, 연희동 등이 좋고, 대학로 접근성이 좋은 동숭동 등도 유망지역이다. 북촌 한옥마을 인근 인사동, 삼청동은 전통적으로 목 좋은 지역으로 인식돼 있어 안정적으로 사업을 운영할 수 있다. 최근에는 성형수술차 입국하는 외국인들이 늘고 있어 압구정 일대도 유망지역으로 떠오르고 있다. 인천공항과 가까운 영종도(중구 운서동, 운북동) 일대도 인기 지역으로 떠오르고 있다.

외국인 관광객은 꾸준히 밀려들고 그들을 위한 숙박시설은 턱없이 부족하다. 명동 쇼핑몰과 모텔이 외국인 관광객을 위한 비즈니스 호텔로 바뀌어가고 있다. 그러나 비즈니스 호텔은 일반인이 투자하기 부담스러운 금액이다. 그 대신 소액 자본만으로 일반인이 참여할 수 있는 숙박업이 바로 '게스트하우스'다. 특히 게스트하우스는 저렴한 숙박 시설이라 1~3인 단위 젊은 배낭여행객들이 많이 찾는다. 집주인과 함께 숙박하면서 한국 주거문화를 자연스럽게 체험할 수 있다는 것이 장점으로 꼽혀 외국인들 사이에 인기가 높다. 한국관광공사에 따르면 2010년 전체 외국인 관광객이 사용한 숙박시설 중에서 호텔 이용이 74.3%, 유스호스텔 또는 게스트하우스를 이용한 비중은 8.1%로 호텔에 이어 2위다. 호텔과 유스호스텔·게스트하우스의 이용 비율에 격차가 크지만 역으로 생각하면 게스트하우스의 성장 가능성이 크다고 할 수 있다.

게스트하우스는 도미토리형과 독립형으로 구분된다. 도미토리형은 덩크베드(dunk bed)와 싱글베드(single bed) 룸으로 구분되는데, 덩크베드는 싱글형 2층 침대를 뜻하고 싱글베드는 단층형 싱글베드를 의미한다. 독립형은 덩크베드가 들어가지 않는 방을 말하는데 트윈베드, 더블베드, 패밀리룸 등으로 구분한다. 기본적인 편의시설과 서비스로 인터넷, 국제전화 무료 사용, 아침식사 무료 제공, 휴대폰 렌탈 서비스, 주방, 세탁실, 휴게실, 여행정보 책자 등을 갖춰야 한다.

역세권이라면 약도를 보고 직접 찾아오게 하는 방법도 있지만 외진 곳에 있으면 픽업(pick-up) 서비스도 해야 한다. 집주인이 반드시 외국어에 능통할 필요는 없다. 일상생활에서 사용하는 문장이나 단어가 한정돼 있기 때문에 전문적인 통역까지 고용해야 할 필요는 없다. 꼭 필요할 때는 통역할 사람을 시간 단위로 채용하면 된다.

게스트하우스 사업은 아직 초기 단계이기 때문에 관련법이 미비하다. 투자자로서는 지금이 호기다. 까다롭지 않은 규제 덕분에 시장에 진입하는 비용이 적고 시장을 선점해 노하우를 축적할 수 있다. 건축법이나 주택법에는 게스트하우스 규정이 따로 없다.

법률상으로는 문화체육관광부가 관광진흥법 시행령과 시행규칙에 따라 '외국인관광 도시민박업'을 관광편의시설로 추가해서 2011년 12월 30일부터 시행에 들어갔다. 이에 따라서 도시 지역 연면적 230㎡(약 70평) 미만인 단독·공동주택(다가구·다세대·연립주택·아파트)에 거주하는 자가 외국인 관광객을 대상으로 한국 주거문화를 체험할 수 있도록 숙식과 기타 서비스를 제공하면 해당 시·군·구 또는 특별자치도에서 '외국인관광 도시민박업'으로 지정받을 수 있다. 해당 자치단체에서 관광편의시설업 지정 인가를 받을 때 비용은 들지 않으니 넉넉하게 4~5일 정도 시간을 두고 신청하면 된다. '외국인관광 도시민박업'으로 지정받고 내국인에게 숙박영업을 하면 처벌대상이 되니 조심해야 한다. 또 게스트하우스 사업을 할 수 있는 건물이 제한되어 있어서 상가건물이나 오피스텔을 이용해 게스트하우스를 공급하는 것은 불법이다. 이도 고려해야 할 사항이다.

## Check-Point

외국인 관광객은 꾸준히 밀려들고 그들을 위한 숙박시설은 턱없이 부족하다. 한류의 기세에 편승해 소액 자본만으로 일반인이 운영할 수 있고, 수익률도 높은 것이 바로 외국인대상 숙박업 '게스트하우스'다. 운영만 잘할 수 있다면 충분히 임대수익률이 높은 틈새수익형 부동산으로서의 가치가 아주 높을 것이다.

# 06
# 성공하는 게스트하우스의
# 운영 노하우

게스트하우스가 유망하다는 이야기를 들은 서울 서교동에 거주하는 박진동(45세) 씨는 법적 규제사항이나 운영노하우도 없이 잘된다는 게스트하우스를 임대받아서 사업을 진행했다. 처음 6개월은 은행 이자율보다 훨씬 높은 수익률이 나와 만족하고 있었는데, 수익률이 점점 떨어졌다. 급기야는 손해를 보게 되어 부랴부랴 전문가와 상담을 해보았다. 그 결과 운영 노하우가 없다 보니 게스트하우스 고객들에게 진정코 필요한 것을 제공해주지 못하고 있었다는 것을 알게 되었다. 게다가 법적 규제사항을 위반한 상태에서 영업하다가 인근 경쟁업체에서 구청에 신고하는 바람에 급기야 벌금까지 물게 되었다.

길을 걷다 보면 얼마 전 반짝반짝하게 리모델링을 하고 문을 연 가게들이 몇 달 만에 문을 닫는 모습을 종종 본다. 나름대로 야심차게 창업을 준비하고 개업했지만 제대로 시작도 못해보고 실패한 것이다. 모든 결과에는 원인이 있듯 창업 실패도 원인이 있다. 대부분 성공한 사례만을 보고 현실성 없는 장밋빛 꿈을 꾸었기 때문일 것이다. 성공을 원한다면 적어도 전문가에게 상담을 받아보기도 하고, 객관적 정보를 기반으로 꼼꼼하게 계획을 세워야 한다. 최근 한류열풍과 관광사업이 크게 성장하면서 게스트하우스 사업이 주목받고 있는데, 게스트하우스를 창업할 때도 이 원칙은 똑같이 적용된다.

게스트하우스를 운영하려면 외국인 손님을 상대해야 하는 만큼 언어장벽으로 인한 스트레스도 만만치 않다. 마케팅 능력, 외국어 구사 능력도 어느 정도 갖추어야 한다. 게스트하우스의 고객 중에는 젊은 층이 많아서 인터넷, 모바일을 통한 마케팅이 중요하다. 특히 외국인들과 소통할 수 있는 기초적인 언어능력과 홈페이지 운영능력도 필요하다. 서울시 관광정책과에 따르면 온라인 마케팅을 잘하는 젊은이들이 운영하는 업소는 호황을 누리는 반면, 마케팅에 서툰 운영자는 홍보와 운영에 고전하고 있다고 한다.

공급 과잉 문제, 수익률도 꼼꼼히 따져봐야 한다. 단기간에 게스트하우스가 너무 많이 생겨 수익률이 떨어지고 있다. 애초에 게스트하우스는 외국인에게만 임대하도록 돼 있다. 하지만 공실률을 낮추려고 내국인 손님을 받기도 하는데, 이는 불법이며 처벌 대상이다. 사업을 시작하기 전에 해당 지역의 숙박업소가 공급 과잉인지 알아봐야 한다. 서울에서 등록하지 않고 운영 중인 게스트하우스는 약 500개가 넘을 것으로 추정된다. 최근에는 부산과 제주 등 외국인 관광객이 많은 지방에서도 게스트하우스가 빠르게 증가하고 있다.

때문에 주변에 비즈니스호텔, 모텔, 여관 등의 숙박시설이 있는 경우에는 이들 시설들과의 차별화를 꾀하거나 가격경쟁력을 갖추어야 살아남을 수 있다. 과거와 달리 혼자 사용할 수 있는 원룸을 선호하는 여행객들의 취향과 트랜드 변화에 맞게 시설을 고급화하는 것도 좋은 차별화 전략이 될 수 있다.

아래는 게스트하우스를 창업·운영할 때 잊지 말아야 할 몇 가지 사항들이다.

① 건물의 용도가 주택이어야 한다.

② 사업주가 전입신고를 해야 하며 실제 거주도 해야 한다.

③ 사업주가 거주하는 면적을 포함해서 전체 면적이 230㎡(약 70평) 이하여야 한다.

④ 외국인 전용으로만 운영해야 한다.

⑤ 타깃 관광객에 맞는 입지를 선택해야 한다. 일본 관광객을 타깃 고객으로 삼는다면 김포공항 인근에 자리를 잡는 식이다. 타깃 관광층이 일반적으로 선호하는 관광 동선에서 지나치게 떨어져 있으면 손님을 유치하기 어렵다.

⑥ 해외관광객을 유치할 때는 문화적인 테마를 활용하는 것이 좋다. 단순히 편의 위주로 사업을 벌일 수도 있지만, 전통문화의 요소를 적절히 배합하면 인지도 상승과 더불어 추가 수익을 얻을 수 있다.

⑦ 게스트하우스는 현재 주택에서만 할 수 있다. 그러나 현실적으로 상가건물을 활용해 이 사업을 하는 경우가 많다. 토지를 취

득해 신축하는 것보다 기존의 모텔이나 여관을 인수한 후 리모델링하는 방법도 있고, 상가건물을 매입하거나 임차한 후 게스트하우스로 용도를 변경하면 시간과 비용을 줄일 수 있다.

게스트하우스가 돈이 된다고 해서 아무런 계획이나 경험도 없이 뛰어들어 낭패를 보는 경우가 종종 있다. 운영 노하우를 먼저 배우고 난 뒤 창업을 하는 것이 바람직하다. 게스트하우스를 창업하기 전에 남이 운영하는 게스트하우스에 취업해서 경험을 쌓거나, 소유한 주택을 활용해 시범적으로 운영해본 뒤 본격적으로 사업을 시작하는 것도 좋은 방법이다.

**Check-Point**

게스트하우스는 수익률이 좋은 수익형 부동산이지만 사업 시작 전 입지선정과 더불어 규제사항을 꼼꼼히 체크해야 한다.

# 07
# 꼬마빌딩으로
# 자산포트폴리오 재편하기

"내 판단으로는 그래요. 향후 부동산 경기가 불투명합니다. 그렇다면 시세차익보다 꾸준한 임대수익이 자산을 불리는 면에서 안전하지 않겠습니까? 결국 강남이나 이태원에 있는 중소형 빌딩에 투자하는 게 답이에요."

총 자산이 100억 원 정도인 60대 김성원 씨의 말이다. 그는 며칠 전 반포동의 아파트를 비롯해 20~30억 원 사이의 아파트 세 채를 부동산중개업소에 내놓았다. 아파트를 비롯한 주거용 부동산의 가격이 최고점을 찍었다고 판단했기 때문이다. 대신 유동인구가 많은 곳에 50억 원대의 '꼬마빌딩'을 매입하고 싶다고 했다. 저금리 시대에 상대적으로 체감수익률이 더 높은 상업용 부동산 중심으로 자산 포트폴리오를 재편하기로 한 것이다.

올해 들어 상담 고객 중 95% 이상은 주거용 건물을 처분하고 수익형 부동산으로 갈아타기를 희망하고 있다. 자산가들 사이에서는 '주거용 팔고, 상업용 사는' 부동산 투자공식이 유행하고 있다. 시세차익이 목적이었던 아파트는 처분하고 임대수익을 올릴 수 있는 수익형 부동산의 비중은 늘리려고 한다. 저금리 기조에 시세차익보다는 꾸준한 임대수익이 자산을 불리기에 유리하다고 판단하기 때문이다. 아파트 값이 정점에 달했다는 판단도 한몫했다. 서울의 아파트 값은 2016년 현재를 기준으로 2015년 초에 비해 7.42%, 강남3구 재건축 아파트는 14.36% 상승했다('부동산114'기준).

자산가들은 지금이 보유물량 중 주거용 물량을 처분할 수 있는 마지막 기회라고 여기며, 대신 부동산경기가 안 좋아지더라도 어느 정도 시세차익이 보장되면서도 임대수익을 낼 수 있는 수익형 부동산이 투자가치가 높다는 생각을 하고 있다. 자산가들에게 인기를 끄는 수익형 부동산은 50억 원 미만의 꼬마빌딩이다. 꼬마빌딩이 전체 빌딩 거래 건수의 약 70%를 차지했다. 선호도가 높은 지역은 유동인구가 보장된 강남의 중심 지역과 이태원, 경리단길, 성수동 등이다. 더불어 10가구 내외의 상가주택

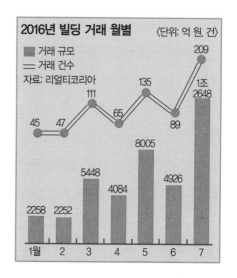

2016년 빌딩 거래 월별 〈단위: 억 원, 건〉
거래 규모
거래 건수
자료: 리얼티코리아

거래 건수: 45, 47, 111, 65, 135, 89, 209
거래 규모: 2258, 2252, 5448, 4084, 8005, 4926, 1조2648

1월  2  3  4  5  6  7

도 투자수요가 늘고 있다. 투자 여력을 갖춘 베이비붐세대가 늘어나면서 최근 2~3년 내 수요가 급격하게 늘어난 물건이다. 주로 강남으로 출퇴근이 가능한 지하철 2호선상에 5~6층 건물을 사들이는데, 투자금액은 적게는 20억 원, 크게는 50억 원 수준이다. 특히 50억 미만의 건물에 투자하여 월 일정금액 이상의 고정적인 임대소득을 얻고 더불어 장기적인 시세차익을 기대하는 심리가 작용하는 듯하다.

2016년 7월 한 달 동안 1조3,000억 원에 달하는 투자자금이 빌딩거래시장을 노크했다. 그중에서도 50억 원 미만 소형 건물인 꼬마빌딩에 투자해 임대수익이나 매각차익을 노리는 개인 투자자가 급증했다. 이들은 보유 중인 중대형 아파트나 땅을 팔고, 모자라는 금액은 대출을 받아 투자자금을 마련하는 경우가 많다.

이처럼 빌딩시장을 주도한 것은 개인 자산가들과 50억 원 이하 초소형 빌딩이었다. 2016년 7월 전체 거래량(209건) 가운데 50억 원 이하 빌딩거래는 145건으로 비중이 70%에 달한다. 특히 50억 원 이하 거래량은 전월(64건)보다 무려 126%나 급증했다.

그동안 일부 전문가들은 빌딩시장이 위축될 가능성을 제기했다. 은행권 대출이 악화된 점이 악재로 작용할 것이라는 이유에서다.

그러나 시장 움직임은 정반대로 흐르고 있다. 은행권이 부동산에 대한 대출 규제를 깐깐하게 하고 있는 가운데도 빌딩가격은 계속 오르고 있다. 2015년 6월에 금리가 한 단계 인하되자 매수 희망자들이 투자를 더 이상 미루지 않고 시장에 적극적으로 참여해서 빌딩가격이 꾸준히 오름세를 보였다. 향후 빌딩시장 규모는 더욱 커질 것이다. 마땅히 투자처를 찾지 못한 뭉칫돈으로 꼬마빌딩을 사두려는 수요가 많아지고 있기 때문이다. 빌딩 중에서 20~50억 원 미만의 매물 공급은 수요에 비해 턱없이 부족하다. 결국 꼬마빌딩 매입가격은 계속 높아질 것으로 보인다.

투자수익률이 얼마나 되어야 투자를 할 수 있을까? 30~50억 원대 '꼬마빌딩'은

**꼬마빌딩 투자 5계명**

❶ 시세보다 10~20% 저렴한 급매물을 노려라

❷ 빌딩 하자를 꼼꼼히 점검하라

❸ 임대차계약 등 법적 권리관계를 잘 파악하라

❹ 공실 상태 점검하고 주변 빌딩 공실률 확인하라

❺ 우량 임차인 유치에 신경 써라

2015년까지만 해도 연 5% 정도 수익률을 기대하고 매입했지만 지금은 수익률이 그보다 낮아도 사기 힘들다. 우량 매물이 거의 소진되었기 때문이다. 강남권에서는 수익률 3%선에 있는 물건을 구경하기조차 힘들다. 그만큼 꼬마빌딩에 대한 희소성이 높다는 것을 감안해 투자기준을 설정해야 한다.

경제사정이 여의치 않으니 주식시장이 불안해졌다. 시중 자금이 부동산으로 집중되는 분위기다. 이자 수익 내기가 어려운 은행들도 부동산시장에 속속 뛰어들고 있다. 과거 '부동산 불패'신화가 재연되는 모양새다. 부동산 불패 신화를 계속 쓰고자 한다면 꼬마빌딩을 선택할 때 정확한 기준이 있어야 한다. 꼬마빌딩의 투자 기준은 우선 어느 정도의 임대수익이 안정적으로 보장되고, 더불어 미래에 시세차익을 확실하게 얻을 수 있는 지역에서 노후 정도가 심하지 않은 빌딩을 골라야 한다는 것이다.

저금리 기조가 장기화하면서 지금 여유가 있는 자산가들이 빌딩시장으로 몰려들고 있다. 그중에서도 50억 원 미만 소형 건물인 꼬마빌딩에 투자해 임대수익이나 매각차익을 노리는 개인 투자자가 급증하고 있다. 꼬마빌딩의 선정기준은 안정적인 임대수익이 보장되고 더불어 미래 시세차익까지도 생각되는 노후도가 심하지 않은 빌딩이어야 한다.

# 08

# 실전투자로 보는
# 꼬마빌딩 투자전략

　서울 강서구 방화동에 거주하는 최힘찬(52세) 씨는 최근 꼬마빌딩이 부동산시장에 자주 오르내리는 것을 보고, 현재 보유하고 있는 상가 1채와 오피스텔 2채를 처분한 돈에 여유자금을 합해서 약 18억 원의 실탄을 마련했다. 웬만한 꼬마빌딩을 매수할 수 있는 자금이 생긴 것이다. 대출금과 보증금을 이용하면 30억 원의 물건까지는 넘볼 수 있을 것 같아 최근 분주하게 임장활동을 하고 있다. 하지만 한 번도 투자해보지 않은 꼬마빌딩이라서 어떤 유의점이 있는지 알아보고 싶어 서점에서 부동산 관련 책도 사보고, 공인중개사사무소에 들려서 시세도 파악해보고, 나름대로 상권분석까지 열심히 하고 있다. 그래도 여전히 머릿속은 온통 멍하다.

　고령화시대에 돌입하면서 노후자금에 대한 대비가 사회적 문제로 대두되고 있다. 50대 이상 연령층은 연금형 수익형 부동산투자시장의 주 수요층이다. 이들에게 상가빌딩, 꼬마빌딩, 소형빌딩 등 안정적이면서 고수익의 노후자금을 마련할 수 있는 수익형 부동산 투자상품이 각광을 받고 있다.

현재 부동산시장에서 주택, 아파트 시장이 각종 규제 탓에 시세상승이 주춤해지며 시세차익에 대한 기대감이 다소 감소한 것도 꼬마빌딩에 투자가 몰리는 경향의 원인이 되기도 했다. 저금리도 안정적 노후자금 마련을 위한 투자로 몰리는 데 큰 역할을 하고 있다.

노후자금을 마련하는 측면에서 꼬마빌딩, 소형빌딩, 상가투자가 지닌 가장 큰 장점은 비교적 투자 리스크가 적다는 것이다. 수익형 부동산 투자는 시세차익이 목적은 아니지만, 투자 초기 임대수익률을 극대화하면 추후 매매 시 이를 토대로 초기투자비 이상의 수익을 낼 수 있다. 또한 어떻게 관리하고 어떤 상품으로 개발하느냐에 따라 주변 시세보다 높은 임대수익을 올릴 수 있는 점도 수익형 부동산의 매력 중 하나다.

최 씨는 시세차익도 실현하고, 또한 안정적인 임대소득을 바라는 마음으로 서울의 대표적인 상권을 탐문하다가 젊은이들의 수요층이 많은 건대 상권에 있는 꼬마빌딩을 눈여겨보고 있다.

다음은 최 씨가 투자를 염두에 둔 실제 건물을 살펴보자.

### 1.대상지 분석
• 주소: 서울시 광진구 화양동 00번지

- 지목: 대
- 면적: 대지 122.30m$^2$(약 40평), 건물 172.56m$^2$(약 52평)
- 용도지역: 도시지역, 준주거지역, 제1종 지구단위계획구역
- 건축규모: 지하1층~지상2층
- 구조: 연와조, 제2종근린생활시설,근린생활시설
- 공시지가: m$^2$당 5,399,000원
- 접면도로: 동측 5미터 도로에 접합
- 현 이용상태: 근린생활시설

## 2.매매확정금액
18억5천만 원

## 3.보증금
7천만 원/ 월 임대료 450만 원(부가세 별도)

## 4.예상대출금
10억 원

## 5.실투자액
7억8천만 원

## 6.임대차 현황
보증금 7천만 원/월 450만 원(부가세 별도)

## 7.일반건축물대장현황

| 구분 | m² | 평 | 용도 | 임차현황 |
|------|------|------|------|------|
| B1층 | 28.43 | 8.60 | 제2종 근린생활시설(음식점) | |
| 1층 | 73.12 | 22.11 | 근린생활시설(음식점) | |
| 2층 | 71.01 | 21.48 | 근린생활시설(음식점) | |

## 8.입지분석

서울시 광진구 화양동은 건국대와 세종대학교가 인접해 있는 대표적인 대학가 상권으로 분류되고 있다. 본 물건지는 화양동 먹자골목의 중심지에 위치하고 있으며, 향후 지가상승을 통한 차익형이나 수익형 부동산으로서의 가치를 충분히 내재하고 있다.

지하철 7호선과 2호선 환승역인 건대입구역이 도보로 1분 거리에 있으며 강남으로의 이동이 쉽고, 영동대교가 있어 승용차를 이용한 접근성도 뛰어나다. 강북으로의 접근성도 아주 양호한 지리적 위치다. 본 물건은 준주거지역에 속하는 물건으로 향후 종상향이 기대되는 건대입구 먹자골목의 메인 통로에 위치해 시세 상승가능성과 임대료 가능 가능성이 아주 높다. 특히 건대 상권은 건국대와 세종대 학생들을 비롯한 젊은 수요층이 아주 풍부하여 상가의 경우 공실이 제로 상태이며 권리금 또한 1층 기준으로 3억 원 이상 형성되어 있다.

## 9.투자포인트

• 건대 상권으로 대한민국 대표 상권의 물건으로 급매물.

- 지하철 2호선과 7호선 건대입구역에서 도보 1분 거리로 수요층 접근성 용이.
- 준주거지역으로 건대입구 지구단위계획구역에 포함되어 상업 지역으로 종상향기대.
- 현재 임대료가 저렴한 수준이어서 향후 임대료 조정시 수익률 향상.
- 공실률 제로로 안정적인 임대수익실현 가능.
- 강남과 강북 접근성 용이(청담대교, 영동대교, 동일로).

이와 같이 분석해본 바로, 최 씨가 임대수익이 확실하면서도 향후 시세차익까지 감안한 투자를 생각한다면 본 물건이 상당히 매력적이다.

다만 주의할 것은 세입자가 한 명으로 만기 시에 만약 재계약을 하지 못하거나, 새로운 임차인을 구하기 어려울 경우 임대수익을 실현하는 데 상당 부분 어려울 수도 있다.

**Check-Point**

조물주 위에 건물주라는 말이 있다. 알토란 같은 건물 하나 소유하면 노후 대책은 물론 든든한 마음까지 일석이조로 얻을 수 있다. 하지만 면밀하게 검토하고 분석해야만 공실 없는 안정적인 임대수익을 실현할 수 있다.

# 09

# '환금성'으로 도시형 생활주택의
# 입지를 따져보라

서울 면목동에 거주하는 이원식(38세) 씨는 서울지하철 7호선 어린이대공원역 3번출구 도보 2분 거리의 도시형 생활주택 24㎡(약 7평)형을 1억5,600만 원에 분양을 받았다. 주목적은 향후 안정적인 임대소득을 얻기 위함이다. 입주시점은 2017년 10월로 분양가대비 시세차익까지 바라볼 수 있다는 분석이다. 역세권에다 건국대학교와 세종대학교의 학생층 그리고 강남의 직장인층까지 흡수할 수 있는 요지 중의 요지이기 때문이다. 더욱이 도시형 생활주택은 주택으로 분류되기 때문에 오피스텔처럼 취득세가 높지도 않고, 부가가치세를 납부할 필요도 없다는 조건도 유리하다. 입지여건이 아주 훌륭하기 때문에 환금성은 전혀 걱정하지 않아도 좋을 듯하다.

도시형 생활주택은 2009년 2월 3일에 개정된 주택법에 근거하여

2009년 5월 4일부터 시행된 주거형태로 그 취지는 늘어나는 1~2인 가구와 서민의 주거 안정을 위하여 필요한 곳에 신속하고 저렴하게 주택을 공급하는 것이다. 이를 위하여 정책적으로 각종 주택 건설 기준과 부대시설 등의 설치 기준을 적용하지 않거나 완화하고 있다. '주택공급에 관한 규칙'에서도 입주자 모집시기와 모집승인 신청 및 승인, 모집공고와 공고내용, 공급계약의 내용 등 일부 규정만 적용받고, 입주자저축과 주택청약자격, 재당첨 제한 등의 규정은 적용받지 않는다.

건축물의 용도는 공동주택(아파트 · 연립주택 · 다세대주택)에 해당하지만, 주택법에서 규정한 감리 대상에서 제외되고 분양가상한제도 적용받지 않으며, 어린이놀이터와 관리사무소 등 부대시설 및 복리 시설, 외부 소음과 배치, 조경 등의 건설 기준도 적용받지 않는다. 도시형 생활주택은 '국토의 계획 및 이용에 관한 법률'에서 정한 도시지역에만 건축할 수 있고, 기반시설이 부족하여 난개발이 우려되는 비도시지역은 해당되지 않는다.

세부적인 사항을 살펴보자. 도시형 생활주택은 단지형 연립주택, 단지형 다세대주택, 원룸형 주택의 세 종류로 구분되는데, 1세대당 주거전용면적 85㎡(약 26평) 이하인 국민주택 300세대 미만으로 구성된다.

단지형 연립주택은 세대당 주거 전용면적 85㎡(약 26평) 이하인 주거형태로 주거 층은 4층 이하, 연면적은 660㎡(약 200평) 초과로 건축하되 건축위원회의 심의를 받으면 1개 층을 추가하여 5층까지 건축할 수 있다. 건축물의 용도는 연립주택에 해당한다.

단지형 다세대주택은 세대당 주거 전용면적 85㎡(약 26평) 이하인 주거 형태로 주거 층은 4층 이하, 연면적은 660㎡(약 200평) 이하로 건축하되 건축위원회의 심의를 받으면 1개 층을 추가하여 5층까지 건축할 수 있다. 건축물의 용도는 다세대주택에 해당한다. 원룸형은 세대별 주거 전용면적이 14㎡(약 5평) 이상 50㎡(약 15평) 이하인 주거 형태로 세대별로 독립된 주거가 가능하도록 욕실과 부엌을 설치하되 욕실을 제외한 부분을 하나의 공간으로 구성하여야 하며, 세대를 지하층에 설치하는 것은 금지된다.

하나의 건축물에는 도시형 생활주택과 그 밖의 주택을 함께 건축할 수 없으며, 단지형 연립주택 또는 단지형 다세대주택과 원룸형 주택을 함께 건축할 수 없다. 다만 원룸형 주택과 그 밖의 주택 1세대를 함께 건축하는 경우와 준주거지역 또는 상업지역에서 원룸형 주택과 도시형 생활주택 외의 주택을 함께 건축하는 경우에는 가능하다(도시형 생활주택의 종류 중에 본래 기숙사형 주택이 있었으나 2010년 7월 주택법 시행령에서 삭제됐다).

30세대 이상의 도시형 생활주택 건설사업을 하려면 해당 도시지역의 특별시장·광역시장·특별자치도지사 또는 시장·군수로부터 사업계획을 승인받아야 하고, 자본금 3억 원(개인은 6억 원) 이상, 건축분야 기술자 1인 이상, 사무실 면적 22㎡(약 7평) 이상의 요건을 갖추어 주택건설사업자로 등록하여야 한다.

도시형 생활주택에 투자할 때 어느 곳을 선정해야 안전할까? 기준금리가 사상 최저인 1.25%로 떨어지면서 환금성이 좋은 분양단지들이 주목받고 있다.

부동산 투자의 기본이 되는 세 가지 법칙은 수익성, 안전성, 환금성이다. 불황기를 대비하려면 '사는 것보다 파는 것이 더 중요하다'는 환금성을 우선으로 해야 한다. 환금성이란 유사시에 얼마나 빨리 현금화할 수 있는가 하는 것이다. 환금성이 좋다는 말은 곧 구매를 희망하는 '수요자'가 많다는 말로 바꿀 수 있다. 환금성이 좋은 상품이 되려면 희소성, 중소형, 저평가, 착한 분양가, 높은 수익률, 장기 임대 가능한 우량임차인, 우수한 입지 등 7가지를 갖추어야 한다.

희소성이 높다는 것은 공급물량이 적다는 의미다. 최근 신도시나 택지지구 등에 오피스텔 공급이 일시적으로 이루어져 입주시점에 임차인을 구하지 못해 어려움을 겪는 소유주가 많았다. 3~4년 전부터 큰 인기를 끈 분양형 호텔도 마찬가지다. 공급 초기에는 희소성으로 인기를 끌었지만 시간이 가면서 공급이 몰리며 수익률이 하락했다. 높은 인기를 끌고 있는 상가 겸용 주택이나 중소형 빌딩의 인기가 높은 것도 물량이 많지 않기 때문이다. 이러한 상품들은 내놓기가 무섭게 팔려나가고 있는데, 이처럼 투자할 때 희소성이 높은지를 꼭 따져봐야 한다.

요즘 면적이 중소형인 주택만이 거래되고 있다. 부동산시장이 실수요자 위주로 재편되면서 합리적인 가격대와 평형을 선호하는 30~40대의 영향력이 커졌기 때문이다. 중소형 아파트는 거래가 활발해 환금성이 좋다. 매매뿐만 아니라 임대수요도 탄탄해 경기 변동에 큰 영향을 받지 않아 선호도가 높다.

저평가 지역에 공급되는 분양상품을 주목해야 한다. 저평가된 수익형 부동산을 '낮은 가격'에 매입해서, 임대수익을 올려 가치가 상승하면 '높은 가격'에 매각하는 것이다. 착한 분양가 중에는 주변과 비교해서 가격이 낮아 보이는 외형상의 착한 가격이 있고, 전용률이나 중도금 무이자, 준공 후 이자지원 등 각종 혜택으로 실질적인 분양가를 낮추는 착한 가격도 있다.

높은 수익률이 기대되는 수익형 부동산이면 당연히 환금성도 우수하다. 최근 높은 수익률을 보이는 상품은 외국인 렌탈사업, 레지던스형 오피스텔, 게스트하우스 등 외국인 관광객이나 바이어, 국내 체류 외국인을 대상으로 하는 부동산 관련 사업들이다.

장기임대가 가능한 우량임차인을 확보하는 것도 환금성을 높이는 방법 중 하나다. 장기임대형 상품들은 다른 말로 연금형 부동산이라고도 부른다. 매달 꼬박꼬박 연금처럼 임대수익을 얻을 수 있기 때문이다. 부동산상품 가운데 높은 수익률보다는 공실(빈집) 없는 안정적 투자를 목적으로 하는 상품을 말한다. 장기임대형 수익형 부동산은 단기간에 고수익을 올리기보다는 오랜 기간에 걸쳐 안정적 수익을 얻는 것이 목적이다. 따라서 수익률은 다소 낮더라도 임대수요가 풍부해서 공실 위험이 적은 상품을 고르는 것이 관건이다.

마지막으로 입지가 좋은 수익형 부동산이다. 주거용으로는 입지가 좋은 오피스텔이나 도시형 생활주택 등과 같이 임차수요가 넘쳐나는 물건을, 상가나 오피스 등과 같은 상업용 부동산은 상권이 좋아 영업이 잘되는 물건을 말한다. 이럴 경우에도 환금성이 좋아지게 된다.

모든 부동산은 살 때도 중요하지만 팔 때 더 중요하다. 잘 팔려서 빨리 돈으로 만들 수 있는 것, 그것이 환금성이다. 환금성에 포인트를 두면 수익률은 다소 떨어질 수 있다. 그러나 당장의 수익률을 보기보다는 장기적인 안목에서 개발 호재, 미래가치, 향후 공급추이 등을 고려한 투자가 선행돼야 한다.

이처럼 도시형 생활주택의 최적입지도 바로 환금성을 갖춘 곳이다. 지하철역세권, 대학가, 산업단지 인근 등 소형주택을 선호하는 젊은 수요층의 유동인구가 많은 지역이 최적의 입지가 될 것이다.

**Check-Point**

환금성에 포인트를 두면 투자수익률은 다소 떨어질 수 있다. 그러나 당장의 수익률을 보기보다는 장기적인 안목에서 개발 호재, 미래가치, 향후 공급추이 등을 고려한 투자가 선행돼야 한다.

# 10
# 실전투자로 보는
# 도시형 생활주택 투자전략

　서울 송파동에 거주하는 하정수(53세) 씨는 도시형 생활주택이 세금혜택도 많아 투자 시에 여러모로 이득이라는 말을 어디에서 들은 이후 관심이 생겼다. 그러던 중 광진구 화양동에 입지한 도시형 생활주택의 분양소식을 듣고 권리분석을 한 뒤 매입했다. 하지만 너무 섣불리 결정을 한 것은 아닌지 걱정을 떨칠 수 없어 투자유의점을 알아보기로 했다.

　도시형 생활주택, 들어보긴 했는데 과연 어떻게 투자해야 할까? 늘어나는 1~2인 가구 수요를 흡수하기 위해 정부와 지자체가 도시형 생활주택 공급을 적극 권장하면서 도심 소형주택의 투자수익이 대폭 개선되었다. 규제 완화의 틈새를 활용해서 소형주택을 지어 임대하려는 투자자들이 적극적인 움직임을 보인 지도 몇 년이 지났다.

도시형 생활주택은 단지형 다세대, 원룸형, 기숙사형 주택 등 모두 세 가지 유형이다. 단지형 다세대는 가구당 주거전용 면적이 85m²(약 26평) 이하(방 2개 이상)인 소형 공동주택이다. 원룸형은 가구별 전용면적이 12~30m²(약 3.6~9평) 이하로, 가구별로 독립 주거가 가능하도록 욕실과 부엌 등을 설치한다. 기숙사형은 가구별 전용면적 7~20m²(약 2.1~6평) 이하로, 취사장·휴게실·세탁실 등을 공동으로 사용하는 주거형태다.

단지형 다세대는 건축용도상 다세대주택에 해당하며 원룸형과 기숙사형은 아파트, 연립주택, 다세대주택으로 건설할 수 있다. 원룸형과 기숙사형은 같은 건축물에 혼합해 지을 수 있고 한 단지에서 일반 공동주택과 도시형 생활주택 세 가지 유형을 모두 혼합할 수 있다. 주택법에 따라 사업계획 승인을 얻어 건설하는 주택으로 최소 20가구 이상을 건설해야 도시형 생활주택으로 간주된다.

입주자 모집 시기, 모집승인 신청 및 승인, 모집공고, 공고내용, 공급계약 내용 등은 일반아파트 분양 때처럼 '주택공급에 관한 규칙'을 적용받지만 청약자격과 재당첨 제한 등은 적용하지 않는다. 기존 상가와 판매시설 등의 건축물을 도시형 생활주택으로 용도를 변경할 때는 사업계획승인을 받아야 한다. 이때 도시형 생활주택 신축 시 적용되는 기준이 적용된다.

정년퇴직을 앞뒀거나 노후를 준비하는 사람들에게 도시형 생활주택 임대사업은 최신 트렌드에 맞는 재테크용 수익사업으로 안성맞춤이다. 개인의 투자유형은 크게 두 가지로 나눌 수 있다. 건설사가 짓는 생활주택을 분양받아 임대하는 경우와 투자자 본인이 직접 주택을 지어 임대하는 경우이다. 개인이 분양 후 임대를 놓을 경우 연 7~8%의 임대수익을 올릴 수 있다.

도시형 생활주택은 1가구 다주택에 해당되지 않고 주택임대사업자 등록이 가능해 여러 세제 혜택을 얻을 수 있다. 임대수익률 8% 이상의 수익형 부동산 중 가장 안정적이고 높은 수익률이 예상된다. 특히 투자금 대비 수익률이 가장 높을 것으로 보이는 원룸형 주택은 수익률이나 상품으로서의 안정성이 높아 가장 선호되는 상품으로 꼽힌다.


도시형 생활주택을 분양받은 하정수 씨는 준공될 날만 기다리고 있다. 이미 골조공사가 완료되어 현재는 내부인테리어 공사가 한창 진행 중이다.


분양 당시의 분양조건을 살펴보자.

① 위치: 서울시 광진구 화양동 499-19 일대

② 분양면적: 약 35.29m²(전용면적 23.02m²)

③ 분양가격: 1억5,600만 원(로열층 기준)

④ 예상임대료: 1,000만 원/ 월 65만 원

⑤ 예상대출금: 9,500만 원(금리 연 3.5%)

⑥ 실투자금액: 5,100만 원

⑦ 임대수익률: 연 8.7%

⑧ 입지여건: 7호선 어린이대공원역 3번 출구 바로 앞에 위치하고 있으며, 유명한 건대 상권, 건대 스타시티, 건대 롯데백화점, 건대 이마트, 건대 CGV, 건국대학교, 세종대학교 그리고 어린이

대공원역의 초역세권에 위치해 있다. 건대의 하루 유동인구만 5만여 명, 화양동에 위치한 건대힐스 도시형 생활주택 주변, 건국대생 2만2천 명, 세종대생 1만4천 명, 한양대생 2만6천 명, 성수 IT밸리 2만5천 명 등 총 8만7천 명의 고정수요가 있는 곳이다.

한마디로 도시형 생활주택의 최적 입지라고 해도 손색이 없을 만하다.

## Check-Point

도시형 생활주택의 최대 강점은 주택으로 분류되기 때문에 취득세가 오피스텔(4.6%)에 비해 확실하게 저렴하다는 것이다(도시형생활주택의 경우 1.1%). 또한 오피스텔에 비해 비교적 넓은 전용률을 사용할 수 있다. 임대수익이 안정적으로 실현되는 입지에서의 도시형 생활주택의 경쟁력은 최고다.

# 11
# 도시형 생활주택과 오피스텔,
# 무엇이 다른가?

서울 신길동에 거주하는 홍종선(40세) 씨는 여유자금이 2억 원 정도 있었다. 최근 유행하는 수익형 부동산에 투자하면 좋을 듯하여 영등포 일대 여러 부동산중개소를 시간 날때마다 다녔다. 오피스텔을 사라, 도시형 생활주택을 사라, 원룸을 사라 등의 여러 이야기가 들린다. 그런데 오피스텔과 도시형 생활주택의 차이는 누구도 쉽게 설명해주지 않아 그것을 이해하는 데 애를 먹을 수밖에 없었다. 자칫 잘못하면 수익률에 지대한 영향을 미칠 수도 있기에 꼼꼼히 공부한 것이 정말 많이 도움이 되었다고 한다.

사람들의 생활 패턴이 바뀌면서 점점 '1인 가구'가 늘어나고 있다. 이러한 사회현상을 반영하듯 큰 평형의 아파트보다는 점점 작은 집을 찾는 사람이 늘어나고 있다. 오피스텔과 도시형 생활주택은 이러한 시대적 필요를 충족하는 주거형태다. 또한 1억 원가량의 작은 투자비용으로 수익형 부동산에 투자하고자 할 때 매우 적합한 투자대상이다.

1~2인 가구 주택의 대명사인 '도시형 생활주택'과 '오피스텔'을 비교하면서 차이점과 장단점을 알아두면 자신에게 알맞은 투자대상을 결정하는 데 도움이 될 것이다. 우선 오피스텔과 도시형 생활주택은 분양가상한제의 적용을 받지 않으며, 전매제한 등의 규제가 없고, 별도의 청약통장과 청약자격이 없어도 선착순 분양이 가능하다는 공통점이 있다. 이것은 오피스텔과 도시형 생활주택의 장점이기도 하다.

한편으로 여러 가지 차이점도 있다. 이 차이점들을 잘 이해하면 나에게 가장 적합한 물건이 어떤 것인지 선택하는 데 도움이 될 것이다.

### ① 공법(公法)적 차이
오피스텔은 건축법의 적용을 받고, 도시형 생활주택은 주택법의 적용을 받는다.

> 건축법: 건축물의 대지 · 구조 및 설비의 기준과 용도 등을 정하여 건축물의 안전 · 기능 및 미관을 향상시킴으로써 공공복리의 증진에 이바지함을 목적으로 하는 법률.
>
> 주택법: 쾌적한 주거생활에 필요한 주택의 건설 · 공급 · 관리를 위한 자금의 조달 · 운용 등에 관한 사항을 정함으로써 국민의 주거안정과 주거수준의 향상에 이바지하는 데 목적.

도시형 생활주택과 오피스텔의 가장 큰 차이는 오피스텔은 건축법의 적용을 받는 업무시설이고, 도시형 생활주택은 주택법의 적용을 받는 공동주택이라는 사실이다. 이러한 공법(公法)의 차이에 따라서 오피스텔은 준주거지역과 일반상업지역에서 건축할 수 있고 도시형 생활주택은 2종·3종 일반주거지역, 준주거지역에 건축할 수 있다.

도시형 생활주택은 주택으로 간주되어 1가구 2주택으로 적용(전용면적 20㎡, 즉 6평 이하는 제외)되며 오피스텔은 1가구 2주택에서 제외된다(단 입주자가 전입신고를 하면 주택으로 적용된다). 그런데 최근에는 오피스텔도 주택임대사업자 등록을 할 수 있으며 주택임대사업자 등록이 된 뒤에는 주거용으로 임대해서 임차인이 전입신고를 하더라도 주택으로 적용되지 않는다.

### ② 건축 구조적 차이

오피스텔은 업무시설이다. 따라서 발코니와 욕조 설치가 금지되어 있다. 또한 안전 문제로 여닫이 창문이 시공되므로 통풍이나 환기가 원활하지 않을 수 있다. 도시형 생활주택은 주택법의 적용을 받기 때문에 발코니나 욕조 설치에 대한 제한이 없으며 아파트와 같이 미닫이 창문을 설치할 수 있다.

### ③ 전용률과 주차 기준 차이

오피스텔은 전용률이 50~60%인 반면에 도시형 생활주택은 전용률이 70~80%로 상대적으로 더 높다. 주차 기준으로는 오피스텔의 경우 가구당 0.5~1대, 도시형 생활주택은 가구당 0.2~0.6대로, 도시

| 사업단계 | 주요 점검사항 |
| --- | --- |
| 토지매입 | • 주변 환경, 임대수요 파악<br>• 토지의 이용규제 현황<br>• 자금계획<br>• 인허가 및 주변 민원사항 |
| 설계 | • 목표임차인의 특성 파악<br>• 비용 효율성 제고 방안 |
| 시공 | • 시공사 신인도<br>• 자재구매 계획<br>• 자금조달 계획 |
| 임차인 구하기 | • 주변 부동산중개업소 활용<br>• 인터넷 등을 이용하기<br>• 주변 임대 수요 특성 분석 |
| 임대관리 | • 제세공과금 정리 방안<br>• 임차인 생활수칙 사전공고<br>• 하자보수 처리 기준 |

〈도시형 생활주택 사업단계별 중요 점검사항〉

형 생활주택이 오피스텔에 비해 주차시설이 상대적으로 취약하다.

### ④ 세제 차이

취득세에서도 차이가 난다. 오피스텔은 매수할 때 취득세 4.6%를 납부해야 한다. 도시형 생활주택은 전용면적 60㎡(약 18평) 이하는 취득세가 면제되며, 그보다 더 큰 도시형 생활주택에는 가격, 크기에 따라 1.1~3.5%의 취득세를 부과한다. 오피스텔은 재산세를 과세하나, 도시형 생활주택은 전용면적 40㎡(약 12평) 이하는 재산세가 면제된다. 오피스텔은 양도세를 과세, 도시형 생활주택은 양도세를 주택으로 적용하여 6~35% 과세한다.

**〈오피스텔과 도시형 생활주택의 차이점〉**

| 구분 | 오피스텔 | 도시형 생활주택 |
|------|---------|---------------|
| 법적용도 | 업무시설<br>발코니.욕조 시설 제한<br>미닫이창문 설치 불가 | 공동주택<br>발코니.욕조 설치 제한 없음<br>미닫이창문 설치 가능 |
| 적용법규 | 건축법 | 주택법 |
| 무주택 기준완화 | 1가구2주택 제외<br>(단,전입신고 있으면 2주택) | 1가구2주택 적용<br>(전용면적 20㎡ 이하 무주택간주) |
| 전용률 | 전용률 50~60% | 전용률 70~80% |
| 주차기준 | 가구당 0.5~1대 | 가구당 0.2~0.6대 |
| 발코니.욕조 | 없음 | 있음 |
| 세제혜택 | 취득세 4.6%<br>재산세 과세<br>양도세 중과배제 | 취득세면제(전용면적 60㎡ 이하)<br>재산세 면제(전용면적 40㎡ 이하)<br>양도세 주택용 경우(6~35% 과세) |

오피스텔과 도시형 생활주택은 서로 장단점을 가지고 있다. 꼼꼼히 비교하고 따져본 뒤에 상황에 맞는 투자를 해야 한다. 오피스텔은 주거와 업무가 동시에 가능한 직무일체형 소형 주거상품이라는 점, 그리고 최근 주택임대사업자에게 오피스텔이 허용되어 주택으로 간주되지 않으면서 주거용으로 임대가 가능하다는 점이 장점이다.

반대로 도시형 생활주택은 합법적인 공동주택이라는 장점이 있다. 도시형 생활주택이 공동주택이기 때문에 업무시설인 오피스텔보다 전용률이 높고 취득세도 상대적 낮다.

오피스텔과 도시형 생활주택은 어떤 것이 더 좋고 더 나쁘다고 말할 수 없다. 세금면에서는 도시형 생활주택이 유리하지만 임차인이 주차를 중요하게 생각하면 오피스텔이 유리하다. 개인의 상황에 맞춰 유리한 것을 선택하는 것이 좋다.

현재 수익률 하락으로 고전하고 있는 가운데도 오피스텔과 도시형 생활주택이 평균적으로 5% 이상의 수익률을 보이고 있다. 장기적인 관점에서 본다면 1~2인 가구의 증가에 따라 필요성이 한층 더해진 소형 주거상품의 하나로 수익형 부동산을 이끌어갈 대표적 상품이 되고 있다.

**Check-Point**

가구가 1~2인으로 구성된다면 큰 집에서 살 필요가 없다. 큰 평형의 아파트보다는 점점 작은 주거공간을 찾는 수요가 늘어나고 있다. 오피스텔과 도시형 생활주택은 이러한 시대적 필요를 충족하는 주거공간이다. 오피스텔과 도시형 생활주택의 차이점을 명확히 이해하고 그에 대한 투자법을 생각해서 접근하자.

# 12

# 실전투자로 보는
# 소액 오피스텔 투자전략

  수원에 사는 김진성(53세) 씨는 아들을 결혼시키고 난 뒤 여유자금 5천만 원을 어디에 투자할까 고민하다가 대표적인 수익형 부동산 상품이라 할 수 있는 오피스텔에 투자했다. 그동안 부동산으로 재테크를 짭짤하게 해왔지만, 한 번도 오피스텔에 투자를 해보지는 않았다. 김 씨는 수익형 부동산이라지만, 그래도 향후에 시세차익까지 실현되었으면 좋겠다는 마음으로 부동산 문을 두드리고 있다. 김 씨뿐만 아니라 소액으로 투자가 가능하다는 이야기에 목돈을 마련한 젊은 층도 오피스텔에 투자하려는 경향이 있다.

  소액으로 오피스텔을 투자하려 한다면 과연 소액은 어디까지일까? 부동산 투자라고 하면 돈이 많아야 가능하다고 생각하는 사람들이 많다. 부동산시장에서 소액투자는 투자자의 자금사정에 따라 여유자금을 가지고 장기적으로 투자할 수 있는 금액 수준을 말한다. 요즘은 통상적으로 1억 원 이하를 소액투자금액이라고 할 수 있는데, 아무래도 경기상황에 따라 범위가 달라진다.

일반적인 소액투자 상품으로 가장 알맞은 것은 소형아파트, 오피스텔, 원룸텔, 도시형 생활주택 등이 있는데, 이들 투자처 역시 공급과잉과 수익률 저조로 낭패를 보는 경우도 있으니 주의해야 한다.

투자금액이 적다 보니 몇 천만 원 수익을 올려도 투자수익률이 상당히 높다. 때문에 더욱 욕심을 부리게 되는 경우가 많은데, 과욕은 늘 화를 불러오기 마련이다. 기대했던 목표수익률에 도달하면 과감하게 처분하고 다른 먹잇감을 찾는 전략을 구사해야 한다.

그럼 김진성 씨가 염두에 두고 있는 실제 오피스텔을 투자할 경우 어떻게 투자하고 어떻게 운용해야 할지 살펴보자. 임 씨는 임대가 안정적인 지역에 2년 이내 준공된 깨끗한 오피스텔에 투자하기로 했다. 그래서 최근 젊은 직장인들이 새롭게 자리 잡고 있는 서울 구로디지털단지의 임대수요층이 풍부한 구로동의 오피스텔을 선택했다.

①대상지 주소: 서울시 구로구 구로동 104-8 비즈트위트레드 11층

②분양면적: 46.31m²(약 14평), 전용면적 27.22m²(약 8.2평)

③매매가: 1억8천만 원

④대출금: 1억2천만 원(금리 연 3.5%)

⑤보증금: 2천만 원/월 70만 원

⑥실투자금액: 4천만 원

상기 오피스텔의 매매조건을 살펴보자.

① 입지여건: 구로디지털밸리, 연극·영화·음악 등 문화생활을 누릴 수 있는 구로동 중심지에 위치하고 있으며 구로구청, 구로경찰서, 구로등기소, 구로도서관이 도보로 5분 이내에 있다. 하이마트, 이마트, 고대구로병원 등도 인접해 있다.

② 교통여건: 지하철 2호선·7호선 대림역에서 도보로 5분 소요되며, 시내버스 5619번을 비롯한 다수의 노선이 확보되었으며 공항버스까지 연결되어 있어 교통이 편리하다.

③ 입주환경: 관리비는 평당 4천 원으로 저렴하며 24시간 보안시설이 설치되어 있고 경비실에 경비가 상주하고 택배관리까지 철저히 함으로써 입주민의 편의를 제공하고 있다.

④ 임대환경:지하철 2호선과 7호선 환승역인 대림역 역세권으로 직장인과 신혼부부층이 많고 침실과 드레스룸, 거실 및 주방으로 구분된 2룸 구조로 소비자 선호도가 높은 오피스텔로 평가받는다.

⑤ 임대수익률: 가장 중요한 임대수익률을 살펴보면 실제 투자비용은 4천만 원 대출이자비용을 감안한 실제 임대수익률은 10.5%이다. 이는 기준 임대수익률 6%를 훨씬 상회하는 양호한 투자수익률이다.

⑥ 부가비용: 부가비용 중에서 가장 큰 비중을 차지하는 것이 바로 취득세다. 업무시설로 분유되어 주택에 비하여 비싼 것이 흠이다. 4.6%의 취득세율을 적용하면 약 830만 원의 취득세가 들어간다. 또한 중개보수료도 90만 원 정도 들어간다.

소액투자는 아무래도 환금성을 염두에 두어야 한다. 나중에 매매를 할 경우 수요자를 어렵지 않게 만나려면 대비해야 한다. 소액투자라고 쉽게 생각하거나 남을 맹신하면 큰 피해를 볼 수 있다.

오피스텔 투자는 대출을 이용한 소액투자로 충분한 임대수익률을 올릴 수 있는 장점이 분명 있다. 안정적인 임대수요가 뒷받침되는 입지여건을 선택하는 것이 가장 중요하다. 이왕이면 준공된 지 얼마 안 돼 관리에 덜 신경 쓸 수 있는 물건을 잡는 것이 성공의 지름길이다.

**Check-Point**

소액투자라도 천편일률적인 '묻어두기'식 투자보다는 투자 개발지역을 파악한 다음 임대수익률은 얼마나 되는지 꼼꼼하게 챙기는 자세가 중요하다. 오피스텔은 시세상승도 중요하지만 안정적인 임대수익를 꾸준히 올릴 수 있느냐가 중요하다.

# 13

# 내 호텔을 장만한다!
# 수익형 호텔 안전할까?

　매년 1월 1일이 되면 가족과 함께 동해안으로 해맞이를 가는 서지윤(45세) 씨는 동해안에 자신의 호텔을 가질 수 있다는 광고를 보고 마음이 들떴다. 게다가 연간 8~15%의 높은 수익률을 보장할 뿐만 아니라 중도금에 대해 무이자 대출이 가능하다고 했다. 분양업체의 말을 듣고 보니 수익형 호텔 한 칸 가지고 있는 것도 괜찮겠다 싶었다. 그래서 계약금 2억3,000만 원을 내고 분양계약을 체결했다. 그런데 얼마 후 중도금 날짜가 되니, 대출 부적격 판정이 나서 중도금 대출이 되지 않는다는 걸 알게 되었다. 중도금을 내지 못하면 계약이행을 하지 못하는 것이니, 결국 계약금 전부를 날릴 위기에 처했다. 분양업체는 계약 단계에서는 중도금 대출 여부가 확정되지도 않은 상태에서 계약자에게는 중도금이 대출될 것이라고 믿게 만들고 계약을 성사시킨 것이다. 그런데 은행의 심사 과정에서 대출이 거절되어 중도금을 납부할 수 없게 되자, 분양자는 계약금을 몰수해버렸다.

계약서는 호텔 분양 업자에게 유리하게 되어 있었다. 즉 중도금에 대한 대출 책임을 수분양자가 진다고 되어 있었다. 그런 계약 내용대로라면 수분양자가 불리하다. 중도금 대출이 되든 안 되든 분양업체가 손해볼 것은 없고, 어쩌면 의도적으로 이런 상황을 만들어내지 않았을까 의심스럽기조차 하다.

요즘은 호텔도 수익형 부동산에 합류했다. 오피스텔 한 칸씩 분양하는 것처럼 호텔도 객실을 한 칸씩 분양한다는 것이다. 일반적인 호텔은 기업이 호텔 전체를 소유하여 서비스를 하면서 수익을 얻는다. 수익형 호텔은 객실을 하나씩 개별로 등기할 수 있게 한다. 또 다른 방법은 호텔의 지분을 분양하여 지분등기를 하는 것이다. 분양

이 완료되고 호텔이 완공되면 호텔을 운영하는 회사가 객실을 관리하고 전체 수익금을 투자자들에게 배분하는 형식이다.

이런 경우 외국의 유명한 호텔의 브랜드 명의만 빌리는 경우가 허다하다. 그러나 본사는 호텔 운영에 참여하지 않는다. 호텔의 명의는 투자자를 모으기 위한 광고 수단에 불과하다. 또는 높은 확정수익을 준다고 고객을 현혹하여 계약금을 먼저 이체하라고 요구하기도 한다. 그들은 수익형 호텔은 전체 수익금을 객실 수대로 나누어 배분하는 것이라서 공실을 걱정할 필요가 없다고 강조한다. 그렇다 할지라도 일정한 금액 이상의 수익이 있어야만 수익배분이 가능한 것인데, 이를 보장할 수 없다면 확정수익률은 공허한 외침일 뿐이다.

수익형 호텔에 투자할 경우 따져보아야 할 것이 많다.

### ① 입지부터 판단하자

수익형 호텔의 공급이 넘쳐나고 있다. 경쟁력에서 가장 큰 요소는 입지다. 투자하는 곳 주변에 어떤 호텔이 있는지, 규모는 어떤지도 잘 파악해야 한다.

### ② 평당 분양가는 합리적인지 따져보자

보통 무이자 중도금을 전체 분양금액의 50~60% 정도로 잡는데, 그렇게 되면 실제 투자금이 전체 분양금액의 약 40~50% 정도가 된다. 초기 투자금에 대한 부담이 별로 없다고 해서 평당 분양가를 따져보지 않으면 큰 낭패를 볼 수 있다. 분양가가 적절한지 살펴보아야 향후 생길 수 있는 위험을 피할 수 있다.

### ③ 운영업체의 주체를 파악하라

운영업체가 유명 호텔의 브랜드 명의만 빌린 것이 아닌지 확인해야 한다. 브랜드에 로열티를 내고 사용한다면 일반적으로 총 매출액에서 약 5~7% 정도 로열티를 지급하는데, 그만큼 투자수익률이 떨어진다. 또 호텔이 안정적으로 운영될지도 미지수다. 이 모든 것을 책임질 운영업체의 주체가 어딘지 확인하라.

### ④ 객실 가동률을 냉정하게 분석하라

분양업체에서 수익형 호텔의 객실 가동률이 최소 80~90% 이상이라고 주장하는데, 분양형 오피스텔과 마찬가지로 수익형 호텔도 공급과잉으로 객실 가동률이 떨어질 가능성이 높다. 철저하고 냉정한 판단이 필요하다.

### ⑤ 확정수익률을 따져보자

보통 확정수익률을 제시하는 기간은 1~2년으로 한정되는데, 이 기간이 지나도 꾸준하게 확정수익률이 지속될지 예상해보라.

### ⑥ 시행사는 안전한 곳인지 꼼꼼히 따져보자

분양률이 좋지 않거나 자금이 부족할 경우에는 공사를 완료하지 못할 수도 있다. 투자 전에 시행사가 어떤지를 알아봐야 한다. 수익형 호텔도 투자하기에는 리스크가 큰 부동산이란 것을 잊지 말자.

수익형 호텔의 분양업체가 내거는 개별 등기나 확정수익 보장은 안전한 것이 아니다. 수익이 나지 않으면 그 책임은 소유자인 본인에게 돌아온다. 만일 호텔운영사가 도덕적이지 못하면 수익은 없고 관리비만 내야 할 경우도 발생한다. 거기다 재산세까지 내야 한다. 오히려 호텔을 내 명의로 가지고 있는 것이 고통이 될 수도 있다. 확정수익 보장도 그 회사가 살아 있고, 돈이 있어야 가능하다. 부도가 나거나 돈이 없으면 그만이다. 신탁도 소용없다. 내 돈 투자하고 내 마음대로 할 수 없는 것, 그것이 개별 등기 분양의 함정이다. 부동산 투자를 할 때, 고수익을 보장한다는 말에 혹하는 것은 고통으로 가는 지름길이다. 수익형 호텔을 분양받을 때도 제발 생각하고 생각해서 결정하기 바란다.

**Check-Point**

수익형 호텔 광고를 많이 접해 보았을 것이다. "쓸 땐 별장 안 쓸 땐 수익을". 과연 믿음이 가는가? 수익형 호텔은 객실을 하나씩 개별로 등기할 수 있다. 분양이 완료되고 호텔이 완공되면 호텔을 운영하는 회사가 객실을 관리하고 전체 수익금을 투자자들에게 배분하는 형식이다. 그러나 그 관리의 투명성과 확정수익의 광고가 과장은 안 되었는지 꼼꼼히 체크해야 한다.

직업, 생활터전, 투가 가능한 자금은 사람마다 모두 다르다.
다른 상황에서 투자하려면 다른 전략이 필요하다.
맞춤형 전략 10가지를 살펴보자.

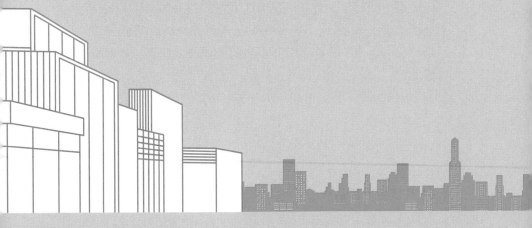

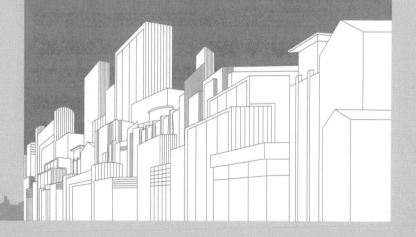

## PART 05

# 맞춤형 투자비법
# 10가지

# 01

## 직업별 투자1 :
## 현직 직장인 투자 비법

　요즘 취업난이 심각한 가운데 한 직장에서 평생 일한다는 것은 신이 내린 직장이 아니고서는 쉬운 일이 아니다. 그래서 누구나 꿈꾸는 것이 안정적인 임대수익이 나오는 수익형 부동산을 보유하는 것이다. 조물주 위의 건물주를 꿈꾸는 것이다. 그러나 그 꿈은 세부적인 실천 계획이나 로드맵이 없이는 절대로 쉽게 달성될 수 없다. 우선 직장인은 안정적인 급여를 받으면서 그 안에 안주하려는 경향이 많다. 나이 들면 어떻게 되겠지 하는, 노후에 대한 막연한 기대감 속에 생존경쟁만 치열하게 하다 보면 어느새 나이 들어 정년퇴직을 앞두기 십상이다. 대부분의 직장인은 다람쥐 쳇바퀴 도는 삶을 살아간다. 이른 아침에 억지로 피곤한 몸을 이끌고 직장으로 부리나케 출근해서 오전 업무를 마치면 금세 점심시간이다. 그리고 다시 시작되는 오후 업무에 회의, 출장, 보고서, 미팅 등 수많은 일들과 스트레스에 골머리를 안고 살아간다. 늦어지는 야근과 업무의 연장선이라고 하는 회식까지 마치면 그야말로 오늘 하루도 여느 때와 마찬가지로 파김치가 돼 마감한다. 이러한 가운데에서도 직장동료와 치열한 생존경쟁을 벌이고 상사와 부하직원들 눈치를 봐야 하는 등 하루하루가 흡사 전쟁터인가 싶다. 한가롭게 수익형 부동산 투자 정보를 탐색하고 발품을 팔기에는 너무도 시간이 부족한 게 현실적이다. 물론 주말을 이용해 공부하고 탐색하는 직장인도 더러 있지만 대부분은 휴일을 그냥 재충전하는 유일한 날로 잡고 아무 생각 없이 쉴 것이다. 이처럼 시간이 부족하다 보니, 아니 의지가 부족하다는 표현이 맞을지도 모르겠다. 수익형 부동산 하나쯤 장만해야겠다는 의지가 생길 수 없을 것 같다. 앞날에 대한 청사진도 그리 밝아 보이지 않아 더더욱 필요한 것이 수익형 부동산인데 말이다. 최근 금융권의 예금금리를 생각하면 저축으로 내 인생의 미래를 담보하기에는 너무도 초라한 결과가 눈에 보이듯 뻔하다.

그렇다면 이런 직장인들에 가장 적절한 수익형 부동산 투자 비법은 무엇일까?

첫째, 수익형 부동산의 필요성을 인식하기다.

미래에 대한 막연한 기대감을 과감히 버리고 노후를 위해 무엇을 준비해야 하고 그 실천 방법은 무엇인지를 스스로 깨달아야 한다. 수익형 부동산이란 돈 나오는 기계라고 생각하면 좋을 것이다. 그것도 아주 우량 기계 말이다. 고장이 안 나면서 계속 잘 사용하다가 고가로 다시 팔아서 시세차익까지 기대할 수 있다.

그런데 그 기계를 매수하기가 그리 쉽지만은 않다는 게 문제다. 하지만 늘 그 필요성을 인식하고 목표를 세우자. 반드시 근로소득 외에 임대수익을 추가로 실현하는 직장인이 되고야 말겠다는 의지 말이다.

둘째, 경제지표를 면밀하게 주시해야 한다.

직장인이 경제지표를 주시한다는 것 자체가 어려운 일이 분명하다. 금리변동상황, 주가지수, 물가지수, 소비지수 등 수많은 경제지표와 친하게 지내는 것이 바로 재테크의 기본일 것이다. 남보다 앞서는 삶을 영위하려면 하기 싫어도, 좀 귀찮아도 해야 할 것은 분명하게 해두는 것이 좋다. 직장인들이 접근하기 쉬운 것이 바로 주식이다. 하지만 주식에 투자해서 성공한 직장인을 들어본 적이 있는가? 필자는 거의 없다. 주식 투자로 돈 버는 사람은 외국인, 기관투자자, 큰손, 엄청나게 재수 좋은 개미투자자 등 극히 일부 약 5퍼센트밖에는 안 될 것이다. 나머지 95퍼센트는 그 5퍼센트를 위한 밥상을 차린다고 보면 된다. 환상에 젖은 주식 투자는 절대로 하지 말자. 만약 그래도 주식하려거든 우량 주식에 장기간 투자하고 주식 시세는 당분간 쳐다보지도 말자.

셋째, 무조건 목돈 만들기다.

아무리 정보와 의지가 있어도 본인의 자금이 준비돼 있지 않다면 빛 좋은 개살구다.

안정적인 급여를 받는다면 생활비 등 지출금액을 최소화하고 남는 금액은 무조건 목돈을 만드는 데 집중해야 한다. 그래야만 밝은 미래가 우리를 기다리기 때문이다.

최근 현재 행복을 가장 중시하고 소비하는 즉, 인생은 한 번뿐이니 후회 없이 이 순간을 즐긴다는 욜로족이 유행하고 잇는 있는데, 이것은 내 인생에서 사치라 생각하는 편이 좋을 것이다. 요즘 같은 고령화 시대에 돈 없는 노후란 축복이 아니라 재앙이라고 표현하고 싶다. 돈이 효도한다는 이야기도 있다. 돈이 있어야 자식들이 한 번이라도 더 찾아온다는 우스갯소리가 있다.

넷째, 현장 답사는 필수다.

목돈을 만들면서 다른 한편으로는 현장 답사를 많이 해야 한다. 다시 말해 발품, 손품, 말품을 잘 팔아야 한다는 것이다. 현대는 정보화 시대이기에 그러한 정보의 홍수 속에서 옥석을 가리려면 눈과 발, 입이 분주하게 움직여야 한다는 것이다. 아무리 준비된 투자자라 할지라도 정작 투자할 만한 물건이 신통치 않다면 말짱 도루묵이다. 수익이 안정적으로 나올 수 있는가? 세입자들이 선호하는 지역인가? 향후 시세차익은 실현 될 만한 요소가 있는가? 건물 내외부의 상태는 양호한가 등을 체크하고 현재 나온 매물의 적정 가격이 타당성이 있는지도 꼼꼼히 검토해야 한다.

다섯째, 이제 최종적으로 투자라는 것을 실천해보자.

본인이 만든 목돈의 규모와 선호하는 수익형 부동산의 종류를 고려해 택일하여 정말 후회 없을 투자를 해보는 것이다. 직장인이 소규모 목돈을 마련해 제일 먼저 접근하는 수익형 부동산은 대개 오피스텔이다. 하지만 오피스텔은 당연히 입지에 따라 수익률이 다르고 취득 시 취득세가 많이 나오며 향후 오름세가 그리 높지 않다. 또한 매가가 상승해 예전과 같은 임대수익률은 기대하기 곤란한 게 현실이다. 굳이 오피스텔이 아니더라도 다세대 주택이나 다가구 주택, 구분 상가 등에 갭 투자하는 쪽이 직장인에게 적합한 투자 물건이 아닐까 생각된다.

**Check-Point**

반드시 근로소득 외에 임대수익을 추가로 실현하는 직장인이 되고야 말겠다는 의지로 목돈을 모으고, 이 목돈의 규모와 선호하는 부동산 종류를 고려해 택일하여 후회 없는 투자를 해보자.

# 02

# 직업별 투자2 :
# 퇴직 후 노후 대비 투자 비법

　버킷리스트라고 들어보았을 것이다. 리스트 작성도 해본 분도 있을 것이다. 예를 들면 세계여행하기, 외국어 공부하기, 건강을 위해 술과 담배 끊기, 운동하기, 멘토 만들기, 남을 위해 봉사하기, 취미 생활 갖기 등 개인마다 다양하다. 그런데 이러한 버킷리스트 중에는 돈이 안 들어가는 것도 있지만 돈이 있어야만 달성할 수 있는 것들이 많다.

　퇴직 후 대부분 소일거리 없이 그저 하루하루가 의미 없이 지나간다. 그러다 병이라도 걸리면 병원을 들락날락하는 처량한 신세가 되는 것이다. 하지만 준비된 노후를 설계한 사람들은 노후를 즐기며 하루하루를 행복하게 지낼 것이다.

　퇴직을 했기에 시간적 여유가 많을 것이고 젊은 시절 성실하게 살아왔다면 노후자금도 넉넉히 마련해 두었을 것이다. 그렇다면 이 노후자금으로 어떻게 안정적이면서도 알토란 같은, 수익이 매달 꼬박꼬박 나오는 수익형 부동산을 장만할 수 있을까? 고민해보자. 우선 퇴직한 이후이기 때문에 무모한 공격적인 투자법은 피하자. 투자 후 몇 년 후에 시세차익이 많이 생겨 부자가 된들 무엇 할 것인가? 아무런 의미가 없다. 시세차익형 부동산보다 수익형 부동산에 관심을 가질 나이라는 뜻이다. 물론 수익형과 차익형 두 마리 토끼를 잡을 수 있다면 더할 나위 없겠지만 말이다. 그러면 안정적인 수익형 부동산은 무엇이 있을까? 나이가 들면 모든 생각과 행동이 보수적으로 흐르는 것이 대부분이다. 그만큼 넘어지면 재기하기가 힘들다는 의미다. 수익형 부동산 중에서 가장 선호하는 것이 근린상가와 아파트단지 내 상가다. 하지만 이것들도 투자시점부터 세심한 주의를 요하는 것들이다. 왜냐하면 상가에 잘못 투자하면 그야말로 임대수익은 커녕 대출이자와 관리비에 죽어난다. 수요 예측이 과장돼 있는 상가, 아직 기반 시설이 형성돼 있지 않은 신도시 근린상가, 영업 경쟁이 치열한 업종에 임대된 상가, 유동인구는 많은데 직접적인 영업에 도움을 줄 수 없는 입지에 위치한 상가, 주5일 상권으로 절대 영업일수가 적을 수밖에 없는 지역의 상가 등에 투자하면 반드시 실패하게 된다. 상가는 주택과는 확연하게 다른 점이 있다. 주택은 경기에 영향을 그리 많이 받지 않아서 적당한 시세에서 조금만 할인해주면 임대 수요를 충족시킬 수 있는데 반해 상가는 경기에 영향을 직접적으로 받기에 신중하게 선택해야 한다.

사례를 들어보자. 서울시 광진구 화양동에 거주하는 김성광(남, 55세) 씨는 노후를 대비하려는 목적으로 수익형 부동산으로 추천받은 물건 중에 지하철 7호선 어린이대공원역 사거리 주변 6차선 대로변의 오피스텔 1층 상가 중 전용면적 13평 정도를 13억 원 정도에 매입했다. 이 물건의 분양평수는 26평이고 전용면적이 13평이므로 상가의 일반적인 전용률 50퍼센트인 것이다. 6차선 대로변이고 1층이기에 쉽게 임대 수요가 맞춰질 것으로 예상했었다. 참고로 임대료는 보증금 5천만 원/월 350만 원이었다. 그런데 입주 후 6개월 이상 지났음에도 불구하고 상가 세입자를 구하지 못해 안달이다. 그도 그럴 것이 경기 침체 탓에 이곳의 비싼 임대료를 감당할 업종이 있기가 쉽지 않았다. 들어오는 세입자가 돈을 벌 수 있는 구조라야 임대인도 안정적인 임대수익을 받을 수 있는 것이다. 임대료를 너무 높게 책정할 수밖에 없다면, 세입자가 만기를 한 번도 채우지 못하고 숱하게 변경될 것이기에 적정 임대료를 받을 수 있는 상가를 찾는 것이 무엇보다도 중요하다. 퇴직 후 상가에 관심 많으신 분이 절대적으로 기피해야 할 상가는 지분형 상가, 수익형 호텔 지분, 상권이 쇠락해가는 구도심 상가, 인구가 감소해 절대적인 소비 인구가 없는 지방 소도시 상가 등이다.

퇴직 후 노후에 대비해 수익형 부동산에 투자하는 방법 중 하나가 상가주택을 매수해 1, 2층은 세를 놓고 본인은 3층에 거주하는 형태의 투자다. 알토란 같은 임대수익이 매월 나오고 향후 시세차익까지 기대할 수 있기 때문이다. 상가주택은 본인이 직접 거주하기 때문에 세입자 관리 및 건물 관리가 용이하다. 그러면 구체적으로 상가주택이 어떠한 장점을 가지고 있는지 살펴보자.

상가주택이라 함은 말 그대로 상가와 주택이 혼용된 수익형 부동산 상품이다. 수익형 부동산 중에서도 매매하기 쉬운 편에 속하며, 거주와 고정적인 월세 수입으로 노후를 여유롭게 만들어줄 상품이라고 볼 수 있다. 임대인이 직접 거주해서 관리한다면 공실률을 줄일 수 있고 건물의 관리까지 가능하기 때문에 관리비가 절약된다. 그러면 건물 상태도 좋아지기에 이후 매매 시에 상당한 도움이 된다는 이점이 있으며, 초기 투자나 구도심 투자는 개발 후 시세차익까지 충분히 기대할 수 있다. 때문에 요즘에는 상가주택을 건축 설계하는 일도 많아지고 있으며 노후를 대비하는 측면에서 많이 선택한다.

반대로 단점으로는 상가주택은 1층에 주로 편의시설 같은 근린생활시설이 입점하며, 2층부터 거주공간으로 이용된다. 사실상 1층이란 뜻이다. 상권이 좋은 위치가 아니라면, 크게 소득을 보기 힘들다. 때문에 투자할 때는 배후세대와 상권의 성숙도, 그리고 핵심 동선을 확인할 필요가 있다. 그 만큼 상가주택은 입지가 좋지 않으면, 활용도가 낮기에 이러한 리스크를 잘 감안해서 보수적으로 접근하는 것이 좋다. 상가주택도 아직 미 성숙된 도시에서는 빛을 보기 쉽지 않기에 장밋빛 청사진만 보고 투자하는 것은 절대 조심해야 한다. 그러한 실패한 상가주택을 주변에서도 많이 볼 수 있다. 예를 들어 경기도 화성시 동탄2 신도시의 상가주택을 답사해보면 왜 실패할 수밖에 없는지 부동산 초보자들도 쉽게 알 수 있을 것이다. 그야말로 소비자층의 접근성이 떨어지는 입지에 건축되었기 때문에 바로 실패한 상가주택이다.

퇴직한 이후이기 때문에 무모한 공격적인 투자법은 피하자. 적정 임대료를 받을 수 있는 상가를 찾는 것이 무엇보다 중요하다. 실제 거주하면서 임대 수익을 받을 수 있는 상가 주택을 고려해보자.

# 03
# 지역별 투자1: 신도시형 투자 비법

신도시는 누구에게나 열려 있는 기회의 땅이라 부른다. 최초 아파트를 분양받아서 시세차익을 실현하든지 아니면 상업용지를 분양받아 등기 후 재매각 또는 건물을 신축하는 방법이 있다. 그런데 신도시 수익형 부동산 중에서 가장 주의해서 투자해야 할 상품이 바로 신도시 분양상가다. 신도시 분양상가를 분양받아서 고전하지 않은 투자자가 없을 정도로 절대적으로 고심해서 접근해야 하는 상품이다. 대개 신도시 상권이 성숙기에 도달하려면 신도시가 형성된 지 최소 5년은 경과해야 한다. 그래야 비로소 상권이 활성화되고, 매매가도 상승한다. 그저 신도시에 대한 막연한 환상에 사로잡혀 초기에 분양상가를 분양받았다가 신규 세입자를 확보하지 못해서 막대한 금전적 손해를 보는 경우가 허다하다. 그 결정적인 이유는 고 분양가에 따른 높은 임대료 책정, 신도시 유입 인구수 대비 과다한 상가 분양 면적, 임차 업종의 출혈 경쟁으로 영업이익 실현 불가능, 상가 입지 선정의 부적정성 등이다. 신도시에서의 수익형 부동산 투자는 상가 투자 중 가장 주의를 요한다. 무엇보다 상가가 최초로 자리 잡는 시점이기 때문에 가장 경쟁력 있는 업종을 선점할 수 있는 입지의 상가를 선택하는 것이 중요하다.

실제 신도시 분양상가 실태를 살펴보자. 위례신도시 상가는 절반 정도 분양되었으며, 분양된 상가 중에서도 상당수가 공실로 남아 있어 분양받은 투자자에게는 커다란 고통이 아닐 수 없다. 그 이유는 앞서 언급한 바와 같이 고분양가, 높은 임대료를 감당할 만한 업종의 부재, 우남역 개통 연기와 위례신사선 경전철 개통 미지수 등 인프라 구축 지연과 같은 복합적인 요소가 한꺼번에 작용하고 있다. 좀 더 구체적으로 알아보자. 위례신도시 트램역에 인접한 상가는 분양 당시 알짜배기 입지로 알려져 과열 양상을 보였는데 이후 트램 건설이 지연되면서 임차인 문의가 뚝 끊긴 상태다. 트램이 지나는 중앙광장 260실 중 70퍼센트가 공실이라고 하는데 이러한 공실로 인한 위험을 피하려면 분양가가 다소 비싸더라도 상권이 어느 정도 형성됐거나 확장될 입지를 선택하는 편이 나을 것이다. 반면, 자금력이 있는 일부 투자자라면 신도시 형성 초반에 진입해 상권을 선점하는 것도 한 방법이라 볼 수 있다. 수만 가구의 아파트가 배후수요로 예정된 입지의 근린상가는 경기를 잘 타지 않고 업종의 부침도 적은 편이다. 이런 곳은 베이커리, 약국, 분식점, 편의점 등 생활 밀착 시설이 빠르게 입점하므로 공실 위험도 적을 수밖에 없다. 예를 들어 세종시 종촌동은 아파트 단지와 인접한 근린상권이 발달해 있는데 이곳은 하교 시간인 오후 3시경부터 학생들과 주부들로 활기를 띤다. 덕분에 1층 상가는 공실을 찾아보기 쉽지 않다. 신도시 상권은 근린생활상권이 먼저 형성된 후 대형 쇼핑몰이 조성되면서 주변 상권이 분산 및 확장되는 구조다. 쇼핑과 놀이, 문화 등을 다양하게 즐길 수 있는 랜드마크 상가는 중심상권으로 자리매김할 가능성이 아주 높으며, 한 곳에서 모든 것을 해결하려는 소비 형태의 변화가 대규모 상가가 주목받는 이유이기도 하다. 이처럼 신도시 상가 투자는 비교적 리스크가 크지만 입지 선점 여부에 따라서 차익을 실현할 수도 있기에 배후수요가 풍부하고 교통 여건이 개선될 만한 신도시 지역에 관심을 가질 필요가 있다. 다만 상권이 자리 잡기까지는 시간이 걸리기 때문에 장기적인 관점에서 접근해야 한다.

결론적으로 신도시 상가 투자는 자금력을 갖춘 투자자라면 선점 효과를 노리고 반대로 자금력이 그리 많지 않은 투자자는 가격이 조금 상승되더라도 상권이 성숙된 후에 투자하는 것이 좋을 것이다.

## Check-Point

신도시 수익형 부동산 투자는 상가 투자 중 가장 주의를 요한다. 무엇보다 상가가 최초로 자리 잡는 시점이기 때문에 가장 경쟁력 있는 업종을 선점할 수 있는 입지의 상가를 선택하는 것이 중요하다.

# 04

# 지역별 투자2 :
# 구도심형 투자 비법

구도심의 수익형 부동산 투자에서 제일 중요한 요소는 상권이 어느 지역으로 움직이고 그 움직이는 속도는 얼마나 빠른지 세밀하게 분석하고 검토하는 것이다. 사례를 들어보자. 서울 방배동에 거주하는 정형기(남,55세) 씨는 2018년 8월경 경기도 평택시 평택동에 위치한 상가에 투자(분양평수 126평, 전용평수 80평, 매매가 10억 원)를 권유받고, 몇 번의 답사 끝에 투자 결정을 내렸다. 그 상가 투자의 장점과 단점을 살펴보고자 한다.

우선 입지는 평택역 역세권이면서 중심 상업 지역에 속한다. 젊은이의 놀이 문화 마당인 평택역 로데오 거리다. 그런데 문제는 그 로데오 거리가 점점 쇠퇴한다는 점이다. 바로 인근 신규 택지개발지구로 상권이 이동하고 있었다. 이동하고 있는 상권의 대표적 중심지가 바로 소사벌 상업지구다. 평택의 대표적인 상권으로 급부상하고 있는 상권이라고 볼 수 있다. 그런데 투자자 정 씨가 그러한 점을 간과한 이유를 살펴보면, 우선 평택역 도보 5분 거리이며 젊은 층의 유동인구는 상당히 많은 편이라는 것이다. 무슨 업종이든지 하면 될 것 같다는 본인의 판단이었다. 또 하나의 이유는 해당 상가 건물 주변에 신축 상가가 거의 전무해서 소비자층이 선호할 것이라는 막연한 기대감이었다. 해당 상가는 7층이었는데 동 건물 3층과 4층이 PC방으로 완전 성업 중이라서 젊은이를 상대로 하는 업종이라면 승산이 있겠다고 판단했고 더불어 병의원이 많이 입점해 있어 본인의 상가 또한 그러한 병의원으로 임대되면 안정적인 임대수익을 실현할 수 있을 것이라 생각한 것이다. 그런데 상가 잔금을 납부하고 소유권이전 등기를 끝낸 다음 세입자를 구하는 게 생각보다는 쉽지 않았다. 이유는 7층에 입점해서 보증금 5000만 원/월450만 원의 임대료를 감당할 수 있는 업종이 많지 않기 때문이다. 접촉을 했던 업종은 미용실, 사무실, 치과병원 등이었다. 세입자를 구하지 못한 상태에서 정 씨는 본 상가건물을 구입하기 위해 받은 대출 이자를 불입해야만 했고 거기에 부과되는 관리비까지 부담하기에 이르렀다. 그러던 중 부동산중개업자로부터 만화카페를 직접 창업해보라는 권유를 받는다. 월 임대료를 받아서 이자 제외하고 세금 제외하면 수익은 별로 안 될 것 같았고, 평택시에는 해당 브랜드 만화카페가 한 군데도 없으며, 프랜차이즈 본사의 시장성 평가도 좋게 나왔다는 이유로 과감하게 인테리어 공사비 약 2억8천만 원 추가로 들여 그해 12월 20일에 창업했는데, 만화카페 소비계층의 한계와 한정적인 영업시간, 다시 말해 장사가 되는 시간대 한계 그리고 젊은 소비층의 상권이동에 따른 절대적인 유동인구 감소 등으로 아직까지 기대만큼 수익을 창출하지 못하는 것으로 알고 있다. 상가는 원래 영업매출이 나오지 않으면 절대로 매매 거래가 안 되는 특성이 있기 때문에 당분간 고전할 수밖에는 없다. 그래도 인지도는 점점 높아지고 있기에 다소나마 희망을 가지고 있는 것 같다.

이상에서 살펴본 바와 같이 구도심에 자리 잡은 상가에 투자하려면 상권 이동이라는 커다란 물줄기를 볼 줄 알아야 하며, 혹여 입지가 아주 뛰어나 영업이 잘되는 경우 임대인이 과다하게 임대료를 인상해 젠트리피케이션 현상이 나타날 수 있다는 점은 주의할 필요가 있다.

구도심 중심상업지구의 특징은 조성된 지 오래되었기 때문에 신규 물건 공급이 드물고 이미 높아진 비싼 토지 가격, 점포마다 형성돼 있는 막대한 권리금 탓에 거래 빈번도가 높지 않고 새로운 건물이 신축되기가 힘들다는 것이다. 신도시와 달리 오랜 시간에 걸쳐 조성되었고 유동인구, 주거인구, 상업인구가 안정적으로 구성되었기 때문에 그에 대한 기대감으로 토지 가격이 비쌀 수밖에 없다.

**Check-Point**

구도시 상권에 투자하려면 상권이 얼마나 빨리, 어디로 이동하고 있는지 늘 파악하고 있어야 한다.

# 05

# 지역별 투자3 :
# 수도권형 투자 비법

　수도권 지역의 수익형 부동산에 투자할 때의 기준은 무엇일까? 아마도 상가의 밀집도와 인구유입 그리고 주변 산업단지 입주 여부, 사회간접시설의 확충 등일 것이다. 최근 정부의 강력한 부동산 규제 때문에 부동산 투자자의 관심이 신규 수도권 상가 투자로 이동하는 것 같다. 특히 신규 주거단지의 대형상가들이 주목을 받지만, 임차인을 구하지 못해 기대한 만큼 수익을 내지 못하는 경우도 허다하다. 동탄2신도시 상가를 살펴보자. 동탄2신도시는 2019년 말까지 입주단계가 거의 마무리되는 수도권 메머드급 신도시다. 그런데 자족기능을 겸비한 신도시라는 명칭이 무색하게 동탄 테크노밸리는 입점률이 현저하게 떨어지고 상가가 분산되어 있어 산만한 느낌이다. 입주 10년이 지난 동탄1신도시 상가밀접지역인 남광장과 북광장의 상가들은 공실이 거의 없이 안정적으로 형성되어 있다. 하지만 동탄2

신도시 상가는 높은 분양가와 대기업 유치 실패에 따른 인구유입 효과 반감, 신도시 자체가 워낙 대규모로 구성된 탓에 분산된 상가 밀집 지역, 트램 노선 등 교통망 확장 지연 등 다수의 악재가 발목을 잡고 있는 것 같다. 상가는 만들어지고 있는 신도시에서 분양받는 게 아니라 이미 자리 잡고 있고, 유동인구가 확실한 곳을 확인한 다음, 거기에 시간을 더 들여 상권까지 파악하면서 투자하는 부동산임을 명심해야 할 것이다.

## Check-Point

부동산 투자자의 관심이 신규 수도권 상가 투자로 이동하고 있지만, 상가는 신도시에서 분양 받는 게 아니다. 시간을 들여 상권을 파악한 다음 투자해야 한다.

# 06
## 지역별 투자4 :
## 비수도권형 투자 비법

상가투자는 상가 건물에 투자하는 것이 아니라 상권에 투자하는 것이 핵심이다. 그렇다면 당장 투자해야 하는 경쟁력 있는 상권의 특징은 무엇일까?

- 상가가 모여 있어야 한다.
- 배후세대, 유효수요, 다양한 소비층을 인근에 보유하고 있어야 한다.
- 대형 집객 시설을 보유하고 있어야 한다.
- 권리금이 서서히 오르면서 안정적인 임대수익률을 안겨줄 수 있는 곳이어야 한다.

최근 미중 무역 전쟁, 한일 무역 갈등 등 국내외 경제의 불확실성이 커지면서 투자처를 찾지 못한 투자자들이 부동산으로 몰리고, 일각에서는 이에 따라 침체기를 벗어나지 못하던 지방 부동산 시장에도 투자수요가 몰릴 수 있다는 예측도 나온다.

부동산으로 자금이 몰릴 수 있다는 주장의 근거는 부동산이 '안전 자산'이기 때문이다. 장세 영향을 받는 주식 등 금융 상품은 변동성이 심한 것에 비해 부동산은 3년, 5년 등으로 상품이 구성돼 비교적 안정성이 높은 자산으로 불린다. 그중에서도 지방의 수익형 부동산이 주목받는 이유는 아직 저평가되어 있어 높은 임대수익률을 얻을 수 있기 때문일 것이다. 그런데 비수도권 지역은 아무래도 인구 유출이 유입보다 더 많은 게 현실이니 이 점도 간과해서는 안 된다. 각 지방의 특성화된 상권과 더불어 유명 관광단지의 수익형 부동산은 꾸준히 인기가 이어질 것으로 기대된다. 완전 비수도권인 전라북도 정읍시 상권을 살펴보자. 정읍시는 일부 산업단지가 있기는 하지만 전형적인 소비 중심 도시다. 국립공원인 내장산과 더불어 정읍사로 유명한 정읍시는 구도심과 신도심으로 상권이 구분돼 있는데 구도심은 이미 상권이 쇠락해가고 있으며 수성동을 비롯한 신규 아파트 단지는 젊은이들의 유입으로 새로운 상권이 발달 중에 있다. 구도심에는 최근 전통차 거리가 조성되면서 전국적인 유명세로 활기를 띠는 모습이 이채롭다. 비수도권의 수익형 부동산은 아무래도 수요층이 부족하기 때문에 더욱더 세심하게 상권을 분석하고 더불어 독창적인 수요층을 유입할 수 있지를 분석해야 실패할 확률이 적을 것이다.

수도권과 비수도권은 수익형 부동산에 투자하는 기준이 조금 다르다. 수도권은 매달 들어오는 수익도 중요하지만, 언제나 땅값 상승 여력이 존재하기 때문에 당장 수익률이 조금 낮더라도 투자결정을 한다. 하지만 비수도권은 시세상승 여력보다 오로지 당장 눈앞의 수익에 초점을 맞추어야 한다. 통상 수도권은 투자수익률이 4~5퍼센트 수준이면 괜찮다고 판단하고, 비수도권은 최소한 7퍼센트 정도는 돼야 투자 의사 결정을 내리기가 쉽다고 한다.

**Check-Point**

비수도권 수익현 부동산은 아무래도 수요층이 부족하기 때문에 독창적인 수요층을 유입할 수 있는지 분석하고, 시세차익보다 현재의 투자수익률에 집중해야 한다.

# 07

# 투자 금액별 투자1: 1억 원 이하

수익형 부동산에서 1억 원 이하로 투자할 수 있는 물건을 구한다는 것 자체가 그리 쉬운 일이 아니다. 웬만한 소형 오피스텔의 분양가는 2억 원을 훨씬 상회하기 때문이다. 그렇다면 어떤 방법이 있을까? 물론 비수도권 지역의 오피스텔을 선택한다면 이야기가 다르겠지만 수도권 지역에서의 1억 원 이하를 보유하고 있다면 대출과 보증금을 이용한 갭 투자 방법을 사용해 투자해야 할 것이다. 그런데 수익형 부동산은 말 그대로 매월 안정적인 수익을 바라보는 상품이기에 갭 투자로 매수해놓고 마냥 시세차익만 기다리는 것은 어리석은 일이 아닐 수 없다. 물론 시장에서 거래되는 실거래가와 비교해 확실한 급매가격이라면 당연히 시세차익을 노린 투자를 해도 무방할 것이다. 이런 시세차익을 거둘 수 없다면, 입지가 확연하게 뛰어나 공실률이 적고 안정적인 임대수익을 실현하기에 충분해야 도전해볼 만하다. 매수한 다음 전세 부분을 월세로 전환해 진정한 수익형으로 전환시키는 전략이 중요하다. 1억 원 이하 투자물건으로는 소형 오피스텔과 원룸 그리고 역세권 소형아파트가 대상이다. 사례를 들어보자.

경기도 성남시에 거주하는 이소은(여, 37세) 씨는 아직 미혼이다. 아직 부동산 투자를 한 번도 해보지 않은 고객이었다. 상담을 하다가 알게 되었는데 약 30년 후 연금수령이 가능한 연금보험에 실제 불입 금액이 약 6천만 원이 들어 있고 다른 특별한 여유 자금은 거의 없었다. 그런데 이 씨는 부동산 투자에 대한 관심이 너무도 강해 필자에게 도움을 간곡하게 요청한 것이다. 그래서 필자는 용기가 수반되어야 할 수 있는 일이라고 알려주고 부동산 시장의 특성과 가격 변동 상황을 믿을 수 있는지 재차 확인하고 나서 구체적으로 부동산 투자 분석을 하고, 최적의 해당 물건을 탐색했다. 그리고 고객과 함께 임장활동을 시작한 지 약 15일 만에 투자 물건을 매수했다. 우선 연금보험을 과감히 해약했다. 그 해약에 따른 손해는 약 2천만 원이었는데 이는 부동산 투자로 확실하게 상쇄하고도 남을 수 있다는 믿음을 갖고 과감하게 해약한 것이다. 사실 30년 후 받게 될 목돈은 의미가 그리 크지 않을 것 같다는 분석을 서로 교감한 것이다. 해당 물건은 경기도 수원시 영통지구의 소형 아파트인데 조건은 24평형 계단식 구조에 남향, 그리고 역에서 도보 3분 거리의 초역세권, 초등학교 바로 인접, 삼성전자 인접, 매매가 대비 전세가는 약 95% 수준으로 초기 투자금액은 취득세와 인테리어 비용 포함하여 약 3천만 원으로 가능했다. 현재는 연금보험을 해약해서 손해 본 금액을 훨씬 상회하는 매매가가 형성돼 있어 그야말로 소액투자의 정석을 그대로 보여준 사례가 아닌가 싶다.

## Check-Point

1억 원 이하 투자금액이라면 갭 투자로 시세차익만 바라볼 수 없는 상황이므로 소형 오피스텔과 원룸 그리고 역세권 소형 아파트에 주목하자.

# 08

# 투자 금액별 투자2 :
# 1억~4억 원 이하

투자금액 1억~4억 원 미만은 다양한 물건을 선택할 수 있으며, 투자할 지역 또한 서울을 비롯해 여러 지역이 가능하리라고 본다.

가능할 것으로 생각되는 수익형 부동산 물건의 종류는 오피스텔, 지식산업센터, 원룸, 소형 상가, 소형 아파트, 근린상가 등 수많은 종류와 물건이 전부 대상이다. 하지만 옥석 가리기가 상당히 중요하다. 투자금액이 비교적 소액이기 때문에 물건은 많고 선택의 폭도 상당히 넓어서 쉽게 선택하기 어려운 것이 사실이다.

기본적으로 수도권 지역에서 안정적으로 임대가 맞춰진 근린상가를 선택하는 것이 좋을 듯하다. 실전 투자 사례를 들어보자.

**물건개요**
• 지번: 경기도 용인시 기흥구 마북동 181-2 한성프라자 3층 000호

- 면적: 112.32m²(약 33.97평)

- 건축규모: 지하2층/지상4층/주차장/승강기 유

- 매매가: 4억2천만 원

- 융자금: 1억5천만 원(금리 연3.5%)

- 보증금: 8천만 원/월 230만 원(부가세 별도)

- 임차업종: 한의원

- 실투자금액: 1억9천만 원

- 투자수익률: 년 11.8%

## 투자 포인트

- 본 상가 건물에 한의원은 독점이라는 관리규약이 있으므로 상

권 확실한 보호

- 사거리 코너 건물로 가시성과 접근성 탁월
- 교동마을 아파트 밀집단지 배후로 수요자 많음
- 분당선 구성역, 영동고속도로, 경부고속도로, 용서고속도로 등 광역 교통망호재

**투자의사결정 의견**

- 본 수익형 물건의 최대 포인트는 안정적인 임대수익을 올릴 수 있다는 점과 상가관리규약에 따라 독점 영업권이 보장돼 있다는 것으로 세입자 입장에서는 장기 계약에 문제가 없으므로 공실에 대한 염려가 전혀 없을 것으로 분석되는 우량 수익형 물건이다. 또한 서울과 수도권에서 보기 드문 높은 투자수익률 또한 수익형 부동산으로서의 투자 매력이 충분하다.

**Check-Point**

물건의 종류도 많고 수량도 많다. 그래서 옥석 가리기가 상당히 중요하다. 기본적으로 수도권에서 안정적으로 임대가 맞춰진 근린상가를 선택하는 것이 좋을 듯하다.

# 09

# 투자 금액별 투자3 :
# 4억~9억 원

수익형 부동산 투자금액으로 4억~9억 원선이면 꼬마빌딩을 과감하게 권하고 싶다.

꼬마빌딩이라 함은 금액 기준으로 매매가 총 50억 원 이하를 통칭하는데 과연 4억~9억 원으로 투자할 수 있는가? 모든 투자자들이 의아해할 것이다. 하지만 투자기법에 따라 얼마든지 투자할 수 있고 누구나 건물주가 되는 꿈을 실현할 수 있다.

그림은 서울시 서초구 우면동의 근린상가다. 서울특별시의 강남권에서 실투자금액 약 4억5천만 원으로 상가를 구입할 수 있다는 것 자체가 희소성이 있다. 문제는 상권의 활성화인데 이곳은 전형적인 아파트단지 상권으로 부동산중개업소와 커피숍이 세입자로 들어와 있어 안정적이긴 하다. 하지만 전철역세권이 아니라는 점이 가장 큰 단점으로 보인다. 투자 결정을 하는 데 반드시 참고해볼 사항이다.

| 매매 가격 | 월 보증금 | 월 임대료 | 실투자금 | B/엥수 | 대출/이자 | 업 종 | 순수익 |
|---|---|---|---|---|---|---|---|
| 10억 | 3천만 2천만 | 150만 180만 | 4억5천 | 분 35평 실 평 | 5억 월160만 | 부동산 커피 숍 | 월 170만 |

**매물 사진 / 장 점**

- 우면동 1종 위치 아파트단지내 상가
- 실투자금 4억5천/순수익 월170만원
- 아파트단지 입구 가시성과접근성탁월
- 높은 중고로 인한 활용도 높음
- 안정적인 임대수익 가능

**단 점**

- 전철역 까지 약 1.2KM로 도보 역세권과는 거리있음
- 활성화된 상가 밀집지역은 아님

**분 석**

- 현재 2개의 업종 공인중개사 사무소와 커피숍이 위치해 있음
- 한번 입점한 업종이 계속 운영하고 있음
- 약 6M의 높은 층고로 활용도 높음
- 우면지구 R&D 산업단지 개발로 인한 후광효과
- 서초구 1층 상가 10억으로 구입하기 힘든 희소성
- 향후 안정적인 임대수익 실현및 차익발생가능성

우선 9억 원 이하 투자금액으로 접근하려면 대략 30억 원 이내 꼬마빌딩을 고려하는 것이 적당할 것이다. 고려 대상의 물건을 살피는 최대 요건은 살아 움직이는 상권 속에서도 가시성과 접근성이 뛰어난 입지에 자리하고 있어야 하며, 만약 신축을 고려한다면 도로 접하는 면을 신중하게 분석하고 일조권 및 사선 제한 그리고 대상 물

건이 속한 지역의 개발 호재 등을 검토해야 한다. 서울을 비롯한 수도권 지역에서 꼬마빌딩에 투자하려고 매물을 검토하다 보면 30억 원에서 40억 원 정도의 매물을 쉽게 접할 수 있다. 이는 대출금과 보증금을 제외하면 본인 투자금 약 10억 원 정도면 충분히 매수할 수 있다는 것이다. 물론 자기 자본금이 부족하면 월세 비중을 전세보증금으로 더 충당해서 더 적은 금액으로도 접근이 가능할 것이다. 꼬마빌딩이 수익형 부동산으로 주목받는 이유는 매월 임차인에게 꼬박꼬박 월급처럼 임대료를 받을 수 있다는 점과 매입 당시보다 더 높은 가격으로 되팔아 자본이득까지 챙길 수 있다는 점이 있기 때문이다. 특히 소득 원천이 없어져 노후를 준비하는 데 걱정이 태산인 은퇴자에게는 더없이 좋은 투자 대상이다. 다시 말해 조물주 위에 건물주라는 말이 실감날 것이다.

이러한 꿈같은 일이 그리 쉽게 이루어지지 않는 것은 당연하다. 꼬박꼬박 월급처럼 임대료를 받고 편안한 노후를 즐기면서 경제적 자유를 누린다는 것이 쉽지는 않다는 것이다. 우선 철저히 상권을 분석해 투자대상 지역을 선정하는 것 자체가 일반인에게 어려운 일임에 틀림없다. 매수했다고 그냥 방치하면 임대료는 하락하고 우량 임차인은 나간다. 그러면 건물 가치는 점차 하락하게 되어 꼬마빌딩을 매수한 이유가 사라진다. 투자 후에도 상권이 어떻게 변하는지 끊임없이 파악하고 그 변화에 맞춰 빠르게 대응해야만 우량 임차인을 놓치지 않고 높은 임대수익률을 유지하면서 건물 가치 상승도 동시에 이룰 수 있다. 꼬마빌딩은 자산 가치를 비교적 객관적으로 분석하여 적정가격에 매수하는 것이 중요하다. 왜냐하면 다른 아파트나 상가는 어느 정도 매매가격대가 공개돼 있어 비교할 수 있지만 꼬마빌딩은 가격이 일률적이지 않고 주관적이기 때문에 투자자는 지가, 임대료 수준, 건물상태, 도로 폭, 면적, 준공년도, 주차 공간, 승강기 유무, 임차업종, 주변 개발 가능성, 상권 변화 가능성, 임차인의 업종변화 가능성 등을 면밀하게 분석해야 한다.

**Check-Point**

9억 원 이하 투자금액으로 접근하려면 대략 30억 원 이내 꼬마빌딩을 고려하는 것이 적당할 것이다. 꼬마빌딩은 가격이 일률적이지 않기 때문에 투자자가 살펴봐야 할 것이 매우 많다.

# 10
# 투자 금액별 투자4 :
# 10억 원 이상

실투자금액이 10억 원 이상 있다면 대도시의 중심 상업 지역에서 전부 근린생활시설인 상가 건물을 구입할 수 있을 것이다. 환금성도 좋고 누구나 선호하는 지역인 서울의 강남권 빌딩이면 금상첨화다.

그럼 강남 부동산이 왜 그리 주목을 받을까 생각해보자.

- 땅값이 비싸서 공급 물량이 적다 보니 가격이 꾸준히 상승한다.
- 그곳에는 본인보다 돈 많은 사람들이 많으므로 그 사람들이 유입되면 시세차익을 볼 수 있는 기회가 많아진다.
- 부동산은 환금성이 제일이다. 다시 말해 매도하고자 할 때 팔 수 있는 부동산이 좋다는 것이다. 강남은 전국적으로 투자자가 몰려오는 곳이라 부동산 수요층이 많다.

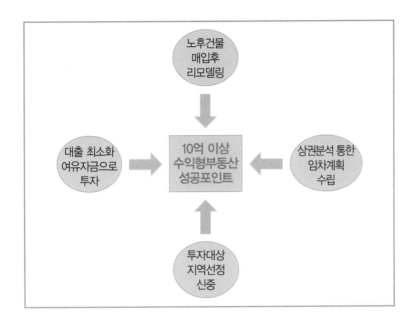

- 도심재생사업, 초고층빌딩, 재건축, 재개발 사업이 꾸준히 진행되므로 가격 상승세가 이어진다.
- 학군이 우수하다. 강남은 한국 교육의 메카다. 충분히 갖춰진 교육인프라는 투자자의 유입을 가속화한다.
- 유명 인사의 부동산이 몰려 있는 지역이기에 좋은 부동산정책이 따라 올 수밖에 없다.

이상에서 강남 부동산의 속성을 살펴보았는데, 아무래도 투자금액이 많이 들여갈 수밖에 없기에 더욱더 신중을 기해야 할 것이다.

최근 부동산 투자의 트랜드는 시세차익형 투자에서 임대수익형 투자로 변화된 지 오래다. 안정적인 임대수익 창출이 가능한 수익형 부동산이 주목받고 있는 것이다. 그렇다고 무턱대고 수익형 부동산이 다 좋은 것은 아니다. 잘 골라야 그 목적에 부합되는 것이다. 입지 여건, 배후수요 등에 따라 천차만별이기 때문에 임대수익과 더불어 자본이득까지 얻으려면 가치를 극대화할 수 있는 전략을 적극적으로 구사하여야 한다. 다음 몇 가지 전략만으로도 충분히 수익형 부동산의 가치를 증진할 수 있을 것이다.

첫째, 비교적 저평가된 노후화된 건물을 매입하여 리모델링을 하라.

성수동 카페거리, 송파구 송리단길, 서울대 샤로수길, 압구정 가로수길, 이태원 경리단길 등 많은 신규 상권이 노후화된 건물을 매입한 뒤, 최소한의 자금으로 리모델링과 유명 임차 업종을 유치해 상권을 활성화하고 건물의 가치를 높일 수 있었다.

하지만 이러한 상권 중에서도 이태원 상권은 주의해야 하는데 그 이유는 바로 용산에 있던 미군기지가 평택으로 이전돼 상권이 점점 쇠락하고 있기 때문이다. 아무리 개별 입지가 뛰어나도 상권 자체가 쇠락기에 접어들면 어쩔 수 없다.

둘째, 대출을 최소화하고 여유자금으로 투자하라.

투자금액 10억 원 이상을 들고 수익형 부동산을 매수한다고 하면 대출금을 최소화하는 전략을 구사하라. 왜냐하면 저금리 기조에만 의존해 차입금을 과다하게 늘렸다가 경기가 불확실한 국면에 빠져들 경우 투자자에게 위험이 그대로 노출될 수 있기 때문이다. 저금리를 이용해 투자금액을 줄이고 무리하게 차용하여 수익형 부동산을 매수한다면 레버리지 효과는 볼 수 있을지 모르지만, 부채비율이 높은 상태에서 부동산 가치가 하락하면 수익률 또한 동반 하락하며, 궁극적으로 대출이자 상환 부담으로 작용할 수 있다. 아무리 기준금리가 낮아도 대출 자체가 많거나 제2금융권 이상을 이용한다면 부담스럽기는 마찬가지임을 잊으면 안 된다.

셋째, 상권 분석을 통한 전략적인 임차 계획을 수립해야 한다.

수익형 부동산의 최대 리스크는 바로 공실이다. 만약 내가 투자한 수익형 부동산이 공실이 났다고 가정해보자. 매월 납입해야 할 이자와 관리비는 정말 스트레스가 아닐 수 없다. 매월 꼬박꼬박 받아야 할 임대료 대신 관리비와 이자가 역으로 나간다면 이것보다 열 받는 일은 없을 것이다. 건물이 공실 나면 가치 하락은 물론이거니와 임대수익에도 직격탄을 맞는 것은 당연하다. 충분한 입지와 상권 분석을 통해 임차인이 원하는 부동산으로 만들어주면 공실 걱정은 없어지고 임대료가 꼬박꼬박 들어오는 진정한 건물주의 여유를 누릴 수 있을 것이다.

넷째, 투자대상 지역 선정을 신중히 해라.

10억 원 이상 고액의 자금을 투자하는데 아무 곳이나 개별 물건만 좋다고 투자할 수는 없다. 임대수익도 중요하지만 향후 자본이득까지 고려하지 않을 수 없기 때문이다. 앞서 서울 강남 부동산의 속성을 살펴본 이유는 바로 그런 곳에 과감하게 투자할 필요가 있기 때문이다. 특히 환금성도 정말 중요한 요소 중 하나다. 부동산을 투자해서 한 번은 반드시 매각하게 된다. 급전이 필요해서, 다른 대체 투자처가 생겨서, 형제들과 공동으로 증여받았는데 재산 분할을 하게 되어서, 그 어떤 이유라도 부동산을 매각해야 할 이유가 생기게 마련이다. 제때 매도하지 못하면 급매로 매도해야 하고 그만큼 기대수익은 하락하기에 처음부터 환금성 좋은 우량 지역을 선정하는 것이 중요하다고 할 수 있다.

**Check-Point**

대도시 중심 상업 지역에서 전부 근린생활시설인 상가 건물을 구입할 수 있다. 그러나 아무래도 투자금이 많이 들어갈 수밖에 없기에 더욱더 신중을 기해야 할 것이다.

세금을 생각하지 않으면 투자는 처절한 실패로 끝날 수 있다.
절세 비법을 미리 생각하고, 특히 상속세와 양도세 차이를 분석해
후대에 필요 없는 손해를 안기지 않도록 하자.

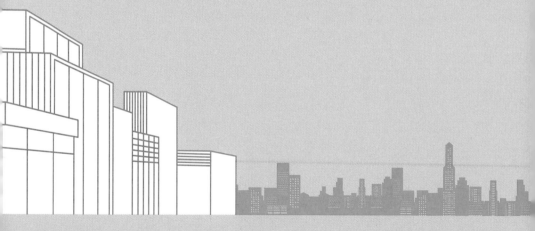

PART 06

# 수익형 부동산으로
# 세금 줄이기

# 01
# 효율적인 절세를 위한
# 4가지 원칙

 최재국 씨와 이인순 씨는 70대의 노부부인데, 몇 년 전 필자에게 재무 상담을 받은 적이 있다. 부부는 강남에 월 임대료 8,000만 원을 받는 건물을 보유하고 있었다. 자산 이전을 고민하던 노부부는 건물 매각을 결정하고 양도소득세를 알아보려고 필자를 찾아왔다. 노부부는 건물 가격을 400억 원 정도로 예상하고 있었지만, 현재 임대수익 등을 기반으로 추정해본 건물 가격은 대략 300억 원 수준이었다. 노부부가 생각하는 대로 건물 가격을 400억 원으로 추정하면 건물을 매도할 때 내야 하는 양도세는 약 90억 원이다. 그들은 상속세를 적게 내려는 목적으로 건물 매각을 하기로 했단다. 아는 세무사가 현금으로 상속하면 상속세를 적게 낸다고 조언을 해주었다고 하는데, 그 말을 들은 순간 몹시 놀랐다.

이건 정말 큰일날 일이다. 왜 그런 결정을 했을까? 이들 노부부처럼 증여나 상속에 대해 잘못 알고 있는 자산가들이 많다. 빌딩을 팔고 상속을 하면 400억 원의 매각자금에서 양도세 90억 원을 납부하고, 310억 원의 현금 중 최대 상속공제액 37억 원을 제하더라도 남은 273억 원에 대해 50%의 세금을 납부해야 한다. 400억 원짜리 건물을 매각해서 자식에게 돌아가는 자산은 137억 원 정도에 불과하다.

그걸 피하려면 세무당국 몰래 현금을 자녀에게 물려줘야 할 텐데, 그럴 방법은 거의 없다. 현재 한국은 정보기술(IT) 강국으로 과세당국은 일정 금액 이상, 혹은 일정 연령 이상의 고액 자산가들의 자금 움직임을 거의 모두 파악하고 있다. 결국 빌딩만 공중분해되는 것이다.

그렇다면 부동산의 상속세는 어느 정도일까? 수익형 부동산의 경우 상속가액은 임대보증금과 1년치 임대료 총합에 8.33을 곱한 것이다(상증법 시행령 50조 7항과 시행규칙 15조2항). 이 규정에 따라 노부부의 자산을 평가해보면 상속가액은 100억 원 수준이다. 다시 말해 노부부가 건물을 보유한 상태에서 사망했을 때 자녀가 물어야 하는 상속세는 약 30억 원(다른 자산이 없는 경우)이다. 그렇다면 상속 때까지 기다리는 것이 합리적인 방법일까? 물론 그렇지는 않다. 노부부가 가진 건물의 지분을 두 자녀에게 미리 30%씩 사전 증여하면 자산 이전 비용을 더 줄일 수 있다. 자녀들 명의로 각각 30억 원을 증여하면 각 8억 원 미만(임대보증금 포함, 부담부증여)의 증여세를 부담하면서 부동산 지분의 30%씩을 자녀들에게 넘겨줄 수 있다. 자녀에게 부동산 지분을 증여함으로써 임대료 약 3,000만 원 정도를 자녀의 소득으로 귀속시키는 효과를 보게 된다. 소득이 분산돼 종합소득세도 그만큼 줄일 수 있다. 자녀 입장에서는 증여세를 5년 동안 분할 납부하는 연부연납 제도(이자율 4.3%)를 활용하면 현재 발생하는 임대료로 증여세를 납부할 수 있다. 따라서 자녀에게 각각 30억 원씩 증여한 후 노부부의 보유 지분은 크게 줄어서 향후 노부부가 10년 이상 생존한다고 가정할 경우 자녀들의 상속세 부담은 크게 감소한다.

또한 증여를 통해 자녀에게 매월 3,000만 원이 이전됨에 따라 자녀 명의의 상속세 재원을 마련할 수 있다. 만약 매년 발생하는 임대료 3억6,000만 원(매월 3,000만 원)을 연 5%로 재투자할 경우 10년 후 45억 원 상당의 자금원을 마련할 수 있다.

수익형 부동산의 증여가 늘어나고 있다. 절세효과가 상당하기 때문이다. 시가로 증여세가 매겨지는 아파트와 달리 상가 등 수익형 부동산은 증여의 기준이 기준시가라서 그만큼 증여세를 줄일 수 있다. 하지만 증여가 꼭 유리한 것만은 아니다. 증여세의 방법 및 대상이 천차만별이기 때문이다.

또 다른 사례를 통해 절세전략을 알아보자.

자영업자인 박상혁 씨는 서울 동작구 사당동에 있는 상가건물을 매입해 임대를 내놨다. 박 씨는 이 건물 외에도 강남역 인근에 점포와 서초 방배동에 아파트 2채를 더 갖고 있다. 대학생 아들 한 명을 둔 박 씨. 아들에게 이 재산을 증여하고 싶은데 어떤 재산부터 증여해야 할지 고민이었다. 그러다 최근 지인으로부터 상가건물을 증여하는 것이 아파트보다 절세효과가 크다는 애기를 들었다. 이유는 이렇다. 증여되는 부동산은 원칙적으로 시가로 평가한다. 아파트가 대표적이다. 반면 상가나 토지는 기준시가로 증여세를 산정한다. 개별성이 강해 시가를 확인하기가 어렵기 때문이다. 기준시가는 일반적으로 시가보다 낮아 증여세 부담이 줄어든다. 임대소득 관련 세금도 줄일 수 있다. 박 씨의 건물 임대소득은 3,000만 원. 다른 소득이 있는 박 씨는 35%의 높은 세율을 적용받아 세금을 내야 한다. 하지만 상가를 증여하면 상가에서 발생한 임대소득이 종합소득에서 빠져 박 씨의 소득세가 감소한다.

물론 증여받은 아들이 부동산 임대소득에 대한 세금을 내야 하지만 대학생인 아들은 다른 소득이 없기 때문에 박 씨보다 낮은 세율(6.15%)이 적용된다. 박 씨가 계속 보유한다면 임대소득 3,000만 원의 38.5%(주민세 포함)인 1,155만 원의 세금을 내야 하지만 증여받은 아들은 341만 원의 세금만 내면 된다. 또한 점포주인인 자녀에게 매년 임대료 수입이 발생하기 때문에 자녀 명의로 소득이 계속 쌓인다. 이렇게 축적된 소득은 자녀 명의로 주택을 구입해서 자금출처를 소명해야 하는 일이 생길 경우 유용하게 쓰인다. 결국 임대소득에 대해서는 추가 증여세 없이도 자녀 재산을 꾸준히 늘릴 수 있는 셈이다. 만약 박 씨가 사망하기 전 상가를 미리 증여하지 않는다면 상가는 물론 그동안 차곡차곡 쌓인 상가 임대수입도 상속재산에 포함돼 상속세를 내야 한다. 하지만 박 씨가 생전에 증여한다면 10년 이후 상속이 일어날 때 아들에게 증여한 점포는 상속재산에서 제외돼 상속세를 줄일 수 있다. 만약 10년 이내 상속이 된다면 점포는 상속재산에 포함되긴 하지만 상속 당시 재산가액이 아닌 증여 당시 재산가액으로 합산되기 때문에 미리 증여하는 경우가 훨씬 유리하다.

참고: 현행법에 따르면 증여일로부터 10년 안에 증여자가 사망
하는 경우 해당 증여자산을 상속재산으로 합산해 상속세를 과
세하고 있다. 이때 부동산이 상속재산에 합산되더라도 과거 증
여 시점에 저평가된 가액으로 합산되는 효과가 있다.

박상혁 씨의 사례가 특별한 것은 아니다. 요즘은 수익형 부동산을
증여하는 사람이 늘고 있다. 이런 추세는 통계로도 확인할 수 있다.
증여 재산 규모가 2010년 이후 상속 재산을 웃돌고 있다. 국토교통부
와 국세청에 따르면 상가와 업무용 빌딩 같은 상업용 부동산 증여는
지난해 1만 4,000건 정도로 2013년 1만950건보다 3,000건(27.5%) 정도
늘었다. 지난해 채권·주식·예금 등 금융자산 증여도 2013년에 이
어 사상 최대치를 찍었다. 증여가 늘어난 이유는 금융소득종합과세
기준이 강화되고 차명계좌가 원천 금지된 데다 저금리로 돈을 굴릴
데가 마땅치 않아서다. 부동산 가격이 저평가되어 있는 지금이 절세
측면에서 증여하기에 아주 좋은 시점이다. 하지만 증여가 꼭 유리한
것만은 아니다. 박 씨 사례에서 보듯 증여세는 증여 자산의 선택부
터 증여 시기(10년 전후), 그리고 증여 대상 및 방법에 따라 세 부담
차이가 크다. 증여를 실행하기 전 계획을 철저하게 수립해야 하는
이유가 여기에 있다.

효율적인 절세를 위해 지켜야 할 네 가지 원칙을 살펴보자.

증여세를 줄이기 위한 첫째 원칙은 '현재 평가액이 가장 낮은 재산'이나 '향후 가치상승 가능성이 가장 큰 재산'부터 증여하는 것이다.

둘째 원칙은 며느리 혹은 사위의 명의를 활용하는 것이다. 세무당국은 상속이 개시되기 전 증여한 재산이 상속 재산과 합산 대상인지, 제외 대상인지 여부를 판단한다. 배우자와 자녀들은 1차 상속인이며 이들에게 증여한 것은 상속개시일 10년 이내까지 합산한다. 반면 며느리, 사위, 손주 등은 1차 상속인에서 제외된다.

셋째 원칙은 빚도 같이 물려주는 것이다. 예를 들어보자. 50억 원짜리 건물을 가진 김종민 씨는 건물 매입 때 빌린 대출금 20억 원까지 함께 아들에게 증여하기로 했다. 이 건물의 기준시가는 30억 원가량. 그러나 현행세법은 대출금 20억 원을 뺀 나머지 10억 원에만 증여세를 매긴다. 이른바 '부담부증여'다. 전체 재산가액에서 채무를 제외한 부분만 증여세를 계산하는 것이다. 다만 증여자는 채무에 대한 양도소득세를 부담해야 한다. 은행 대출은 물론 아파트 전세금이나 상가 보증금도 부채로 들어가기 때문에 통상 단순증여 때보다는 부담부증여일 때 증여세가 적다.

마지막으로 증여세 없이 증여할 수 있는 공제제도를 적극 활용해야 한다. 배우자에겐 10년 누적 6억 원까지 세금을 내지 않고 증여할 수 있다. 지난해에는 직계비속에 대해 성년(만 19세 이상)이면 세금 없이 증여할 수 있는 금액이 종전 3,000만 원에서 5,000만 원으로 커졌다. 미성년 자녀는 기존 1,500만 원에서 2,000만 원으로 상향됐다. 증여공제는 10년 합산으로 계산되는 만큼 서두를수록 세금 없이 증여할 수 있는 금액이 늘어난다.

이처럼 자산 이전은 어떤 전략을 수립하느냐에 따라 큰 차이가 난다. 따라서 수익형 부동산을 보유한 고액 자산가들은 자녀들과의 충분한 대화와 전문가의 상담을 통해 상속세를 줄이는 전략을 찾아야 한다. 최근 세금액 구성 중에 상속세 납부액 총액보다 증여세 납부액 총액이 더 많은 이유는 사전에 증여를 통해 절세하고자 하는 자산가가 늘고 있다는 방증이다. 재산은 모으기도 어렵지만, 지키기는 더 어렵다는 것을 이해하는 자산가라면 지금부터 계획을 세울 필요가 있다.

**Check-Point**

수익형 부동산의 증여가 늘어나고 있다. 절세효과가 상당하기 때문이다. 시가로 증여세가 매겨지는 아파트와 달리 상가 등 수익형 부동산은 증여의 기준이 기준시가라서 그만큼 증여세를 줄일 수 있다.

# 02

# 일반임대사업자로 등록할까,
# 주택임대사업자로 등록할까?

딩딩딩딩, 전화가 와서 살펴보니 전주에 살고 있는 선규라는 친구다. 몇 년 만에 전화한 친구는 안부인사를 나누자마자 급하게 물었다.

"야, 나 이번에 오피스텔 하나 공매 받았는데 이거 임대사업자 등록해야 돼?"

"글쎄, 네 집은 있을 거 아니냐?"

"그렇지. 그래도 오피스텔은 집이 아니니까 2주택 보유자가 되는 건 아니지?"

"꼭 그렇지는 않지. 누구에게 세를 주느냐에 따라서 2주택 보유자가 될 수도 있을걸."

"그럼 안 되는데, 우리 내년에 집 팔고 이사 갈 거란 말이야, 양도소득세 엄청 맞는 거 아닌지 모르겠다."

친구의 걱정스러운 목소리가 전화기 너머로 들려왔다.

다른 사례를 들어보자. 서울 서초동에 거주하는 박진성(52세) 씨는 세법에 대한 이해가 부족해 양도세 폭탄을 맞을 위기에 몰렸다. 박 씨는 5년 전 6억 원에 구입한 집을 최근 9억 원에 매도했다. 그는 매도한 아파트 외에 임대수익이 나오는 오피스텔 한 채를 추가로 갖고 있었다. 해당 오피스텔은 당연히 1세대 1주택에 포함되지 않을 것이라 생각했지만 착각이었다. 오피스텔 때문에 1세대 2주택자가 돼 양도시 비과세 혜택을 전혀 받을 수 없었다. 기본 양도세에 무신고, 무납부 가산세까지 더해지니 납부해야 할 세금만 1억 원 가까이 됐다. 박 씨는 "미리 알았더라면 아파트 매도 전에 주택임대사업자로 등록해 1세대 1주택을 유지할 수 있었는데 너무 억울하다"고 아쉬워한다.

저금리 기조가 장기화되면서 많은 사람들이 오피스텔 투자에 관심을 갖고 있다. 전국 오피스텔 임대수익률은 2011년 말 5.92%에서 2016년 7월 기준 5.5%로 떨어졌다. 그럼에도 불구하고 오피스텔 투자 열풍은 당분간 식지 않을 것으로 보인다. 오피스텔 투자 수익률이 낮아졌더라도 기대수익률이 예금의 세 배 이상 높기 때문이다. 오피스텔은 비교적 쉬운 부동산 투자상품으로 인식된다. 관리가 어렵지 않고 손이 덜 가기 때문이다. 하지만 세법에 대해 잘 알지 못한다면 오피스텔 때문에 '세금 폭탄'을 맞을 수 있다. 세금을 모르거나, 공부할 계획이 없다면 오피스텔에 투자하는 것은 위험하다.

부동산 초보자도 쉽게 알 수 있는 오피스텔 절세 방법은 어떤 것이 있을까? 오피스텔과 관련된 세금은 소득세, 취득세, 재산세, 부가가치세, 양도소득세, 종합부동산세 등이 있다. 오피스텔을 매입하면 가장 먼저 해야 할 것은 주거용인지, 업무용인지를 분명히 구분하는 것이다. 목적에 따라 절세를 위한 대처방법이 다르기 때문이다. 또 기존 오피스텔을 매입하는지, 신규 분양 물건을 받는지에 따라서도 달라진다.

우선 요즘 관심을 모으는 주거용 오피스텔을 신규 분양받은 경우를 따져 보자. 주거용 오피스텔을 구입하면 취득세를 내야 한다. 무려 4.6%. 여기에 신규 분양 시엔 건물가격의 10%를 부가가치세로 내야 한다. 2억 원짜리 오피스텔(건물가격 1억2,000만 원)을 분양받았다면 구입할 때 낼 세금은 취득세 920만 원과 부가세 1,200만 원 등이다. 여기서 취득세나 부가세를 절세할 수 있는 방법은 두 가지가 있다. 우선 주택임대사업자로 등록하는 것이다. 임대주택으로 등록하면 전용면적 60㎡(약 18평) 이하 물건에 대해 취득세 4.6%를 85% 감면받는다. 내야 할 취득세가 200만 원 이하면 전액 면제받지만, 요즘 서울 시내에서 신규 분양하는 오피스텔 중 이런 물건은 없다. 주택임대사업자로 등록하면 매년 납부하는 재산세나 종합부동산세도 감면받을 수 있다. 향후 발생하는 임대소득도 연 2,000만 원까진 소득세 면제 대상이 된다(2018년까지 한시적 연장). 근로자의 경우 2,000만 원 이하 임대소득은 합산 대상에서 제외된다. 하지만 부가세 1,200만 원에 대해선 환급받을 수 없다. 일반 임대사업자로 등록하면 부가가치세 10%를 환급받을 수 있다는 장점이 있다. 하지만 매번 월세 소득에 대해 부가세로 10%를 내야 한다. 월세가 60만 원이면 이 중 6만 원을 부가세로 꼬박꼬박 내야 한다는 의미다. 월세 수입에 대한 소득세도 발생한다.

주거용 오피스텔이 있다면 항상 주택임대사업자로 등록하는 것

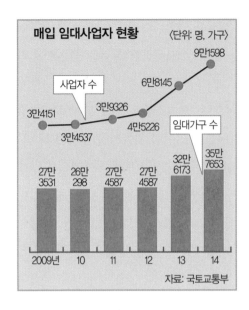

**매입 임대사업자 현황** 〈단위: 명, 가구〉

사업자 수

3만4151
3만4537
3만9326
4만5226
6만8145
9만1598

임대가구 수

27만3531
26만298
27만4587
27만4587
32만6173
35만7653

2009년  10  11  12  13  14

자료: 국토교통부

이 좋을까? 주거용도 기존 오피스텔을 매입했을 때는 주택임대사업자로 등록해도 취득세를 면제받을 수 없다. 양도세 비과세와 재산세 혜택만 있기 때문에 실익을 잘 따져봐야 한다.

주택임대사업자 등록 시 의무임대기간은 세금 혜택에 따라 다르다.

업무용 오피스텔은 어떻게 하는 것이 나을까? 일단 업무용 오피스텔은 항상 양도소득세가 발생한다. 임대소득에 대해서도 매달 부가세도 내고 사업자등록도 의무로 해야 한다. 처음 매입했을 때 발생한 부가가치세는 사업자 신고를 통해 환급받을 수 있다. 대신 10년간 의무적으로 공급해야 한다.

예전엔 부가세 환급조건이 상당히 까다로웠다. 매매계약 후 20일 이내에 사업자등록을 신청해야 부가세 환급이 가능했다. 지금은 다소 편해졌다. 부가세 과세기간은 1년에 2기(1기 1~6월, 2기 7~12월)로 나뉜다. 이젠 세금계산서 발행 후 해당 기의 과세기간이 끝난 뒤 20일 내에 사업자등록만 하면 부가세를 환급받을 수 있다. 예를 들어 8월 30일에 세금계산서를 발행했으면 내년 1월 20일까지 사업자등록만 신청하면 부가세 환급이 가능하다.

오피스텔 세법에서 가장 주의할 점은 중간에 용도를 변경하는 경우다. 처음에 업무용으로 등록해 부가세를 환급받았다가 5년 뒤 주택용으로 바꾸는 경우엔 어떻게 될까? 의무임대기간인 10년 중 남은 5년에 대해 부가세를 납부해야 한다. 반대의 경우도 있다. 주택용으로 부가세를 납부했는데 5년 뒤 업무용으로 전환하면 남은 5년에 대해 부가세 환급을 받을 수 있다.

누구든 오피스텔을 사고 보면 2주택이 되는 것이 아닌지, 임대사업자등록을 해야 할지 말아야 할지 고민한다. 임대자사업자등록을 하려고 구청에 갔더니 주택임대사업등록도 있고 일반임대사업자등록도 있다. 도대체 무엇을 어떻게 하란 말인지? 어떤 경우에 왜 임대사업자등록을 해야 하는 것인지 아래 내용을 보면서 스스로 답을 찾아보기 바란다.

임대사업자란 임대소득을 주 소득으로 하는 사업을 영위하는 사람이다.

---

국가 지방단체 대한주택공사나 지방공기업법(제49조)의 규정에 의하여 주택사업을 목적으로 설립된 지방공사 또는 임대주택법 제6조의 규정에 의하여 주택임대사업을 하기 위하여 등록한 자를 말한다. 건설임대주택의 경우 단독주택은 2호 공동주택은 2세대, 매입임대주택의 경우 단독주택은 1호 공동주택은 1세대

이상의 주택을 임대하려는 자는 시장 · 군수 · 구청장에게 등록을 신청해야 하고 등록사항을 변경하려면 시장 · 군수 · 구청장에게 신고해야 한다.

### ① 임대사업자의 개념

부동산 투자를 하고 수익을 얻게 되면 고민이 하나 생기는데 바로 세금 문제다. 임대사업을 하려면 사업자등록을 하는데 여기에는 두 종류의 사업자등록이 있다. 일반임대사업자와 주택임대사업자가 그 것인데 둘 사이에는 여러 가지 차이가 있다.

다음 표는 일반임대사업자와 주택임대사업자가 어떻게 다른지 보여준다. 딱 잘라서 어느 것이 더 좋고 나쁘다고 말할 수는 없다. 그보다는 본인의 현재 상황에 따라 유 · 불리를 따져 결정하면 될 것이다. 일반적으로 1세대를 임대할 때는 일반임대사업자로, 2세대 이상을 임대할 때는 주택임대사업자로 선택하는 것이 무난하다.

오피스텔 임차인이 사업자등록이 되어 있지 않은 상태에서 임대사업을 한다면 오피스텔이 1주택으로 간주되기 때문에 이 점을 유의해야 한다. 만약 임차인이 사업자등록이 안 된 상태에서 오피스텔 하나를 임대하고 또 주택 1세대를 임대한다면 모두 2세대를 임대하는 것이 된다. 이 경우는 주택임대사업자로 등록이 하는 것이 유리하다는 것을 잊지 말자.

결론적으로 말하면 일반임대사업자와 주택임대사업자의 차이는 자신의 상황을 기준으로 선택해야 한다.

| 구분 | 일반임대사업자 | 주택임대사업자 |
|---|---|---|
| 용도 | 업무용(전입신고 불가) | 주거용(전입신고 가능) |
| 등록시기 | 계약일로부터 20일 이내 | 취득일로부터 60일 이내 |
| 등록기간 | 관할 세무서에서 사업자 등록 신청 | 관할 시·군·구청에서 주택임대사업자 등록신청 후 세무서에서 사업자등록 신청 |
| 임대의무기간 | 10년 | 단기임대 4년, 장기(준공공)임대 8년 |
| 취득세 | 감면혜택 없음 (분양가액의 4.6% 납부) | • 신축 또는 최초로 분양받은 공동주택, 주거용 오피스텔의 경우 감면혜택 적용(단독, 다가구주택 제외) <br> • 전용면적 60㎡ 이하는 취득세약 200만 원까지 면제(단, 200만 원 초과 시 85% 감면혜택 적용) <br> • 전용 60~85㎡ 이하 장기임대주택을 20호 이상 취득한 경우 50% 감면혜택 적용 |
| 부가가치세 | 환급가능(건물분의 10%) | 환급불가 |
| 재산세 | • 토지, 건물 분리과세 토지: 0.2~0.4% / 건물: 0.25% | • 신축 또는 최초로 분양받은 공동주택, 주거용 오피스텔을 2호 이상 임대주택으로 등록한 경우 감면혜택 적용(40㎡ 이하 다가구주택 1호 이상을 장기임대하는 경우 100% 감면) <br> ① 단기임대주택 <br> 전용 60㎡ 이하 50% 감면 <br> 전용 60~85㎡ 이하 25% 감면 <br> ② 장기임대주택 <br> 전용 40㎡ 이하 재산세액 50만 원까지 면제(단 50만 원 초과 시 85% 감면혜택 적용) <br> 전용 40~60㎡ 이하 75% 감면 <br> 전용 60~85㎡ 이하 50% 감면 |
| 임대소득세 | 월세에 대한 부가가치세 10% 신고납부 | • 임대개시일 당시 기준시가 합계액(주택+부수토지) 6억 원 이하의 주택을 1호 이상 임대하는 경우 감면혜택 적용 <br> • 수도권 및 수도권 외 도시지역 전용 85㎡ 이하(수도권 외 非도시지역 전용 100㎡ 이하)의 단기임대주택 30% 감면, 장기임대주택 75% 감면 |
| 종합부동산세 | 비과세 | 합산배제 신고 시 비과세 |

본인이 현재 상황에 따라서

1세대 임대 시 = 일반임대사업자

2세대 이상 임대 시 = 주택임대사업자

정도로 선택하는 것이 보편적인 선택방법이다.


## ② 임대사업자로 등록하기

임대사업자 등록 과정은 조금 복잡하다. 처음 하는 일이라 난감할 수도 있지만 차근차근 진행해보자.


### a. 해당 행정청 찾기

임대사업자 본인이 주소지의 관할 행정청(시·군·구청)으로 가서 임대사업자 관리 담당자를 만나자. 필요한 서류는 신분증과 계약서 혹은 등기부등본 등이다. 담당직원이 임대사업자등록신청서를 내주면 정직하게 기록하면 된다.


### b. 사업자등록

사업자등록 발급은 세무서에서 한다. 본인의 거주지 관할 세무서의 1층에 있는 민원실로 가서 세무서 직원에게 요청하면 직원이 알아서 처리한다. 필요한 서류는 신분증과 임대사업자등록증이다. 그리고 주택만 임대할 것인지 상가도 임대를 할 것인지에 따라 일반과세와 면세과세로 분류한다. 주택임대사업자는 면세사업자이며 면세사업자에게는 부가세가 면세된다.

■ 임대주택법 시행규칙 [별지 제1호서식] 〈개정 2014.9.30〉

민원24(www.minwon.go.kr)에서도
신청할 수 있습니다.

# 임대사업자 등록신청서

| 접수번호 | 접수일자 | | | 처리기간 | 5일 |
|---|---|---|---|---|---|

| 신청인 | 성명(법인명) | | | 생년월일(법인등록번호) | |
|---|---|---|---|---|---|
| | 상호 | | | 전화번호 | |
| | 주소(사무소 소재지) | | | | |

| ① 임대주택의 소재지 | ② 호수(세대주) | ③ 임대주택의 종류 | ④ 임대주택의 유형 | ⑤ 임대주택의 규모 |
|---|---|---|---|---|
| | | | | |
| | | | | |

■ 임대주택법 시행규칙 [별지 제3호서식] 〈개정 2013.12.5〉

〈앞 쪽〉

# 임대사업자 등록증

| 성명(법인명) | | | 생년월일(법인등록번호) | | |
|---|---|---|---|---|---|
| 상호 | | | 전화번호 | | |
| 주소(사무소 소재지) | | | | | |

| 임대주택의 소재지 | 호수(세대주) | 임대주택의 종류 | 임대주택의 유형 | 임대주택의 규모 | 임대시작일 |
|---|---|---|---|---|---|
| | | | | | |

c. 세금 감면 혜택을 챙기자

신규 분양 물건을 사면서 임대사업자등록을 하면 취득세가 면제된다(그러나 경매로 받은 물건은 취득세 면제 혜택에서 제외된다). 이번에는 지역의 세무서로 가서 등록을 해야 한다. 이때 가져가야 할 서류는 신분증과 임대사업자등록증 두 가지다. 취득한 지 60일 이내에 신청해야 취득세 감면을 받을 수 있으니 늑장 부리지 말자.

**PART 06** 수익형 부동산으로 세금 줄이기 **293**

이것으로 집을 사면서 해야 할 일은 끝냈다. 이제 수익을 얻기 위한 일, 임대차가 진행되어야 하는데 임대차가 실행되면 임대조건신고와 임대신고를 해야 한다. 이는 2012년부터 새로 생긴 규정이다.

### d. 임대조건신고

임대차계약을 하거나 해지하고자 할 경우 임대보증금, 임대료, 임대기간, 매각시기, 매각가격산정 등을 신고하는 것을 말한다. 임대조건신고는 세입자와 계약을 한 후 입주일 10일 전까지 해야 한다. 계약을 할 때는 표준임대차계약서를 사용해야 하고 그 내용을 물건이 있는 지역의 시·군·구청에 신고한다. 필요한 서류는 신분증, 표준임대차계약서다.

임대신고는 물건이 있는 세무서에 하면 된다. 필요한 서류는 신분증, 임대사업자등록증, 표준임대차계약서다.

임대인의 주민등록상 주소지의 시·군·구청, 세무서, 물건지의 시군구청, 세무서를 들락날락해야 비로소 임대사업자등록부터 시작하여 임대신고를 끝으로 임대사업자로서의 등록절차의 전 과정이 완성된다. 상당히 번거롭기는 하지만, 매월 안정적인 소득을 얻을 수 있는 사업을 한 번 세팅한다고 생각하면 기꺼이 감당할 만한 일이다.

이렇게 임대사업의 모든 과정을 세팅하고 나면, 연간 몇 번은 간간히 챙겨야 하는 일들이 남아 있다. 부동산매매사업자와 임대사업자는 2월에 사업자현황신고, 5월에 종합소득신고를 해야 하고 재산세 납부를 7월, 9월에 두 차례, 종부세 납부를 12월에 해야 한다.

### ③ 주택임대사업자 세제혜택

| 2016년 주택임대사업자 세금혜택 (의무사업기간–매입임대 4년, 준공공임대 8년) | | | | | |
|---|---|---|---|---|---|
| 구분 | | 전용면적(㎡) | | | 비고 |
| | | 40이하 | 40~60 | 60~85 | 85~149 | |
| 취득세 | 미등록<br>임대 | 無 | 無 | 無 | 無 | 공동주택, 건축 또는 공동주택, 오피스텔을 최초로 분양받은 경우에 한정<br>– 60㎡ 이하: 공동주택, 오피스텔 취득<br>– 60~85㎡: 장기 임대(6년 이상)을 목적으로 20호 이상 취득 또는 20호 이상 보유자가 추가 취득시<br>★2018년 12월 31일까지★<br>60㎡ 이하: 취득세 200만 원 초과시 10%(최소납부)<br>취득세 200만 원 이하 면제 |
| | 매입<br>임대 | 100% | 100% | 50% | | |
| | 준공공<br>임대 | 100% | 100% | 25% | | |
| 재산세 | 미등록<br>임대 | 無 | 無 | 無 | 無 | 공동주택 건축, 매입, 〈주거용〉 오피스텔 매입<br>– 2세대 이상 임대목적에 직접 사용<br>★2018년 12월 31일까지★<br>준공공임대 40㎡ 이하: 재산세 50만 원 초과 시 15%(최소납부)<br>재산세 50만 원 이하 면제 |
| | 매입<br>임대 | 50% | 50% | 25% | 無 | |
| | 준공공<br>임대 | 100% | 75% | 50% | | |
| 양도<br>소득금액<br>장기보유<br>특별<br>공제율 | 미등록<br>임대 | 2주택자 최대 30%(10년)<br>3주택 이상 해당 없음 | | | | 장기보유특별공제<br>주택보유기간에 따라 차등적용<br>3~4년: 10% / 4~5년: 12%<br>5~6년: 15% / 6~7년: 18%→20%<br>7~8년: 21%→25% / 8~9년: 24%→30%<br>9~10년: 27%→35% / 10년 이상: 30%→40% |
| | 매입<br>임대 | 주택보유기간에 따라<br>최대 40%(10년) | | | | |
| | 준공공<br>임대 | 최대 70%(10%) | | | | 10년까지는 위와 같으나, 8년 이상 50%<br>10년 이상부터는 70% |
| 양도<br>소득세 | 미등록<br>임대 | 1년 이상 보유시 일반세율<br>(6~38%) | | | | 1호 이상, 4년 이상 임대 |
| | 매입<br>임대 | 1년 이상 보유시 일반세율<br>(6~38%) | | | | |
| | 매입<br>임대 | 1년 이상 보유시 일반세율<br>(6~38%) | | | | 2017.12.31까지 신규취득 후<br>준공공임대 등록→양도세 100% 감면 |

| | | | | |
|---|---|---|---|---|
| 종합<br>부동산세 | 미등록<br>임대 | 합산 | | 임대개시일 당일 기준시가 6억 원 이하(초과시 합산됨)<br>(수도권 밖 3억 원 이하) / 1호 이상, 4년 이상 임대 |
| | 매입<br>임대 | 합산배제 | | |
| | 매입<br>임대 | 합산배제 | | ★9월 16일~30일에 합산배제신고 해야 함★ |
| 소득세<br>법인세<br>감면 | 미등록<br>임대 | 無 | 無 | 기준시가 3억 원 이하(오피스텔 포함)<br><br>3호 이상, 4년 이상 임대 |
| | 매입<br>임대 | 50% | 無 | |
| | 매입<br>임대 | 75% | 無 | |

| 주택임대사업자 등록절차 | | | | |
|---|---|---|---|---|
| 순서 | 방문할 관공서 | 기한 | 기한 | 기한 |
| 1 | 거주지<br>시군구청<br>주택과 | 소유권 이전 전<br>(분양시) | 주민등록증<br>분양계약서 혹은<br>건물등기부등본 | 주택임대사업자등록 신청서 작성 및 제출<br>임대주택 용도(오피스텔, 다세대… 등)<br>전용면적 기재(분양계약서 지참 시) |
| 2 | | | | 3~5일 후 주택임대 사업자등록증 발부 |
| 3 | 임대주택<br>소재지<br>시군구청<br>주택과 | 임대차계약서<br>작성일~30일<br>이내 | 표준임대차<br>계약서 사본 | 임대조건신고서 작성 및 신고<br>(관공서에 신고서 있음) |
| 4 | 거주지<br>관할 세무서 | 세입자 입주일<br>~ 20일 이내 | 주민등록초본<br>주택임대 사업자<br>등록증 | 주택임대 사업자등록증 (기한 이내) |
| 5 | 임대주택<br>소재지<br>관할 세무서<br>재산과 | 임대차계약서<br>작성일~30일<br>이내 | 표준임대차<br>계약서 사본 | 임대신고(기한 이내)<br>※ 4번, 5번 동시 접수가능 ※ |

## 임대사업자 등록절차

**주택 2채 이상 매입 / 분양계약**

▼

**임대주택 사업자등록 (처리기간 5일)**

- 거주지 시, 군, 구청 주택과
- 반드시 취득일(보통 잔금납부일) 이전에 등록을 하여야 취/등록세 감면 혜택
- 취득 후 임대주택 사업자 등록시 취/등록세 감면 안 됨

> 임대사업자 등록신청서(해당구청에 있음)
> 주민등록초본 또는 신분증 사본
> 등기부등본 또는 분양/매매계약서 사본

**임대차 계약체결**

- 반드시 "표준임대차계약서" 양식을 쓸 것
- 각종 신고시 "표준임대차계약서"가 아니면 접수가 되지 않음

> 표준임대차계약서 원본
> 임차인 주민등록등본

▼

**취득(잔금납부): 취/등록세 감면신청**

- 물건지 시, 군, 구청 부과과
- 취득일로부터 30일 이내에 신청할 것

> 세액감면 신청서
> 임대사업자등록증

**임대조건 신고**

- 물건지 시, 군, 구청 주택과
- 임대개시(입주) 10일 전

> 임대조건 신고서 (해당구청에 있음)
> 표준임대차계약서
> ※ 신고필증을 교부받아야 함.

▼

**임대개시 (입주)**

**사업자 신고 / 등록 (처리기간: 즉시)**

- 거주지 세무서 민원봉사과
- 임대개시 20일 이내
- 양도세 감면혜택을 받기 위한 필수절차

> 사업자등록신청서 (해당 세무서에 있음)
> 주민등록원본
> ※ 원칙적으로 물건지가 있는 각각의 사업장 관할 세무서에 신고하여야 하나 임대사업자로 등록한 사업장의 주소지 관할 세무서에 사업자등록신청을 할 수 있음

**주택임대신고**

- 물건지 세무서 재산과
- 임대개시 3개월 이내

> 표준임대차계약서 사본
> 임차인 주민등록 등본
> 임대사업자 등록증 사본

임대사업자등록은 부동산임대업을 하기 위한 필수적인 요소로 다소 귀찮고 번거로울지 모르지만 안정적인 임대수익으로 향후 경제적 자유를 누릴 수 있다면 세금혜택이나 절차 등을 공부하는 데 노력을 아끼지 말자.

# 03
# 업무용 오피스텔은 부가가치세를 환급받을 수 있다

딩딩딩딩, 또 친구인 선규의 전화다. 자기 아버지 상을 당할 때도 전화 안 하던 놈이 오피스텔 하나 사더니 뻑하면 나한테 전화질이다. 알고 있는 부동산전문가는 나 하나뿐이란다.

"야, 친구야. 오피스텔 사고, 임대사업자등록하면 세금 감면받는다더라. 근데 말야, 어떤 사람은 취득세 감면을 받는다 그러고, 어떤 부동산에 갔더니 또 부가가치세 감면받는다는데 말이 왜 다 다르냐? 믿을 인간이 너밖에 없다. 도대체 무슨 세금을 감면받는 건데?"

"뭐, 다 틀린 말은 아니고, 취득세 감면도 맞고 부가가치세 환급도 맞고……."

"야, 너도 오락가락하는 말만 하냐?"

"그게 아니라, 선규야 전화로 설명하자니 쬐끔 복잡하다. 내가 노트해서 보내줄게. 잘 읽어봐."

"응, 그래. 가능하면 좀 빨리 좀 보내주라. 내가 좀 급해."

"알았어."


저금리 기조 때문에 부동자금이 비교적 수익률이 좋은 오피스텔 투자로 많이 흘러가고 있다. 오피스텔을 최초로 분양받을 때 주택임대사업자로 등록할 것인가, 부동산임대사업자로 등록할 것인가 두 가지 선택 앞에서 당황하게 된다.

주택임대사업자등록 대 부동산임대사업자등록?

두 가지 선택 앞에서 고민할 때 선택의 기준은 바로 그 오피스텔의 용도다. 오피스텔을 업무용으로 사용한다면 부동산임대사업자등록을, 주거용으로 사용하려면 주택임대사업자등록을 해야 한다.

주택임대사업자로 등록하면 취·등록세가 면제된다. 부동산임대사업자로 등록하면 취·등록세를 면제받을 수 없지만, 오피스텔을 취득할 때 분양 가격의 10%를 낸 부가가치세를 환급받을 수 있다. 여기까지는 상식이다.

부동산임대사업자등록 방법과 장단점을 정리해보자. 오피스텔의 분양 계약을 하면 그 날로부터 20일 이내에 물건지 세무서에 가서 부동산임대사업자등록을 신청한다. 그리고 분양대금을 납부할 때마다 세금계산서를 발행받아 부가세환급을 신청한다. 주의할 것은, 반드시 세금계산서 작성일이 속하는 다음 달 25일까지 관할세무서에 환급신청을 해야 한다는 것이다. 만약 기간을 넘겨서 신청하면 환급을 받지 못할 수도 있다.

그러나 오피스텔을 주거용으로 임대하고자 한다면 부가가치세 환급을 받지 않아야 한다. 임차인이 오피스텔을 주거용으로 사용한다면 임대차보증금의 안전을 보장하기 위해 주택임대차보호법에 따라 전입신고를 하고 확정일자를 받을 것이다. 그런데 임대인이 이 오피스텔을 업무용으로 사용한다는 취지에서 일반임대사업자등록(부동산임대사업자등록)을 하고 오피스텔의 부가가치세까지 이미 환급받았다면 그것은 탈세가 되어버린다. 환급받았던 부가가치세는 전액 회수당하게 될 것이다.

오피스텔은 업무 시설에 해당하므로 취·등록세 비용이 주택에 비해 상당히 높은 편이다. 만약 1억 원짜리 오피스텔을 분양받는다면 토지를 제외한 건물분 부가가치세는 대략 800만 원 가까이 된다. 오피스텔 취·등록세의 세율은 4.6%, 이 경우에 취·등록세는 460만 원가량이니 당연히 부가가치세 800만 원가량을 환급을 받는 것이 투자금액을 줄이는 방법이다. 이 부분이 오피스텔 부가가치세 환급의 장점이다.

그러니 깔끔하게 양자택일을 하라. 부동산임대사업자등록을 한 뒤 부가가치세 환급을 받았다면 그 오피스텔은 업무용으로만 임대차를 하여야 한다. 해당 호수에는 사업자등록을 개설하거나 법인과 임대차 계약을 해야만 한다. 자신이 구입하려는 오피스텔의 위치가 주거용으로 인기가 있는지 업무용이나 법인 숙소용으로 인기가 있는지 먼저 꼼꼼하게 따져보아야 한다. 그 후에 부가가치세 환급여부를 결정하라.

오피스텔을 매수하면서 임대사업자등록을 하고 부가가치세를 환급받고 수년이 지난 뒤 큰돈이 필요한데, 오피스텔을 매도해서 돈을 마련하고 싶다면? 양도의 경우에도 부가가치세를 내야 한다. 부가가치세 환급기간은 10년이다. 10년간 성실하게 세금계산서를 발행하고 부가가치세 신고를 하면 더 이상 부가가치세를 내지 않아도 된다. 그렇다고 사정이 급한데 부가가치세 면제 혜택을 보자고 10년을 기다릴 수는 없지 않는가, 묘안은 없을까? 부가가치세 포괄양도양수 계약에 대해서 들어본 적 있는가!

**Check-Point**

오피스텔을 매입해서 임대사업을 한다면 반드시 건물분 부가가치세가 부가됨을 잊어서는 안 된다. 환급을 받으려면 일반과세사업자로 사업자등록을 해야 한다.

# 04

# 포괄양도·양수계약하면
# 부가가치세 감면된다

상가나 오피스텔을 매도·매수하면서 포괄양도·양수계약을 체결했다는 말을 들어본 적이 있을 것이다. 매수자는 건물분의 매수에 대하여 부가가치세를 납부하여야 하는데 포괄양도·양수계약을 하면 부가가치세를 내지 않는다.

일반인들의 자주 물어보는 내용을 정리해보자.

Q : 상가건물에 대해 포괄양도·양수계약을 하면 부가가치세는 어떻게 되나?

A : 사업자인 매도인이 오피스텔, 상가 등 사업에 사용된 부동산을 매도하는 경우 건물에 대한 부가가치세가 발생한다. 그래서 세금을 산정할 때 부가가치세를 포함해서 받고 세금계산서를 발급해야 한다.

하지만 조금 다른 경우도 있다. 사업장별로 모든 권리와 의무를 포괄적으로 승계하는 경우에는 재화의 공급으로 보지 않고 사업양도의 경우로 간주하여 부가세 납부 의무를 면제한다. 임대사업자 사이에 상가건물을 매매할 경우에는 부가가치세 면세혜택을 받으려고 포괄양도·양수계약을 하는 방식으로 거래가 이루어지곤 한다.

포괄양도·양수계약의 경우에도 몇 가지 요건을 충족해야만 하는데 계약 전에 꼼꼼하게 검토하지 않고 면세 혜택만 생각하다가 낭패를 볼 수도 있으니 주의해야 한다. 우선 양도인과 양수인이 모두 과세업자여야 한다. 양도인과 양수인 중 1인이 면세사업자인 경우는 포괄양도·양수계약을 하더라도 부가가치세가 부과된다.

최근 창원지방법원에서 있었던 사건이다. 매도인과 매수인이 포괄양도·양수계약을 체결했는데 생각지도 않았던 부가가치세가 부과되었다. 매수인이 면세사업자라는 점을 간과하고 계약이 진행되었던 것이다. 당사자들은 포괄양도·양수계약에 따른 면세를 기대하고 매매계약서에 별도로 부가가치세에 대한 별다른 합의 사항을 기재하지 않았다고 한다. 매도인은 매수인에게 부가가치세에 해당하는 금액을 다시 요구했다. 이에 대해 재판부는 별도의 약정이 없었다면 부가가치세는 매도인이 납부하는 것이 타당하다고 보아 원고의 청구를 기각했다. 매수인이 부가가치세를 부담한다는 거래관행을 재판부가 인정할 수 없다고 한 것이다. 당시 재판부는 구 부가

가치법 제 15조(현행 31조)는 "매도인이 매수인으로부터 부가가치세를 징수해야 한다"고 규정하고 있으나 이는 최종소비자가 부가가치세를 내야 한다는 취지에 불과하고 이 조항을 근거로 매도인이 이미 납부한 부가가치세를 매수인에게 반환 청구할 근거는 될 수 없다고 판단했다.

당연한 조건이지만 포괄양도·양수의 요건으로는 반드시 사업 전체를 양도·양수하여야 하고 사업 일부의 양도·양수는 해당하지 않는다. 또한 임차인이나 직원도 그대로 유지하고 사업의 동일성이 지켜져야 하며 업종도 동일하여야 한다. 마지막으로 양도인은 부가가치세 확정 신고를 할 때, 양수인은 사업자 등록을 할 때 포괄양도·양수계약서를 제출하여야 한다.

서울 송파구에 거주하는 B 씨는 토지 3억 원에 건물 2억 원, 매매가 총 5억 원인 오피스텔을 사서 임대사업을 하기로 했다. 그런데 계약체결 직후 B 씨는 매도자로부터 건물가격의 10%인 2,000만 원을 부가세로 지불하라는 통지를 받았다. B 씨가 이에 대해 따지자 매도자는 "부가가치세는 소비자가 내는 세금이오. 당연히 매수자인 당신이 소비자로서 내야 할 것 아니오!"라는 답변을 들었다.

상가나 오피스텔 같은 상업용 건물을 거래할 때는 부가세(Value-Added Tax)가 있다는 것을 반드시 염두에 두어야 한다. 부가세란 제품이나 용역이 생산, 유통되는 모든 단계에서 새로운 가치가 창출된다고 간주하고 그에 대한 세금을 부과하는 것이다. 상품이나 서비스 가격에 반드시 포함된 대표적인 간접세이기 때문에 부유한 자나 가

| 포괄양수도 계약 | | | |
|---|---|---|---|
| 유형 | 매도자 | 매수자 | 포괄양수도 |
| A | 일반사업자 | 일반사업자 | 가능 |
| B | 간이사업자 | 일반사업자 | 가능 |
| C | 간이사업자 | 간이사업자 | 가능 |
| D | 일반사업자 | 간이사업자 | 유의 |
| E | 일반 혹은 간이 | 개인 | 유의 |

난한 자나 똑같이 내는 것이 부가세라는 농담도 있다. 상업용 건물 역시 예외는 아니다.

분쟁이 되는 것은 '과연 누가 그 세금을 내야 하는가'이다. 이해를 돕기 위해 다음과 같은 상황을 가정해보자(식품위생법개정으로 2013년 1월 1일부터 음식점 등에서 부가세·봉사세 등을 별도 표기하는 것이 금지 되었지만, 해당 사례는 독자의 이해를 돕기 위해 구성되었다.)

C 씨가 점심으로 식당에서 6,500원짜리 된장찌개를 먹고 6,500원 을 지불하고 나왔다. 그리고 저녁때는 가족과 함께 뷔페식당에서 외 식을 했다. 가격표에는 '1인당 23,000원. 부가세(V.A.T) 10%는 별도' 라고 표시되어 있었다. C 씨는 자신의 저녁식사 값으로 얼마를 지불 했을까? C 씨는 점심값으로는 6,500원을 지불했지만 저녁값으로는 25,300원(식사비 23,000원+부가세 2,300원)을 지출했다. 부가세에 대한 별도의 표시가 없는 가격에는 그 안에 부가세와 봉사료가 포함되어 있다는 것이 우리 사회의 암묵적이고 관행적인 규율이다. 부동산 역

시 예외가 아니다.

만약 상가를 매수할 당시 계약서에 부가세 별도라는 문구가 없었다면 부가세는 매수인이 지불한 상가대금에 포함되어 있다고 본다. 반대로 계약서에 부가세 별도라고 명시되어 있으면 매수인은 매도자에게 매매대금과는 별도로 부가세를 지불해야 한다.

이는 임대차거래에서도 똑같이 적용된다. A 씨가 B 씨에게 상가를 임대할 때 임대료에 부가세는 포함하지 않는다고 계약서에 명시하지 않는 한 A씨가 받는 임대료에는 국가에 내야 할 부가세가 포함되어 있는 것이다.

다만 상업용 건물을 거래하더라도 부가세가 붙지 않는 경우가 있다.

첫째, 포괄적 사업양도·양수를 할 때. 매도자가 영위하던 사업을 매수자가 승계할 때는 사업의 주체만 바뀌었을 뿐 재화를 창출하지 않는다고 보고 부가세를 부과하지 않는다. 그러나 계약서에 '사업을 포괄적으로 양수한다'는 문구가 들어간다고 해서 바로 비과세가 되지는 않는다. 포괄적 사업양도·양수를 인정받으려면 양측 계약자 모두가 면세사업자가 아닌 과세사업자여야 하고, 매도·매수 계약 전 임차인의 권리, 의무가 모두 승계(단순히 명도를 조건으로 계약서를 작성하는 것이 아니다)되어야 하며 사업양도신고서를 세무서에 신고해야 한다. 이런 부분이 충족되는지 꼼꼼하게 따져보고 계약을 진행해야 한다.

두 번째는 경매다. 원칙에 따르면 경매 역시 부가세를 내야 하겠지만, 경매 물건의 주인은 대체로 빚을 갚지 못해 파산상태에 있다. 판매자가 되는 주인이 소비자에게 부가세를 거두어 이를 국가에 납부하는 것은 어려운 일이다. 따라서 경매물건은 부가세법 제8조 3항에 따라 재화의 공급으로 보지 않고 부가세를 매기지도 않는다.

**Check-Point**

수익형 부동산을 매입할 때 건물분 부가가치세 부분을 반드시 체크해야 하며, 세금의 납부와 환급의 번거로움을 대신할 포괄적 사업 양도 · 양수 조항을 반드시 계약서에 기재하여야 한다.

# 05

# 부동산 재테크는 세금을 제대로 파악하는 것에서 시작한다

서울 사당동에 거주하는 서준태(48세) 씨는 부동산 투자 마인드가 어느 정도 있다고 생각하고 여러 가지 부동산도 보유하고 있다. 그런데 가장 취약점이 바로 세금분야이다. 세금의 기본을 모르기 때문에 절세하는 방법은 더더욱 모른다. 취득하고 보유했다가 양도하는 모든 절차에 세금이 반드시 따라다니게 되어 있다. 특히 서 씨는 양도 시에 발생하는 양도소득세는 더더욱 문외한이다. 그래서 양도세 이야기만 하면 지레 겁부터 내고 알짜 부동산임에도 양도세 부담으로 투자를 회피하는 경우도 많다.

양도차익을 배라고 가정하면 양도소득세는 배꼽에 비유할 수 있는데 배보다 배꼽이 절대 클 수는 없는 것이다. 부동산에 한번 투자하면, 만남과 동거와 이별의 전 과정에 끈질기게 세금이 따라붙는다. 그러니 부동산 투자를 하기 전에 세금에 대해서 철저하게 알아

야 한다. 세금을 모르면 예상보다 수익이 적어지거나 심지어 투자가 처절하게 실패로 끝날 수도 있다.

필자와 가까운 지인인 안 모씨는 3억 원을 투자하면 2,000만 원의 수익을 올릴 수 있다고 판단해 부동산을 매입을 했는데, 세금이 2,000만 원보다 더 많이 나와서 목표수익을 얻지 못하고 도리어 손해를 보게 되었다. 부동산 투자를 하려면 세금을 먼저 확인해야 안 씨와 같은 우를 범하지 않고 올바른 판단을 내릴 수 있다.

부동산 투자를 할 때 반드시 고려해야 할 세금은 거래세(취득세, 등록세, 지방교육세, 농어촌 특별세), 종합부동산세, 양도세 세 가지다. 그 외에 재산세도 있지만 재산세는 금액이 크지 않아 투자 판단을 할 때 큰 변수로 작용하지 않는다.

먼저 종합부동산세를 정복하자. 일반 소액투자자들은 종합부동산세에는 크게 신경 쓰지 않아도 될 것 같다. 종합부동산세는 부동산의 공시지가(공시가격)가 6억 원 이상일 때 부과되지만 여기에 기본 공제 3억 원이 더 들어가기 때문에 결국 부동산의 공시가격이 9억 원에 이를 때 종합부동산세가 부과되는 셈이다. 그러나 공시가격이 9억 원이면 실거래가는 12~15억 원 정도에 이른다. 그러니 투자판단을 할 때는 거래세와 양도세를 우선적으로 고려해야 한다.

거래세는 부동산을 매입하는 단계에서 내는 세금을 말한다. 주택은 전용 면적에 따라서 세율이 조금 다르게 적용된다. 전용 면적이 85㎡(약 26평) 이하이면 2.2%, 전용 면적이 85㎡를 초과하면 2.4%가 적용된다. 전용 면적이 85㎡ 이하인 아파트를 7억 원에 샀다면 거래세인 취·등록세는 1,540만 원이 될 것이다. 세부적으로 들어가면 취득세도 주택의 가격대와 크기에 따라 세율이 달라진다.

상가나 오피스텔을 매입할 경우에는 거래세가 4.6%이다. 오피스텔을 1억 원에 샀다면 거래세는 460만 원 정도 될 것이다. 거래세는 말 그대로 주택이나 상가 오피스텔을 매입할 때 필요한 자금이므로 투자를 결정할 때 비용에 포함해야 한다. 부동산을 매입할 때는 세금 외에도 법무사수수료, 부동산 중개수수료 등 비용도 꼼꼼히 따져보는 것이 좋다.

양도소득세는 부동산을 처분할 때 양도차익이 발생하면 그 차익에 대해 매기는 세금이다. 부동산에 연관된 세금 중에서 가장 중요하게 생각되는 것이 양도소득세다. 금액이 상당히 큰 경우가 많아서 잘못 계산하면 뭉칫돈이 왔다 갔다 하기도 한다.

다행히 양도세는 누구나 내는 세금은 아니다. 1가구 1주택자가 2년 이상 보유한 9억 원 미만의 주택을 매도하면 양도세가 전혀 부과되지 않는다.

그렇다면 집을 사서 1년 안에 팔면 어떻게 될까? 집을 사서 1년 안에 팔면 세율이 40%, 1~2년 사이에 팔면 6~38%(일반누진세율), 2년 이상은 6~35%의 양도세 세율을 적용한다. 1가구 1주택에 해당하는 자가 1억 원에 집을 사서 2억 원에 집을 팔았다면 양도차익이 1억 원이다. 이 경우 양도세는 보유 기간이 1년이 지나지 않았다면 5,000만 원, 2년이 지나지 않았다면 4,000만 원이 될 것이다. 물론 3년 이상이 되면 한 푼의 세금도 낼 필요 없이 1억 원의 양도차익을 고스란히 챙길 수 있다.

1가구 2주택을 보유한 사람들은 어떻게 되나? 1가구 2주택 이상 보유자는 2009년 이전에는 세율 50% 이상의 중과세를 적용받았다. 그러나 2009년 3월 15일 세제개편안에 따라 2009년 3월 16일부터는 무조건 일반세율을 적용받고 있다. 주택이 세 채든 다섯 채든 상관 없이 기본세율 6~35%이고, 2010년부터는 6~38%의 세율을 적용받는다. 단 한시적으로 2010년까지 주택을 처분하거나 신규로 취득하는 경우에 한해서 중과가 폐지된다. 투기 지역인 강남 3구(서초구, 송파구, 강남구)는 제외한다.

지금까지의 내용은 가장 핵심적이고 중요한 부분을 대략적으로 설명한 것이다. 여기에 기본 공제나 취득세 같은 필요 경비를 더 추가한다면 계산은 조금 더 복잡해진다. 최근에는 인터넷으로 양도세 계산을 할 수 있는 시스템이 있다. 집을 매도할 때 시스템에 들어가 점검해보기 바란다. 또 예외 규정도 많으니 세무 전문가와 상의를 해보는 것도 바람직하다.

투자를 하기 전에는 반드시 세금 설계를 해야 한다. 세금을 모르고 부동산에 투자하면 매수시점과 매도시점을 바르게 예상할 수 없다. 세금은 계속해서 바뀌기 때문에 기본을 이해하고 새롭게 바뀐 세금제도를 지속적으로 업데이트하면서 이해해야 한다.

수익형이든 차익형이든 부동산은 보유하고 있으면 계속적으로 세금이 발생한다. 부동산과 세금은 만남(취득)에서 이별(처분)할 때까지 단계별로 국세와 지방세가 부과 · 징수된다. 부동산을 무상으로 취득했는지, 유상으로 취득했는지는 상관하지 않는다. 국세는 중앙정부 행정관서인 국세청(세무서), 관세청(세관)에서 국방 · 치안 · 교육 등과 같은 국가 전체의 이익을 위해 부과 · 징수하는 세금이고, 지방세는 지방자치단체의 행정기관인 특별시 광역시와 시 · 군 · 구청 세무과에서 소방 · 상하수도 등 지역주민 및 지역 발전을 위해 부과 · 징수하는 세금이다.

| 구분 | 국세 | 지방세 | |
|------|------|--------|--------|
| | | 지방세 | 관련부가세 |
| 취득시 | 인지세(계약서 작성시)<br>상속세(상속받은 경우)<br>증여세(증여받은 경우) | 취득세 | 농어촌특별세(국세)<br>지방교육세 |
| 보유시 | 종합부동산세<br>(일정기준 초과시)<br>농어촌특별세<br>(종합부동산세 관련 부가세) | 재산세 | 지방교육세<br>지역자원시설세<br>(재산세에 통합과세) |
| 처분시 | 양도소득세 | 지방소득세<br>(소득분) | 해당없음 |

**Check-Point**

수익형이든 차익형이든 부동산은 보유하고 있으면 계속적으로 세금이 발생한다. 부동산과 세금은 만남(취득)에서 이별(처분)할 때까지 단계별로 국세와 지방세가 부과 · 징수된다. 세금을 모르면 예상보다 수익이 적어지거나 심지어 투자가 처절한 실패로 끝날 수도 있다.

# 06

# 전월세 임대소득에도, 과세에도
# 해결책이 있다

서울 송파동에 거주하는 박은숙(57세) 씨는 남편 사망 후 어떻게 살아야 하나 고민하다가 자신이 집세를 받아 사는 길밖에는 없다고 생각했다. 재산을 정리해서 소형 주택 몇 채를 대출과 보증금을 더해서 샀고, 그동안 주택 임대소득으로 생계를 꾸려왔다. 그런데 정부에서 2017년부터는 다주택자에 대한 주택임대소득, 즉 전월세임대소득에 대한 과세를 시행할 예정이라고 해서 고민이 이만저만 아니다. 임대수득이 주 수입원인 박 씨가 임대소득에 대한 세금을 납부하고 나면 실질소득이 그만큼 줄어들게 된다. 아무래도 박 씨는 다른 소득원을 더 찾아야 하는 것 아닐까?

2014년 2월 26일 정부에서 주택임대차 선진화 방안을 발표했는데, 수정에 수정을 거쳐 2018년부터 본격적으로 시행된다. 1세대 1주택이고 고가주택이 아니라면 2017년 이후에도 전월세임대소득은 변함없이 비과세가 적용된다. 1세대 2주택인 경우 연간 임대소득 총수입금액이 2,000만 원 이하이면 2017년 1월 1일부터 분리과세로 세금을 내게 된다. 분리과세는 총수입금액에서 60%를 필요경비로 빼고 나머지 금액에 세율 14%를 적용한다. 이때 분리과세보다 합산과세가 유리하면 합산과세를 선택할 수 있다.

1세대 3주택 이상인 경우는 임대보증금(전세 및 월세, 반전세보증금 총액)이 3억 원을 넘으면 2017년부터 과세한다. 특히 갭투자자들이 유의해야 할 것이다. 임대보증금에서 3억 원을 뺀 60%에 1.8% 정기예금이자율을 곱한 금액을 과세대상으로 한다.

주택수는 부부합산이며, 임대소득과세는 개인별이다.

## 과세대상

① 1세대 1주택 임대소득 – 비과세

(단, 고가주택(기준시가 9억 원 초과)과 국외주택 임대소득 – 과세)

② 1세대 2주택 임대소득 – 과세

③ 1세대 3주택 이상 임대소득 – 과세(간주임대료까지 과세)

## 과세방법

| 주택수 | 총수입금액 | 2014~2016년 | 2017년 |
|---|---|---|---|
| 1세대 1주택 | 제한없음 | 비과세(고가주택, 국외주택은 제외) | |
| 1세대 2주택 | 2,000만 원 이하 | 비과세 | 14% 세율 분리과세 |
| | 2,000만 원 초과 | 종합과세 | |
| 1세대 3주택 이상 | 간주임대료 포함 2,000만 원 이하 | 비과세 | 14% 세율 분리과세 |
| | 간주임대료 포함 2,000만 원 초과 | 종합과세 | |

① 주택 수 계산 – 본인과 배우자 합산(자녀 제외). 주거용 오피스텔을 주택 수에 포함.

② 임대소득 계산 – 부부라도 개인별로 계산

③ 3주택 이상 간주임대료 계산

주택임대보증금 간주임대료=(보증금액−3억 원)×60%×정기예금이자율(단 2016년까지는 국민주택규모(전용면적 85㎡) 이하, 기준시가 3억 원 이하는 주택 수 산정에서 제외)

④ 분리과세 적용 시(2017년 이후)

분리과세 산출세액=(분리과세 주택임대소득×(1−60%)−400만 원)×14%

a. 필요경비율 60% 적용
b. 기본공제 400만 원 인정(주택임대소득 제외한 종합소득금액 이 200만 원 이하인 경우에만 적용)
c. 단일세율 14% 적용

**Check-Point**

임대소득으로 발생한 소득 중 2,000만 원을 초과하는 금액에 대해서는 아직은 비과세이나 향후 과세하는 방향으로 정책이 변화될 것 같아 좀 더 수익률에 대한 부분을 체크해야 할 것이다.

# 07
# 상가주택의 양도세를
# 절세하는 방법

　은퇴자금을 은행에 맡겨봤자 이자수입은 바닥이고, 수입 없이 살아야 할 노후는 점점 길어지고 있는 상황에서 상가주택에 대한 관심이 폭발적이다. 부동산중개사무소에는 요즘 20억~50억 원 정도의 자금 여력이 있는 고객들이 자주 찾아온다. 그들은 1, 2층은 상가나 사무실로 사용하고, 3층은 주택임대, 4층은 본인 세대가 입주할 수 있는 상가주택을 찾아달라고 요청한다. 임대수익이 목적이다 보니 전세보다는 월세를 받을 수 있는 상가주택을 선호한다.

　그리고 상가주택의 경우 양도소득세가 어떻게 되는지 부동산중개사에게 자문한다. 상가주택, 더 정확하게 말하면 상가겸용주택도 일정한 조건을 갖추면 양도세를 한 푼도 내지 않아도 된다.

　상가겸용주택의 전체 면적 중에서 주거용으로 사용하는 면적이 더 크다면 상가를 포함한 건물 전체를 주택으로 간주한다. 매도할 때 보유 기간이 2년이 넘었다면 양도세 비과세 혜택을 받을 수 있다. 단 고가주택 기준인 9억 원 미만인 상가겸용주택일 때만 해당된다.

그러나 전체 면적 중에서 주거면적이 영업용 면적보다 작거나 같을 때는 영업용 면적은 주택으로 간주되지 않는다. 즉 2년 이상 보유하고 양도가격이 9억 원 이하라 할지라도 영업용 면적을 제외한 주거용 면적에 대해서만 비과세 혜택을 받을 수 있다.

상가는 양도차익이 발생하면 무조건 양도소득세를 내야 하지만 주택은 1세대 1주택 요건을 갖추어 양도하면 비과세 적용을 받는다. 상가와 주택의 성격을 동시에 지니고 있는 상가주택이 주택으로 간주된다면 양도소득세를 절세하는 면에서 훨씬 유리하다. 물론 1세대 1주택일지라도 양도가액이 9억 원을 초과하면 초과 부분에 해당하는 양도차익에 대해선 양도소득세를 내야 한다. 그러나 1주택자라면 양도차익의 최대 80%까지 장기보유특별공제(보유기간 3년 이상인 부동산에 대해 공제율 24~80% 차등 적용)를 적용받게 되어 양도세 부담이 크게 줄어든다.

상가 겸용 주택으로 비과세 혜택을 받을 방법을 고민해보자. 만약 주거용으로 사용하는 면적과 영업용으로 사용하는 면적이 비슷하다면 부동산컨설팅을 받아서 조정 가능한 부분이 있다.

첫째, 계단·복도 등을 주택의 면적에 포함되게 하라.

둘째, 조건이 된다면 주거 부분을 규정을 벗어나지 않은 한도에서 최대한 증축하여 주거용이 전체의 50%를 초과하도록 하라. 만약 상가겸용주택을 신축하고 싶다면 설계단계부터 주거용이 50%를 초과하도록 설계해야 한다.

다음은 양도세에 대해서 자주 듣게 되는 질문과 그 해답이다.

Q: 지인 중에 양모 씨는 자녀들을 모두 결혼시키고 아내와 살고 있다. 그분은 주택 2채를 소유하고 있고, 지금 살고 있는 넓은 집을 팔고 작은 집으로 이사하면 여윳돈이 생기는데 그 돈으로 노후 대비를 해야겠다고 생각한다. 하지만 그렇게 되면 양도소득세가 많이 부과되니 어떻게 해야 할지 고민이라고 한다. 양도세 비과세 혜택을 받을 방법은 없을까?

A: 주택 2채 이상을 가진 사람은 양도소득세 비과세 혜택을 받을 수 없다. 하지만 전략적으로 대처하면 양도세를 줄일 수는 있다. 먼저 파는 집은 어쨌건 양도세를 내야 한다. 그러나 집을 하나 팔고 나면 집 한 채가 남고 그 남은 한 채를 팔 때는 비과세 혜택을 받을 수 있다. 관건은 어떤 것을 먼저 처분할 것인가 순서의 문제다. 2채 중 양도차익이 작은 것을 먼저 팔아야 양도세가 절감된다. 양도차익이 큰 주택은 비과세 혜택을 받도록 나중에 팔아야 한다.

위의 사람은 20년간 산 주택의 양도차익이 월세를 놓은 소형 임대주택보다 훨씬 컸다. 그렇다면 양도세 부담을 줄이기 위해 임대주택을 먼저 팔면 된다.

Q: 지하철 역세권에 있는 임대주택은 월세가 높고 임대차도 안정

적으로 이루어지고 있다. 매달 월급처럼 나오는 월세를 노후 생활비로 요긴하게 쓸 수 있는 셈이다. 임대주택을 계속 갖고 있으면서도 현재 거주하는 주택을 양도세 없이 팔 수 있는 방법은 없을까?

A: 주택임대사업자로 등록하는 것이 한 가지 방법이 될 수 있다. 주택임대사업자가 되면 거주 주택을 즉시 팔아도 양도세 비과세 혜택을 받을 수 있다. 거주 주택의 보유기간과 거주기간이 각각 2년 이상 되어야 한다.

주택임대사업자등록은 임대주택법에 따라 관할 시·군·구청에서 할 수 있다. 세무서에도 동일하게 사업자등록을 해야 한다. 반드시 두 군데 모두 등록해야 한다는 점을 유의해야 한다. 임대주택의 현 기준시가는 6억 원(수도권 제외한 지방은 3억 원) 이하여야만 가능하다. 주택임대사업자로 등록한 후에는 임대주택을 5년 이상 의무적으로 임대해야 한다. 그 전에 양도하는 등 의무 임대기간을 채우지 않으면 거주 주택에 대해 양도세가 추징된다는 점도 명심해야 한다.

**Check-Point**

상가와 주택의 성격을 동시에 지니고 있는 상가주택이 주택으로 간주된다면 양도소득세를 절세하는 면에서 훨씬 유리하다. 상가주택의 주거용이 전체의 50%를 초과하면 양도세는 주택처럼 적용된다.

epilogue

그동안 수익형 부동산과 관련하여 수많은 상담을 했다. 그중 독자들에게 참고가 될 투자물건 보고서를 소개한다.

## 1.대상지 분석

① 소재지: 충북 청주시 흥덕구 복대동 3318 백상빌딩

② 대상지 현황

- 지목: 대지
- 면적: 대지 586.1㎡(약 177.3평) / 건평 2,396.14㎡(약 724.3평)
- 용도지역: 도시지역, 준공업지역, 지구단위계획구역
- 용적률: 350%
- 건폐율: 60%
- 준공년도: 2009년 7월
- 구조: 철근콘크리트 제1종 근린생활시설
- 공시지가: ㎡당 1,365,000원(평당 4,512,417원)
- 접면도로: 북측 20미터, 동측 30미터 코너에 접합
- 현 이용상태: 근린생활 빌딩

## 2.매매가

45억 원

## 3.보증금

14억7,000만 원/ 월 임대료 1,875만 원

## 4.대출금

12억5,000만 원(이자율 연 3.5% 가정)/ 월이자 364만5,833원

## 5.실투자액

17억8,000만 원/ 월 순수익 1,510만4,167원

## 6.년 임대수익률

연 10%(은행대출이자율 3.5% 가정)

## 7.임대차 현황

| 해당가구 | 보증금 | 월 임대료 | 임차상호명 | 평수 |
|---|---|---|---|---|
| 1층 101호 | 30,000,000 | 1,100,000 | 여우와컴퓨터 | 13.66 |
| 102호/103호 | 50,000,000 | 1,800,000 | 어울리제의류 | 27.73 |
| 104호 | 40,000,000 | 1,200,000 | 봄 날 꽃가게 | 17.62 |
| 105호 | 농협은행 | CD기 | 농협36 | 521.39 |
| 106호/107호 | 200,000,000 | 2,000,000 | 뚜레쥬르 | 42.63 |
| 2층 농협은행 | 850,000,000 | 1,500,000 | 농협은행 | 132.96 |
| 3층 301호 | 100,000,000 | 2,500,000 | 어울림 치과 | 68.94 |
| 302호 | 70,000,000 | 1,200,000 | 연세토트학원 | 64.02 |
| 4층 헬스클럽 | 40,000,000 | 3,000,000 | 휘트니스헬스 | 132.96 |
| 5층 학원 501호 | 30,000,000 | 1,200,000 | 금빛음악학원 | 68.94 |
| 502호 | 30,000,000 | 1,200,000 | 링컨영어학원 | 64.02 |

| 해당가구 | 보증금 | 월 임대료 | 임차상호명 | 평수 |
|---|---|---|---|---|
| 6층 | 30,000,000 | 1,700,000 | 소마수학학원 | 69.47 |
| 옥상 | | 350,000 | SK, KT 중계기 | 별도 |
| 총계 | 1,470,000,000원 | 18,750,000원 | | 부가세/관리비 별도 |

| 구분 | m2 | 평 | 비고 |
|---|---|---|---|
| B1층 | 435.87 | 131.8 | 지하주차장(법정 주차대수 13대) |
| 1층 | 342.91 | 103.7 | 뚜레주르, 농협CD기, 봄날, 어울리제, 늑대와여우 컴퓨터 |
| 2층 | 349.39 | 105.6 | 충북원예농협, 협동조합, 농협은행 |
| 3층 | 349.39 | 105.6 | 연세토트학원, 어울림치과 |
| 4층 | 349.39 | 105.6 | 캘리포니아헬스클럽, i Ftness |
| 5층 | 349.39 | 105.6 | 금빛음악학원, 링컨영어학원 |
| 6층 | 219.8 | 66.4 | 소마수학학원 |

## 8.입지분석

① 지역분석

충북 청주시는 충북도청 소재지로서 지방산업단지와 교육의 도시이며 세종시와도 지근거리에 있어 발전 가능성이 아주 높은 도시다. 복대동은 현재 청주시에서 가장 뜨거운 개발지역 중의 하나로 주목받고 있는 지역이다.

SK하이닉스, LG전자, LG화학 등 368개 기업이 입주한 청주산업단지와 가깝다. 고속철도망의 거점인 경부고속철도(KTX) 오송분기역과 행복도시의 관문 공항이 될 청주국제공항도 차량으로 15분가량이면 갈 수 있다. 전국 어디서나 2시간 내에 도달할 수 있는 광역교통망을 갖추고 있다. 또 개발이 진행된 오창과학산업단지와 오송생명과학단지도 각각 10분, 15분가량 걸린다.

② 복대동 현황

　복대동은 대한민국 충청북도 청주시 흥덕구에 있다. 법정동은 복대동이며, 행정동이 복대1동과 복대2동으로 나뉘고 있다. 복대동은 하복대지구와 대농지구의 조성으로 인구가 급속하게 유입되고 있으며 일부 지역에는 송정동, 향정동과 함께 청주산업단지가 조성되고 있다. 대농지구의 현대백화점과 현재 청주시 최고층 아파트인 청주지웰시티가 2차까지 조성돼 있다. 그리고 인근의 자동차운전 전문학원 부지까지 전부 아파트 단지로의 개발이 확정된 상태로 개발 호재가 풍부한 청주의 새로운 주거, 문화, 행정의 중심지로 거듭나고있다.


③ 청주의 인구수와 복대동 비교

　현재 청주시의 총 인구는 85만 명이며, 복대1동 5만 명, 복대2동 2만 명으로 청주 총 인구의 10.9%가 주거하고 있다. 현재 인구 유입속도가 빠르기 때문에 향후에는 더욱더 증가할 것으로 예상된다.

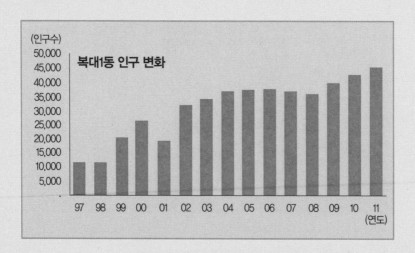

④ 물건지 인근 배후수요 아파트 단지현황

　청주에서 가장 고가 아파트단지인 지웰시티 1차, 2차에 이어서 두
진하트리움 2차(356세대 6개동)가 물건지와 바로 인접한 위치인 청주
자동차운전전문학원 부지에 2016년 4월에 분양되어 탄탄하고 풍부
한 임대수요와 더불어 지가상승이 확실하다.

## 9.대상부지의 특성과 토지이용계획확인원

대상부지는 금호어울림 아파트 단지의 4거리 코너에 위치한 근린
생활빌딩 지하 1층~지상 6층 건물로 가시성과 접근성이 아주 양호
한 물건으로 분석되고 있다.

북측 20미터 도로에 접함. 동측 30미터 도로에 접함

대지형태: 정사각형

## *토지이용계획확인원 해설

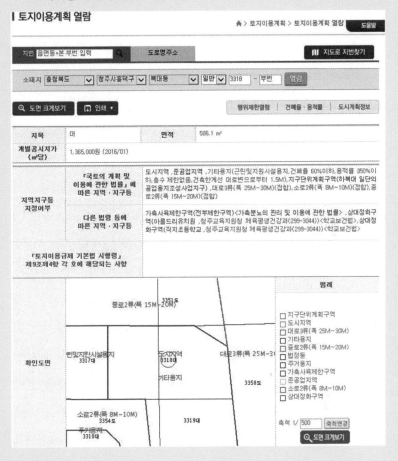

본 물건지는 도시지역, 준공업지역에 속하는 물건으로 지목은 대지이며 사거리코너에 입지하고 있다. 면적 586.1㎡(약 177평)이며 ㎡당 공시지가는 1,365,000원이다.

건폐율은 70%, 용적율은 400% 이하임을 알 수 있다.

## 10.투자 포인트

① 기본적 평가 분석

- 청주 복대동 대농개발지역 내 금호어울림아파트 정문사거리 코너 자리로 특급상권.

- 인근지역 대단위 11,828세대의 아파트단지로 충분한 배후수요로 공실률 제로(신영지웰시티 2,164/ 두산위브지웰시티 1,964/ 금호어울림 1,200/ 대원·주은 1,200/ 현대·세원·두진·아름 4,500/ 지웰홈스타운 800/ 현대,아름다운나날 1,000)

- 인근지역 다양한 학군의 소재로 학생수요층 풍부(솔밭초·중, 진흥초, 직지초, 흥덕고, 복대중고, 진흥초, 중인초, 충북대학교, 한국폴리텍대학)

- 서청주우체국, 상당구청, 현대백화점 인근 위치로 관공서 수요 흡수.

- 인근 대우자동차학원, 청주자동차운전전문학원의 신규 아파트단지 개발로 본 물건의 가치 상승.

- 금호어울림 단지 옆 자동차운전학원의 아파트단지(두진하트리움 2차) 분양확정으로 임대수요 더욱더 탄탄해질 전망이며 인근지역 지가상승 확실.


② 매수 핵심 포인트

1. 수익환원법에 의한 수익률 6% 가정 시 55억 원 물건으로 평가 분석.
2. 실투자금액 저렴하고 임대수익률 높음.

3. 풍부한 임대수요로 공실가능성 제로.

4. 청주지역 중 개발가치가 가장 뛰어난 지역.

5. 지웰시타 3차 대상부지 인접으로 개발후광효과 확실.

6. 건물관리 상태양호 및 관리업체 선정으로 임대관리수월.

7. 사거리 코너 건물로 접근성 및 가시성 양호.

8. 은행, 병원, 학원, 헬스, 제과 등 생활 절대밀착업종의 유치. 소비의 집약성 확보로 공실이 전혀 없는 안정적인 수익형 물건.

9. 인근지역 지속개발로 자연발생적 지가상승과 더불어 인문적 건물가치 상승.

10. 대단위 아파트단지와 더불어 관공서 지근거리 위치한 특급요지.


③ 종합투자의견

저금리시대에 수익형 빌딩의 가치는 날로 인정받고 있다.

17억 8천만 원의 실투자금액으로 연 10% 임대수익율을 달성할 수 있는 수익형 빌딩의 희소가치가 내재되어 있는 물건이다.

월 순이익금으로 1,510만 원이면 1년에 1억8,100만 원, 5년간 보유했다고 가정하면 총 9억600만 원의 소득이 임대소득으로만 생긴 것이다. 이는 또다른 꼬마빌딩을 하나 더 매수할 수 있는 기회다.


**다시 살펴보는 투자핵심포인트**

• 연 임대수익률 10%(월 순이익금 1,510만 원)

• 실투자금액 17억8,000만 원

• 농협은행 만기연장 확정 (보증금 8억5천/ 월 150만 원)

- 가시성과 접근성 뛰어난 코너상가 빌딩
- 관리업체선정(SD종합관리회사)으로 임대관리 철저
- 수익형 부동산으로 최상이면서 시세상승 가능성 충분
- 주변 개발 호재 풍부로 임대료 상승 가능성
- 최초 임차계약시부터 8년 동안 임대료 상승 없어 임대료 현실화 시 수익률 상승 가능

# 📖 북오션 부동산 재테크 도서 목록 📖

## 부동산/재테크/창업

장인석 지음 | 17,500원
348쪽 | 152×224mm

### 롱텀 부동산 투자
### 58가지

이 책은 현재의 내 자금 규모로, 어떤 위치의 부동산을 언제 살 것인가에 대한 탁월한 분석을 펼쳐보여 준다. 월세탈출, 전세탈출, 무주택자탈출을 꿈꾸는, 건물주가 되고 싶고, 꼬박꼬박 월세 받으며 여유로운 노후를 보내고 싶은 사람들을 위한 확실한 부동산 투자 지침서가 되기에 충분하다. 이 책은 실질금리 마이너스 시대를 사는 부동산 실수요자, 투자자 모두에게 현실적인 투자 원칙을 수립할 수 있도록 해줄 뿐 아니라 실제 구매와 투자에 있어서도 참고할 정보가 많다.

나창근 지음 | 15,000원
302쪽 | 152×224mm

### 나의 꿈,
### 꼬마빌딩 건물주 되기

'조물주 위에 건물주'라는 유행어가 있듯이 건물주는 누구나 한 번은 품어보는 달콤한 꿈이다. 자금이 없으면 건물주는 영원한 꿈일까? 저자는 현재와 미래의 부동산 흐름을 읽을 줄 아는 안목과 자기 자금력에 맞춤한 전략, 꼬마빌딩을 관리할 줄 아는 노하우만 있으면 부족한 자금을 충분히 상쇄할 수 있다고 주장한다. 또한 액수별 투자전략과 빌딩 관리 노하우 그리고 건물주가 알아야 할 부동산지식을 알기 쉽게 설명한다.

박갑현 지음 | 14,500원
264쪽 | 152×224mm

### 월급쟁이들은 경매가 답이다
#### 1,000만 원으로 시작해서 연금처럼 월급받는 투자 노하우

경매에 처음 도전하는 직장인의 눈높이에서 부동산 경매의 모든 것을 알기 쉽게 풀어낸다. 일상생활에서 부동산에 대한 감각을 기를 수 있는 방법에서부터 경매용어와 절차를 이해하기 쉽게 설명하며 각 과정에서 꼭 알아야 할 중요사항들을 살펴본다. 경매 종목 또한 주택, 업무용 부동산, 상가로 분류하여 각 종목별 장단점, '주택임대차보호법' 등 경매와 관련되어 파악하고 있어야 할 사항들도 꼼꼼하게 짚어준다.

### 초저금리 시대에도 꼬박꼬박 월세 나오는
## 수익형 부동산

현재 (주)기림이엔씨 부설 리치부동산연구소 대표이사로 재직하고 있으며 [부동산TV], [MBN], [한국경제TV], [KBS] 등 방송에서 알기 쉬운 눈높이 설명으로 호평을 받은 저자는 부동산 트렌드의 변화와 흐름을 짚어주며 수익형 부동산의 종류별 특성과 투자노하우를 소개한다. 여유자금이 부족한 투자자도 전략적으로 투자할 수 있는 혜안을 얻을 수 있을 것이다.

나창근 지음 | 17,000원
332쪽 | 152×224mm

# 주식/금융투자

북오션의 주식/금융 투자부문의 도서에서 독자들은 주식투자 입문부터 실전 전문투자, 암호화폐 등 최신의 투자흐름까지 폭넓게 선택할 수 있습니다.

### 고양이도 쉽게 할 수 있는
## 가상화폐 실전매매 차트기술

이 책은 저자의 전작인 《암호화폐 실전투자 바이블》을 더욱 심화시킨, 중급 이상의 투자자들을 위한 본격적인 차트분석서이다. 가상화폐의 차트의 특성을 면밀히 분석하고 독창적으로 체계화해서 투자자에게 높은 수익률을 제공했던 이론들이 고스란히 수록되어 있다. 이 책으로 가상화폐 투자자들은 '코인판에 맞는' 진정한 차트분석의 실제를 만나 볼 수 있다.

박대호 지음 | 20,000원
200쪽 | 170×224mm

## 암호화폐 실전투자 바이블
### 개념부터 챠트분석까지

고수익을 올리기 위한 정보취합 및 분석, 차트분석과 거래전략을 체계적으로 설명해준다. 투자자 사이에서 족집게 과외·강연으로 유명한 저자의 독창적인 차트분석과 다양한 실전사례가 성공투자의 길을 안내한다. 단타투자자는 물론 중·장기투자자에게도 나침반과 같은 책이다. 실전투자 기법에 목말라 하던 독자들에게 유용할 것이다.

박대호 지음 | 20,000원
200쪽 | 170×224mm

조한준 지음 | 20,000원
192쪽 | 170×224mm

### ICO부터 장기투자까지 가상화폐
# 가치투자의 정석

이 책은 가상화폐가 기반하고 있는 블록체인 기술에 대한 이해를 기본으로 하여 가상화폐를 둘러싼 여러 질문들과 가상화폐의 역사와 전망을 일목요연하게 다뤄준다. 그러면서 최근의 투자자들에게 가장 요원한 주제인 왜 가치투자를 해야 하는지, 가치투자는 어떻게 해야 하는지, 대형주, 소형주 위주의 투자와 ICO투자의 유형으로 나누어 집중적으로 분석해준다.

최기운 지음 | 20,000원
312쪽 | 170×224mm

# 지금, 당장 남북 테마주에 투자하라

최초의 남북 테마주 투자 가이드북. 투자는 멀리 보고 수익은 당겨오자. 이 책은 한번 이상 검증이 된 적이 있던 남북 관련 테마주들의 실체를 1차적으로 선별하여 정리해 준 최초의 가이드북이다. 이제껏 급등이 예상된 종목 앞에서도 확실한 회사소개와 투자정보가 부족해 투자를 망설이거나 불안함에 투자적기를 놓친 많은 투자자들에게 훌륭한 참고자료가 될 것이다.

최기운 지음 | 18,000원
424쪽 | 172×245mm

# 10만원으로 시작하는 주식투자

4차산업혁명 시대를 선도하는 기업의 주식은 어떤 것들이 있을까? 이제 이 책을 통해 초보투자자들은 기본적이고 다양한 기술적 분석을 익히고 그것을 바탕으로 향후 성장 유망한 기업에 투자할 수 있는 밝은 눈을 가진 성공한 가치투자자가 될 수 있다. 조금 더 지름길로 가고 싶다면 저자가 친절하게 가이드 해준 몇몇 기업을 눈여겨보아도 좋다.

최기운 지음 | 15,000원
272쪽 | 172×245mm

### 케.바.케로 배우는 주식
# 실전투자노하우

이 책은 전편 『10만원 들고 시작하는 주식투자』의 실전편으로 주식투자 때 알아야 할 일목균형표, 주가차트와 같은 그래프 분석, 가치투자를 위해 기업을 방문할 때 다리품을 파는 게 정상이라고 조언하는 흔히 '실전'이란 이름을 붙인 주식투자서와는 다르다. 주식투자자들이 가장 알고 싶어 하는 사례 67가지를 제시하여 실전투자를 가능하게 해주는 최적의 분석서이다.

초보자를 실전 고수로 만드는
## 주가차트 완전정복

이 책은 주식 전문 블로그 〈달공이의 주식투자 노하우〉의 운영자 곽호열이 예리한 분석력과 세심한 코치로 입문하는 사람은 물론 중급자들이 놓치기 쉬운 기술적 분석을 다양하게 선보인다. 상승이 예상되는 관심 종목 분석과 차트를 통한 매수·매도 타이밍 포착, 수익과 손실에 따른 리스크 관리 및 대응방법 등 주식시장에서 이기는 노하우와 차트기술에 대해 안내한다.

곽호열 지음 | 19,000원
244쪽 | 188×254mm

현명한 당신의
## 주식투자 교과서

경력 23년차 트레이더이자 한때 스패큐라는 아이디로 주식투자 교육 전문가로 불리기도 한 저자는 "기본만으로 성공할 수 없지만, 기본 없이는 절대 성공할 수 없다"고 하며, 우리가 모르는 '기본'을 설명한다. 아마도 이 책을 보고 나면 '내가 이것도 몰랐다니' 하는 감탄사가 입에서 나올지도 모른다. 저자가 말해주는 세 가지 기본만 알면 어떤 상황에서도 주식투자를 할 수 있다.

박병창 지음 | 18,000원
288쪽 | 172×235mm

## 주식투자
## 사고 팔 때

〈순매매 교차 투자법〉은 단순하다. 주가에 가장 큰 영향을 미치는 사람의 심리가 차트에 드러난 것을 보고 매매하기 때문이다. 머뭇거리는 개인 투자자와 냉철한 외국인 투자자의 순매매 동향이 교차하는 곳을 매매 시점으로 보고 판단하면 매우 높은 확률로 이익을 실현할 수 있다.

최기운 지음 | 17,000원
256쪽 | 172×235mm

알아두면 정말 돈 되는
## 신혼부부 금융꿀팁 57

신혼여행 5가지 금융 꿀팁부터 종잣돈 1억 만들기, 통장 나눠서 관리하기, 주택정책, 청약통장 바로 알기, 카카오페이 같은 간편결제 이용하기, 신용카드, 자동차 보험, 실손보험 똑똑하게 골라 가입하기, 맞벌이 부부 절세와 공제혜택 등 신혼부부나 직장인이 한 번쯤 챙겨봐야 할 지혜의 선물.

권호 지음 | 15,000원
328쪽 | 133×190mm